英美
司法方法释义

YINGMEI SIFA FANGFA SHIYI

知识产权出版社
全国百佳图书出版单位

图书在版编目（CIP）数据

英美司法方法释义／李培锋著．—北京：知识产权出版社，2018.2

ISBN 978-7-5130-5430-0

Ⅰ．①英… Ⅱ．①李… Ⅲ．①英美法系—研究 Ⅳ．①D904.6

中国版本图书馆 CIP 数据核字（2018）第 033540 号

内容提要

英美法系的司法方法有偏重经验的鲜明特点，各种司法方法都带有浓厚的经验色彩。本书以英美法系司法方法的历史脉络为基础，结合逻辑与主体分类，构建了一套经验性的司法方法分类体系。本书从比较视角角度探讨了英美法系的特色司法方法，如遵循先例、类比推理、法律拟制，从历史视角揭示了英美法系司法方法与大陆法系差异的历史由来，并对每一种司法方法都尽可能结合具体案例进行分析。本书对深入了解英美法系的司法传统，更好地推进我国的司法文明建设不乏参鉴之用。本书作为国内第一部研究英美法系司法方法的著述，主要面向法学院校、科研机构与公检法实务部门，尤其是对司法传统、法学方法论感兴趣的相关人员。

责任编辑：彭小华　　　　　　　　　责任校对：王　岩

封面设计：SUN 工作室　　　　　　　责任出版：刘译文

英美司法方法释义

李培锋　著

出版发行：**知识产权出版社** 有限责任公司	网　　址：http://www.ipph.cn
社　　址：北京市海淀区气象路 50 号院	邮　　编：100081
责编电话：010-82000860 转 8115	责编邮箱：huapxh@sina.com
发行电话：010-82000860 转 8101/8102	发行传真：010-82000893/82005070/82000270
印　　刷：北京科信印刷有限公司	经　　销：各大网上书店、新华书店及相关专业书店
开　　本：720mm×1000mm 1/16	印　　张：12.5
版　　次：2018 年 2 月第 1 版	印　　次：2018 年 2 月第 1 次印刷
字　　数：224 千字	定　　价：48.00 元

ISBN 978-7-5130-5430-0

英美法系的司法传统是人类司法文明的有机组成部分，是人类司法文明的重要代表。英美法系以司法见长，普通法自古至今都带有明显的"司法"法特点和浓厚的司法文明色彩，这跟以立法见长的大陆法系国家有很大区别。在人类司法文明的历史长河中，英美法系比大陆法系留下了更为丰富多彩的司法传统。首先，英美法系为人类司法文明开创了一系列司法制度，如陪审制度、对抗制度、职业法官制度、治安法官制度、公开审判制度、判例汇编制度、律师辩护制度、律师双重询问制度、辩诉交易制度、验尸官制度、司法独立制度、司法审查制度。其次，英美法系也为人类司法文明留下一系列重要的司法原则，如法官中立原则、遵循先例原则、无罪推定原则。最后，英美法系还为人类司法文明留下了种类丰富和特色鲜明的司法方法。

一、英美司法方法的特色与历史由来

对于司法方法的含义，国内外目前还没有统一的较为权威的界定。如果根据德国法学家对方法的界定，将方法视为"通往某一目标的路径"[①] 或"智力的运用方向"[②]，那么司法方法就是在解决案件纷争过程中司法工作人员所采用的思维路径。

世界各国在司法过程中都面临着解决案件纷争的任务，这是共性，但在不同时期和不同国家，司法人员解决案件纷争的思维方式并不相同，呈现出明显的个性差异。这就是司法方法的类型差异。

英美法系的司法方法与大陆法系国家相比有鲜明的特色，这在司法活动中的事实认定、法律选择和法律推理三个环节中有比较典型的体现。就事实认定

[①]　德国著名法学家齐佩利乌斯在《法学方法论》一书中说："'方法'意指通往某一目标的路径。在科学上，方法是指这样一种路径，它是以理性的，因而也是可检验和可控制的方式导向理论上或实践上的认识，或导向对已有认识之界限的认识。"

[②]　德国著名法学家萨维尼在《萨维尼法学方法论讲义与格林笔记》一书中指出："学术研究的成就不仅仅取决于天赋（个人智力的程度）与勤奋（对智力的一定运用），它还更多地取决于第三种因素，那就是方法，即智力的运用方向。"

方法而言，在大陆法系国家通常由法官负责，但在英美法系国家却长期交给了陪审团。就找法的方法而言，大陆法系国家的通常做法是从成文法中去寻找解决纠纷的法律规则，但英美法系国家在历史发展长河过程中却演化出了从判例汇编中寻找先例的方法。就法律推理的方法而言，大陆法系国家通常采用演绎推理，但英美法系国家却偏爱类比推理。

从比较法的角度看，英美法系国家上述特色司法方法是历史形成的，是12世纪以来英国与欧洲大陆司法传统分流的基础上发展起来的。因为在12世纪以前，英国和欧洲大陆国家的司法传统与司法方法是一样的，同根同源。

在12世纪以前，英国和欧洲大陆国家在司法中都适用共同的日耳曼习惯法。自5世纪西罗马帝国灭亡以后，英国与欧洲大陆国家原有的罗马法均被日耳曼习惯法取代。日后虽也出现过一些成文形式的法典，如法国的《撒利克法典》、德国的《萨克森明镜》、英国的《伊尼法典》和《阿尔弗雷德法典》，但从内容来看都不过是原来某个地区固有习惯的汇集，习惯法的本质并未从根本上获得改变。这一点在《阿尔弗雷德法典》的序言就有十分清楚的体现，该序言这样写道："我，阿尔弗雷德，现将（过去的萨克森的法律）汇集到一起，并将先辈法律中一些我认为是好的收录下来。我未敢擅自收录太多自己的法律，因为我不知道其中哪些会获得后人的赞同。"[1]

当时英国与欧洲大陆国家均采用日耳曼人的一些原始的审判程序与审判方式。审判过程的第一步是起诉。起诉采取公开方式，原告须在法庭上公开对被告提出指控。在进行起诉陈述前，原告须向法庭宣誓保证自己所说的一切"真实可靠"，并对自己的主张负有举证责任，接着由被告经宣誓后进行答辩陈述。如果被告拒绝应诉，保持沉默，法庭可据此判他败诉，剥夺法律权益。一旦被剥夺法律权益，此人将不再受法律保护，任何人均可逐杀之而不负任何法律责任。若诉讼双方都顺利地通过了陈述，则进入审判阶段。审判由教士主持，审理方法是由双方特别是被告一方做出程序性的证明，通过的一方就算胜诉。证明方法有以下几种：一是证人誓证法，即由诉讼双方分别向法庭提供一定数量的证人，以证明诉讼当事人的法庭陈述是否真实可信。二是公证昭雪法，由被告面对一定数量的公证人重新陈述一遍，若2/3的公证人认为他的答辩陈述真实可靠，法庭则判其胜诉或者驳回原告的诉求。三是神判法，它是通过诉诸神灵来判定一个人是否有罪的方法，分为热铁法、热水法、冷水法和吞食法等几种形式，若通过神判就无罪，通不过就判有罪。

---

① A. H. Knight, *The Life of the Law: The People and Cases That Have Shaped Our Society, from King Alfred to Rodney King*, Oxford University Press, 1996, p. 11.

　　但从 12～13 世纪开始，英国与欧洲大陆国家的司法传统开始分道扬镳，朝着不同的方向发展。就司法审判方式而言，欧洲大陆国家 1215 年废除原始的神判法之后，在吸收罗马证据法的基础上确立了纠问制审判方式。而英国由于此前就确立了陪审制度，所以在废除神判法后没有采用纠问制，而是进一步扩大了陪审制的使用范围。就司法所适用的法律而言，英国自 1086 年诺曼征服以来，凭借历代国王的司法集权措施，先于欧洲其他国家形成全国统一的普通法，早在 13 世纪左右就基本以普通法取代了传统的日耳曼习惯法。而同期大陆法系国家依然保持着原来的日耳曼习惯法状态，所以在罗马法复兴运动中更倾向于全盘接受系统完善的罗马法，由罗马法逐渐取代了传统的日耳曼习惯法。自此，英美法系与大陆法系在司法过程中就存在着适用普通法与适用罗马法的差异。

　　英美法系的特色司法方法，几乎都可以从 12～13 世纪普通法的形成与陪审制度的确立过程中找到根源。在英美法系的特色司法方法中，从判例汇编中寻找先例的方法和类比推理的方法都是在普通法这一"法官法"的基础上发展出来的，而陪审团裁决事实的方法也是建立在陪审制的确立这一基础之上的。因此，12～13 世纪是英国与欧洲大陆国家司法方法分流的起点，英美的特色司法方法都是此后逐渐演化出来的。

　　进入 18 世纪以后，英美在庭审中又先后在陪审制基础上全面确立了对抗制，这对传统的司法方法产生了两方面重要影响：一是把律师推到了法庭事实调查的中心位置，使律师的双重询问方法日趋完善；二是对审前程序中的警察执法提出了更高要求，即除要证明犯罪外又要公平地对待犯罪嫌疑人，严格遵循正当程序执法。英美在庭审中采用对抗制后，由于过于强调程序也带来了耗费时间、缺少效率等一系列问题。而在解决这些问题的过程中英美又发展出了辩诉交易与 ADR 两种非常灵活的司法方法。

　　基于上述历史性的比较分析，我们可以看出，英美司法方法的特色并不是一开始就有的，而是在 12～13 世纪英国与欧洲大陆国家司法传统分流的基础上逐渐发展起来的。英国当时确立的陪审团对事实的裁决和普通法的"法官法"特性是英美司法方法跟大陆法系存在重大差别的源头所在。而 18 世纪以来对抗制庭审模式的确立又进一步加大了这种差异。英美法系与大陆法系的司法方法是同源异流，其差异首先是一个"法律史问题"，而后才是一个"司法思维问题"。

二、英美司法方法的分类体系

（一）逻辑分类

英美法系的司法方法也强调逻辑，但与大陆法系国家相比更重视司法者的经验判断与经验检验，各种司法方法都带有浓厚的经验色彩。

例如，在事实认定过程中，英美也像大陆法系国家一样强调相关性这一逻辑上的证据可采性要求，但在庭审过程中为了指引陪审团正确判断口头证据的可靠性，确定哪些证据可以采用，哪些证据不可以采用，英美早在19世纪以前就已发展出了一系列类似传闻等证据上的排除方法，将逻辑上相关的证据排除在外。这点正如英国法律史学家霍兹沃斯与美国证据法学家撒耶所说，"英国证据规则从来都不只是依据于逻辑上的相关性规则"，① 英国"证据法与其说是逻辑勿宁说是经验的创造物"②。

再如，在遵循先例的找法过程中，英美也像大陆法系国家一样强调逻辑上的一致性要求，对所有与先例相同的案件均遵循先例判决。但符合逻辑要求的严格遵循先例只是一般原则。当严格遵循先例会带来明显的司法不公或有政策等方面的充分理由时，逻辑就会让位于经验判断，先例会被搁置甚至推翻。这点正如美国最高法院大法官卡多佐对遵循先例所言："我认为，只要是经过恰当的经验检验之后发现一个法律规则与正义感不一致或是与社会福利不一致，就应较少迟疑地公开宣布这一点并完全放弃该规则。"③

英美法系的司法方法由于带有深厚的经验色彩，所以很难按照逻辑建立一套系统的司法方法论体系。英美法系的司法方法虽也可以像大陆法系国家一样分为事实认定的方法、法律选择的方法和法律推理的方法，但对英美法系国家而言，先例中的事实与法律是合在一起的，类比推理与遵循先例也不能分开进行。所以，英美法系国家无法像大陆法系国家那样，以事实前提、法律前提与演绎推理为基础，确立一套以内部证成与外部证成为中心的司法方法论体系。

（二）主体分类

英美法系国家也很难按照司法主体建立一套司法方法论体系。在包括中国在内的大陆法系国家，法官在案件事实调查与法律适用方法均发挥主导作用，所以司法方法主要表现为法官裁决方法。目前，国内外很多相关研究，如"法学方法论""法律方法论""法律论证""法律推理""法律解释"，探讨的基本都是法官裁决方法。中国古代司法不仅要求援法断罪，而且提倡法、理、情三者的联通，这种"情理法断案"模式也明显是一种法官裁决方法。

但在英美法系国家，由于有悠久的法律职业共同体传统，律师、法官、检察官都被视为法律共同体成员，且在对抗庭审模式下律师主导案件事实的调

---

① W. S. Holdsworth, *A History of English Law*, Vol. Ⅸ, Methuen & CO. LTD, 1926, p. 128.

② James Bradley Thayer, *A Preliminary Treatise on Evidence at the Common Law*, Little, Brown and Company, 1898, p. 267.

③ ［美］卡多佐：《司法过程的性质》，苏力译，商务印书馆1998年版，第94页。

查，陪审团负责事实裁决，所以，英美司法方法的种类更为多样，除法官的裁决方法外，还包括律师法庭调查的方法，警察刑事侦查的方法，陪审团事实裁决的方法，检察官、律师与法官参与的辩诉交易方法，律师或法官参与的法院附设 ADR 等方法。

从司法主体对英美法系的司法方法进行分类虽然非常合乎形式逻辑，但律师和法官的方法实质上不能截然分开，法官裁决中的遵循先例、类比推理并不是法官专有的方法，律师也用这些方法为当事人进行辩护。

（三）历史分类

英美法系司法方法的经验性特点决定了可以按历史脉络进行体系划分。从历史由来看，英美法系的特色司法方法都是在陪审制、判例法、对抗制基础上发展起来，均是在这些制度框架与法律传统之内运作的，始终不能脱离这些制度安排与法律传统而独立存在。所以，从历史的角度可以把英美法系的司法方法分为三个部分：

（1）基于陪审制的司法方法（包括陪审团裁决事实的方法、证据的排除方法和排除合理怀疑的证明方法）；

（2）基于判例法的司法方法（包括遵循先例的找法方法、类比推理方法、法律解释方法、法律拟制方法）；

（3）基于对抗制的司法方法（包括检察官积极参与的辩诉交易方法以及律师或法官参与的 ADR 方法、警察偏重正当程序的侦查方法、律师法庭调查中的双重询问方法）。

在上述三种分类体系中，按历史脉络进行的分类体系比按逻辑分类和司法主体分类更能反映出英美司法方法的系统性和整体性，因而本书尝试以英美法系司法方法的历史脉络为基础，结合逻辑与主体分类，构建了一套经验性的司法方法分类体系。

三、英美司法方法的研究意义与研究现状

（一）研究意义

研究英美司法方法，有助于推进对司法方法的比较研究。英美司法方法有鲜明的个性特点，与大陆法系国家有很大的差别。因此，在目前相关司法方法的研究主要集中在大陆法系国家的情况下，研究英美司法方法有助于更好地总结司法方法的共性与个性，将司法方法的理论研究提升到一个更高的水平。

研究英美司法方法，有助于深化对英美司法传统的认识。司法方法集中反映了司法者在司法适用过程中的内在思维，能更具体地反映出司法制度是如何运作的。在当前对英美司法制度的研究已较为深入的情况下，进一步探讨其内

在的司法方法，可以进一步拓宽英美司法传统的研究范围，有助于更全面地了解英美司法文明的成果。

研究英美司法方法，有助于改进和完善我国的司法方法，提高法院的司法能力和司法水平。"增强司法能力，提高执法水平"是我国法院当前乃至今后工作的一个重要主题，而能否遵循科学合理的司法方法是提高司法水平的重要举措。了解英美司法方法的优劣得失和适用条件，对于完善我国的司法方法，增强法院的司法水平具有重要的现实意义。我国近年实行的案例指导制度，也在一定程度上借鉴了英美的类比推理方法。

（二）国内外研究现状

在国内，英美司法方法是目前司法方法研究领域相对薄弱的一环。随着近年法学（法律）方法论研究在中国的兴起，司法方法已成为一个研究热点，先后出现了一些专门以司法方法为题的论文与著作，如《司法方法与和谐社会的建构》《司法方法论》等。但国内对司法方法的研究侧重于对大陆法系（包括中国）的研究，研究较多的是法律解释、演绎推理，而对英美司法方法中侧重的遵循先例、类比推理研究较少。另外，国内目前对司法方法的研究侧重于法官的裁判方法，而对于其他司法主体，如律师、检察官、陪审团则一直没有给予足够的重视。

英美司法方法也是英美司法传统研究中相对薄弱的部分。目前对英美司法传统的研究主要集中在司法制度方面，有关英美司法制度的著作已先后出版了十几部，这些著作对英美司法制度的现实与历史，对英美司法制度中的具体制度，如律师制度、陪审制度、对抗制度都做了较为全面深入的研究。但对司法传统中的司法方法，无论是事实认定的方法、法律选择的方法还是法律推理的方法，尚缺少集中全面的研究。

在国外，学界对英美司法方法的研究很多，但这些研究关注的是英美司法的实际与问题，遵循的是英美的学术传统，都是针对一个个具体环节的专门研究，如类比推理、律师交叉询问等，尚不存在对英美司法方法进行整体的系统研究，也极少涉及与大陆法系司法方法的比较论述。因此，立足于比较视野，对英美司法方法从整体上予以系统探讨还很有必要。

四、英美司法方法的研究思路

鉴于英美法系的司法方法体系按历史角度划分最为合适，所以在对英美法系的司法方法进行研究中，历史方法必不可少。

历史方法不仅可以从整体上解释英美法系司法方法的特色，揭示出两大法系司法方法差异的历史由来，而且也可以从局部去解释某一项特色司法方法的由来。以"辩诉交易"方法为例，只有结合对抗制庭审模式过于重视程序所带来的历史问题，才能真正厘清不拘泥于法律的"辩诉交易"方法之所以产生与持续发展的内在根源。卡多佐曾就英美法问题说过这样一句话，"一页历史就抵得上一卷逻辑"①，这句话也同样适用于英美法系的司法方法。对于英美法系的任何一种特色司法方法，只有了解了它的来龙去脉，才能更好地把握它的现实运作。离开了历史方法，单凭逻辑分析是研究不透英美司法方法的。

除了历史方法外，案例分析法也是研究英美法系司法方法的一种重要方法。虽然所有司法方法的研究都要以案例为基础，离不开案例分析的方法，但英美法系国家尤其需要如此。以找法方法为例，大陆法系国家对待决案件可从法条中寻找依据，但英美法系国家则经常需要从之前的判例中寻找判决理由。再如在法律推理过程中，大陆法系的演绎推理只需要将法条适用于当下案件中，但英美法系的类比推理需要对先例和当下案例进行类比。可见，对英美法系国家的找法方法与推理方法仅仅分析当下案例是不够的，它处处离不开对先例的分析，需要将当下案例与先例放在一起同时分析。该书在探讨司法方法时，援引了大量案例，这在第四章遵循先例的找法方法与第五章类比推理的方法两章中有十分集中的体现。

本书采用的最后一种重要的研究方法是比较方法。比较见异同，比较出真知。以大陆法系为参照系，更能充分反映英美法系司法方法的特色。中国由于受大陆法系的司法传统影响很深，对英美法系司法方法的认识不可避免地会打上大陆法的烙印。所以通过对大陆法系的简要比较分析，除能更好地理解和把握英美法系司法方法的特色外，还有助于完善和改进中国的司法方法。特别是注意借鉴英美法系类比推理方法的长处，努力争取同案同判，更有助于在司法中实现公平公正。

本书试图以英美两个国家为代表，以历史方法为基础，从比较视角出发，结合具体的案例分析，对英美法系的司法方法与特色进行系统研究。本书分三编九章对最能体现英美法系特色的司法方法进行扼要探讨。上编是基于陪审制的司法方法，该编以事实认定方法为主，重点探讨陪审团裁决案件事实的方法，然后分别探讨受此影响的证据排除方法与排除合理怀疑的证明方法。中编是基于判例法的司法方法，该编以法官的法律适用方法为主，分别探讨了法官遵循先例的找法方法、类比推理方法、司法解释与司法拟制方法。下编是基于对抗制的司法方法，该编以检察官、警察、律师的司法方法为主，分别探讨了辩诉交易方法与ADR 方法、偏重正当程序的侦查方法、法庭调查中的双重询问方法。

---

① ［美］卡多佐：《司法过程的性质》，苏力译，商务印书馆1998 年版，第32 页。

目 录 contents

中编　基于判例法的司法方法

下编　基于对抗制的司法方法

上　编

基于陪审制的司法方法

第一章
陪审团裁决案件事实的方法

在大陆法系国家，案件裁决中的事实问题与法律问题都取决于法官，事实的裁决与法律的裁决是统一作出的。但在英美法系国家，事实的裁决与法律的裁决长期是分开的，事实问题传统上由陪审团裁决。陪审团裁决案件事实是英美法系司法方法的一个显著特点，有关事实方面的其他司法方法都与比密切相关。

第一节　陪审团负责裁决案件事实的历史由来

用陪审团来裁决案件事实的方法是英国早期总结行政管理经验的结果。

对于陪审制的起源，有人认为起源于盎格鲁－撒克逊时代，有人则认为起源于斯堪的纳维亚人的影响，还有人认为来自诺曼人的古代习惯。① 但国外占主流的观点是法律史学家梅特兰的观点，它认为陪审制萌芽于欧洲大陆法兰克王国时期的宣誓调查法（sworn inquest）。那时，当王室土地出现争议时，国王经常派遣王室官员就地调查，即从当地选择一部分居民组成陪审团，经宣誓后就争议问题作出裁决。

1066 年诺曼征服后，诺曼人把这一习惯带进了英国。② 在诺曼初期，陪审团的主要职能是从事行政和财政管理，而不是司法中的纠纷事实裁判。在历史上有名的 1086 年全国土地赋役调查中，国王威廉一世就派遣钦差大臣分赴全国各郡，从各百户区分别召集 12 名忠实可靠人士组成陪审团，经宣誓后逐一回答当地的人口、土地、牲畜、财产状况。这次调查十分详细、准确，几乎未漏掉一分地、一头牛、一只羊，这为政府确定和分摊税额提供了基本依据，充分显示了陪审团宣誓调查法的巨大效能。亨利一世时，利用当地陪审团的宣誓调查法运用的范围更加广泛，如检查地方政府工作、监督财产估价和赋税征

---

① T. F. T. Plucknett, *A Concise History of Common Law*, Butterworth & Co. Ltd., 1940, pp. 103～105.

② F. W. Maitland, *The Constitutional History of England*, Cambridge University Press, 1926, pp. 121～124.

收、确保地方法院罚没财物及时上缴国库等，这种实践为日后利用陪审团来查明司法事实奠定了重要基础。

陪审制在用于行政调查时，就已透露出英国人的重要智慧：那就是在技术手段极为有限的熟人社会中，用熟悉当地情况的当地居民进行事实调查，比外来的官员更切实有效。这一智慧后来被亨利二世用于司法领域，从而在历史上首创了用陪审团查清案件事实的制度。

陪审制正式确立于亨利二世时期，其应用首先是民事纠纷领域。1164年，亨利二世颁布《克拉伦顿宪章》，规定当某块土地是教会保有制还是世俗保有制出现争议时，应从当地居民中选出12名骑士或自由人组成陪审团，经宣誓后对争议问题作出裁决。① 1176年，亨利二世又制定《北安普顿法令》，规定土地保有人死亡时，如果因为应由何人占有该土地发生争议，须由陪审团裁定。后来，随着土地诉讼种类的日益复杂多样，亨利二世又在1179年颁布了《权利法令》，规定在土地所有权争议案件中，被告有权自主选择决斗法还是由国王法庭采用陪审制审理。在刑事诉讼领域，最先建立的是陪审团起诉制度。1166年的《克拉伦顿法令》规定，当巡回法庭到达某郡开庭时，郡长应从各百户区召集12名骑士或"合法自由人"，从各村镇召集4名"合法自由人"出席，经宣誓后检举自亨利二世即位以后本地发生的一切抢劫、谋杀、盗窃、纵火等重大刑事犯罪嫌疑人，是为大陪审团（grand jury）即控诉陪审团（jury of indictment）的最初萌芽。最初，大陪审团在起诉完毕后，嫌疑人将接受神判法审判。1215年第四次拉特兰宗教大会作出禁止教士参与神判的决议后，神判法开始被废止。在此情况下，法官们便自然而然地求助于陪审团，陪审团开始被用于刑事案件的审理。陪审制之所以自产生后能不断向前发展，一个重要的原因就在于它在查清事实方面的独到优势。

从14世纪以来，随着社会流动性的增强和一些案情的复杂化，陪审团开始从"知情陪审团"向"非知情陪审团"方向发展，陪审员在个别案件中因"知识不足"而难以进行事实裁决的问题不时显现，这就为传唤知情证人来辅助事实裁判成为必要与可能。例如，在1303年的一起案件中，一名教士休果被人指控犯有强奸罪，他以自己是教会执事为由，要求享受神职人员的司法特免权。但法官获悉休果已经与一位寡妇结婚，因此认为休果无法享有教士特免权。休果申辩说他的妻子不是寡妇。于是，休果之妻在与休果结婚前是否是寡妇便成为决定此案的关键。当时的陪审团对休果妻子的婚姻史一无所知，无法

---

① F. Pollock & F. W. Maitland, *History of English Law Before the Time of Edward* Ⅰ, Vol Ⅱ, Cambridge University Press, 1968, p. 137.

作出裁决。面对这一难题，法官破例传唤了熟悉休果妻子婚姻史的人出庭作证。陪审团首先根据证人的证言对休果之妻是否是寡妇作出裁决，然后又就强奸指控作出事实裁判。①

在此后陪审制的发展过程中，一方面要不断面对"知识不足"难以进行事实裁决的问题，另一方面又要面对"知情陪审员"一身二任可能影响裁决公正性的问题。在解决这些问题的过程中，"不知情"逐渐成为选任陪审员的资格条件之一。爱德华三世 1352 年法令曾明确规定，被告人有权要求知情陪审员回避。陪审员只能在公开的法庭上集体听取当事人陈述和证人证词以及双方律师的法庭辩论，然后对案件事实作出裁决。至此，早期的"知情陪审团"开始向"不知情陪审团"转变。

随着证人在普通法法庭上出庭越来越频繁，陪审团的性质开始发生了一种根本性的变化，即由原来的既是案件的知情人又是裁决者这一身二任转变为一种纯粹的事实裁决人。至此，陪审团在查清事实方面的作用开始下降，成为一个超然于诉讼双方之外的事实裁决机构。

第二节　陪审团裁决案件事实的方法

一、陪审员的选任方法

长期以来，只有具备一定财产，每年能够缴纳一定税额的人才能担任陪审员。进入 20 世纪以来，这方面的限制逐步放宽。英国 1972 年制定的《刑事司法法》完全废除了对陪审员财产资格的限制，而把是否登记为选民视为陪审员资格的基础。根据 1974 年《陪审团法》的规定：凡在议会或地方选举中登记为选民，年龄在 18 岁至 65 岁，自 13 岁起在英国居住 5 年以上，没有因犯罪被剥夺陪审权或因职业限制不得参加陪审的公民，均可充任陪审员。这里需要说明的是，"因犯罪被剥夺陪审权"的人，主要是指因犯罪而曾在英国被判刑、监禁和拘留 5 年以上，或者在最近 10 年以内被判刑、监禁和拘留 3 个月以上的人；"因职业限制不得参加陪审"的人，主要包括议员、法官（包括治安法官）、律师、警察、牧师以及贵族、士兵和医生等。另外，与案件有利害关系的人，与被告、证人关系密切的人，有精神缺陷的人都不得担任陪审员。除此之外，种族、宗教、政治信仰和职业等均不能作为剥夺陪审员资格的理

---

① Julius Stone, *Evidence: Its History and Policies*, Butterworths, 1991, p. 19.

由。担任陪审员既是英国人的一项法定权利，又是一项法定义务。

选任陪审员由法庭书记官负责，分初选和庭选两步。初选时，由书记官根据随机性原则从选民登记册、报税单甚至电话簿和驾驶执照登记册上挑选出一批候选人，由法庭颁发通知，告知本人已被选为陪审团的候选人，请他按时到法院报到。庭选于开庭的第一天上午在法庭上进行，方法是将适量的候选人卡片放进抽签箱，由书记官从中抽取，抽中的卡片经法官审查后，最终确定 12 位人选，组成具体案件的陪审团。至于在案件审判过程中，陪审员因病或其他原因辞职时，只要陪审团仍不少于 9 人，则不影响审判的进行。在英国，公民担任陪审员是强制性和义务性的，没有适当的理由不得拒绝，否则就会受到罚款处分。陪审员不拿工资，起初也没有津贴。1949 年《司法法》颁布后，陪审员可以领取一定的差旅费、生活补贴和误工补贴等。

依照英美法律的规定，如果当事人对陪审员持有异议，可以要求其回避。回避程序相当烦琐。当 12 人陪审团组成后，法官便询问原、被告双方及其律师，是否对其构成人员持有异议、要求回避，被要求回避的陪审员必须退出陪审团。当然，陪审员本人也可以主动提出回避某一案件的审理，只要理由充分，同样应被批准。回避后对所缺名额再以抽签的方式补足。要求回避必须在陪审员抽签唱名之后、宣誓入席之前提出。在审判过程中的其他阶段，不能提出要求回避的请求。

回避分有因回避和无因回避两种，前者又称"相对异议"（challenge for cause），后者又称"绝对异议"（peremptory challenge）。对于"相对异议"诉讼双方均可提出，前提是必须有正当理由。按规定，下列情况属于正当理由：一是陪审员与案件当事人有亲属、朋友关系；二是虽无亲属、朋友关系，但是有事实证明是存在利害关系，如上下级关系、同事关系或者债权债务关系等；三是虽无以上关系，但是有事实证明陪审员对当事人特别是被告人存有偏见，可能影响公正审判，如种族歧视思想等。

"绝对异议"的要求权只能由被告方或其律师提出，不需要说明理由。根据 1509 年的一项法律，刑事案中的被告可以提出"绝对异议"20 次。这种规定在英国延续了几个世纪。18 世纪英国著名法学家布莱克斯通从人道主义立场出发，对这种制度做了肯定的评价，他说："这种规定对犯人充满了仁慈和人道……因为每个人都是有感情的，我们可能仅仅由于某人的相貌或举止便对他产生了某种无法解释的印象和偏见；对于一个处在生死关头的罪犯来说，有一个不使他产生厌恶感的陪审团是非常重要的，所以，法律不希望一个使他产生厌恶感的陪审团去审判他，即使罪犯不能解释他为什么怀有这种厌恶感。"①然而，这种体现着人文关怀的制度在实践中却经常被人滥用。1840 年，一名被控犯有伪造证据罪的律师把 20 次"绝对异议"权全部用光，致使陪审团迟迟组建不起来，延误了案件审理。因此，不时有人对"绝对异议"权提出批评，呼吁应限制其使用次数。于是，1948 年《刑事审判法》将其明确限定为 7 次，1977 年的《刑法》又进一步减少为 3 次。即使这样，"绝对异议"权仍不免被滥用，给法庭带来不必要的麻烦。丹宁勋爵在《法律的未来》一书中就讲过一宗近期发生的案件：在一次暴乱中，12 名暴乱分子被捕受审，按法律，他们每人都有 3 次"绝对异议"权，结果，他们共使用了 35 次。所以，丹宁勋爵生前曾建议，应当取消"绝对异议"权，只保留"相对异议"权。

经过初选、庭选和异议程序后，陪审员的选任工作才最终完成。

二、陪审团听取案件事实并接受法官指示

陪审员进入陪审席后，必须首先进行宣誓。宣誓完毕后，庭审才能正式开始。陪审员在庭审过程中的职责就是听取双方律师对案情的陈述与举证、质证，无正当理由就要全程参与案件的审理。陪审员参与庭审的时间短的会在一周之内，长的则要到一年以上，如 1995 年美国辛普森案件审理过程中，因先后共传唤了 126 个证人，多数陪审员听取案件审理的时间都远远超过了一年。

根据庭审程序，陪审员首先要听取律师的开场陈述（opening statements）。开场陈述是双方律师在庭审过程中第一次面对陪审团和法官进行案情陈述，其发言顺序是原告律师或检察官在先，被告律师在后，但在有些特殊情况下，被告律师也会选择不作开场陈述。检察官在开场陈述中向法官和陪审团介绍被告人被指控的罪行，简单地描述犯罪事实，并简单讲述检察方如何证明被告人有罪。被告辩护律师则在开场陈述中向法官和陪审团表示被告人没有实施被指控的犯罪，并简单讲述他将如何证明检察官没有足够的证据证明被告人有罪。

陪审员在听取律师的开场陈述后，下一步是听取诉辩双方或原被告方的举证与质证。检察官可通过询问证人和出示物证来证明被告人有罪。为检察官提供证词的证人可以是警察、犯罪受害人、了解犯罪情况的其他证人、专家等。提出证词时，证人不能主动发言，而要等候检察官向他提出询问。检察官对检方证人的询问叫直接询问。检察官在询问证人时要让证人自己陈述他所知道的

---

① W. Blackstone, *Commentaries on the Laws of England*, *Vol. IV*, The University of Chicago Press, 1979, p. 353.

可以证明犯罪的情况。检察官不能以诱导方式进行直接询问，不得向证人提出诱导性问题（leading question）。如"当你在停车场时你是不是看到被告人对一名老年妇女实施了抢劫？"检察官如以诱导方式对证人进行询问时，被告律师应向法庭提出抗议。法官则应支持被告律师的抗议，阻止检察官以诱导方式询问证人。检察官在对检察方证人进行直接询问后，被告律师可以对检察方证人进行交叉询问。辩护律师可以通过多种方式向陪审团显示检察方证人的证词不可信或不可靠。辩护律师结束交叉询问后，检察方如认为有必要，可对检察方证人进行再直接询问，以澄清辩护律师在交叉询问中提出的疑问，而辩护律师也可以就再直接询问涉及的内容再进行交叉询问。所有的询问都完成后，证人就可以万事大吉了。接着，原告可以传唤下一个证人，这种程序会重复进行：直接询问、交叉询问、再次直接询问、再次交叉询问。除了证人的证言以外，律师也可以提出物证。物证包括的范围很广，如犯罪现场的照片，犯罪时使用的武器，从犯罪现场收集到的血迹、头发、衣服碎片，犯罪实验室作出的弹道分析、指纹分析、DNA 分析等。检察官也可以向法庭提供可以证明犯罪或与犯罪有关的录音、录像、政府报告、公共记录、生意往来记录、医院病例等。

一旦原告律师或检察官提出了所有的证据，就会告诉法庭举证完毕。这时，被告律师可能会提出动议，对原告案件的法律充分性提出质疑。在联邦法院，这叫作"要求就法律问题作出解决的动议"。绝大多数州法院还在使用旧的术语，把这叫作"要求就法律问题作出裁判的动议"。不管使用什么术语，这种动议的关键所在，是认为原告没有提出充分的证据。因此，原告起诉的全部或部分内容应当被驳回。如法官认为原告律师或检察官确实没有提出充分的证据，可以同意被告律师的请求，驳回原告律师或检察官的指控。但由于被告律师这时尚未提出辩护，法官在绝大多数案件中都不会准许被告律师的请求。被告律师的动议请求遭到法庭拒绝后，就需要为被告人辩护。被告律师为被告人辩护的方式与原告律师或检察官一样，可向法庭提出证人证言和出示物证。对于被告律师传唤的每一个证人，也同样要经历直接询问和对方的交叉询问以及再直接询问和再交叉询问。在被告律师举证完毕后，原告律师可以传唤证人或者提出其他证据对被告辩护进行反驳。反驳的对象只限于被告方所提出的问题，而不能重复额外的证据来支持原告的诉讼请求。原告方反驳完毕后，被告方也只限于就原告方提出的问题进行否认。

陪审员在听取双方律师的举证质证之后，还要听取双方的终场陈述（closing statements）。终场陈述的发言顺序一般是检察官在先，被告律师在后，最后由检察官再予以反驳。因此，检察官有两次机会，而被告只有一次。在终场陈述中，双方可以对进入审判的证据作出分析推理，进而得出结论。如终场陈述最后，检察官会向陪审团强调，检察方提出了证明被告有罪的足够证据，请求陪审团对被告人作出有罪裁决；辩护律师则会提醒陪审团，检察方并没有提出证明被告人有罪的足够证据，请求他们对被告人作出无罪裁决。

陪审员在听取完双方律师的终场陈述后，最后还要认真听取法官就法律问题及裁决的范围问题所做的指示（Jury Instruction）。在对陪审团的指示中，法官要向陪审团讲明在本案中适用的法律以及法律对证据的要求。法官必须向陪审团阐明构成某一犯罪的所有要素。假如被告人被控犯有一级杀人罪，法官必须向陪审团讲明一级杀人罪的犯罪构成，如犯罪人在主观过错方面必须有杀人预谋和杀人故意，此外，法官还必须向陪审团讲明杀人预谋和杀人故意的含义，以及什么样的证据才能证明犯罪人有犯罪杀人的预谋和杀人的故意。在陪审团指示中，法官必须明确告知陪审团，检察官负有证明被告人有罪的举证责任，检察官举证责任的证明标准是超越合理怀疑。在考虑所有的证据后，你如果坚信被告人犯有所指控的罪行，你就应对被告人作出有罪裁决。但在考虑所有证据后，你如果认为确有实际可能被告人没有犯所指控的罪行，那你就应作出无罪裁决。

三、陪审团的事实评议与裁决

法官向陪审团作出指示后，陪审团就进入陪审室对案件进行评议。在陪审团评议案件期间，不论是检察官还是辩护律师都不得与陪审团成员有任何接触。陪审团在评议案件期间不得与陪审团以外的任何人讨论案情。在充分评议案件后，陪审团可以作出有罪裁决或无罪裁决。陪审团作出裁决后，由法警通知法官。法官会立即召集被告人、辩护律师、检察官到庭聆听陪审团裁决。陪审团如作出无罪裁决，被告人即被当庭释放。陪审团如作出有罪裁决，被告人即被法警收押。

陪审团在评议过程中如果发生意见分歧，达不成一致或多数意见时，法官会敦促他们继续评议案件。如果经过反复讨论，仍达不到法定判定人数，这就叫作"未决陪审团"（hung jury）。这时，法官可根据情况决定让陪审团继续讨论，也可以宣判为"无效审判"（mistrial）。所谓无效审判，就是无结果而散，检察机关可以重新起诉。也可以就此了事，让被告获得自由。

检察官在陪审团审判无效后再对被告人提起起诉是否违反被告人免受双重危险的原则呢？对此答案是否定的。免受双重危险的保护只有在陪审团对被告人作出了有罪或无罪的裁决后才适用。陪审团如因意见不一致而使案件悬而未决，并没有作出裁决，所以检察官可以对被告人再次提出起诉。如果第二次审判的陪审团仍不能作出裁决，再次使案件悬而未决，检察官还可以对被告人提出第三次起诉。只要陪审团不能对案件作出裁决，检察官就始终有权对案件再次提出起诉。一起发生在加利福尼亚的真实案例就说明了这一点。在这起案件中，被告人被指控在与母亲和姐姐开办的家庭托儿所内对幼童进行了性侵犯。检察官根据家长的反映对他提出起诉。由于证据不足，陪审团无法就被告人是否有罪达成一致意见，使案件悬而未决。检察官决定对案件再次提出起诉。但在以后的数次审判中，检察官都无法使陪审团取得一致意见。这起旷日持久的审判持续了五年半之久。最后，检察官终因无法使陪审团给被告人定罪而决定不再继续起诉，这才让被告人获得自由。被告人在此案中虽然没有被定罪，但却被关押了五年半之久。①

陪审团如能作出有罪裁决，审判法官在绝大多数情况下都会接受陪审团的裁决。在个别情况下，法官如认为检察官没有提出证明被告人有罪的足够证据，也有权搁置陪审团作出的有罪裁决，宣告被告人无罪。但法官搁置陪审团裁决的权力仅限于陪审团作出的有罪裁决。法官在任何情况下都不能搁置陪审团作出的无罪裁决。陪审团作出无罪裁决后，即使法官坚信检察官提出了证明被告人有罪的足够证据，他也不能搁置陪审团的裁决，而必须按照陪审团的无罪裁决释放被告人。

四、陪审团事实裁决中的表决原则和独立性原则

在很长时期内，陪审团被视为是社区共同体的集中代言人，因此，陪审团裁决意见的形成实行全体一致原则。

陪审团裁决必须全体一致的做法可追溯到爱德华三世时期。在此之前，亨利二世时期12个人的一致裁决只是被认为是必要的，但不是必须的。亨利三世时期，也出现过11个人的多数裁决被法庭采纳。② 但爱德华三世时期明确规定，不足12人的裁决无效，并规定为此目的可以用马车拉着陪审员转直到达成共识。之后，为了要达到陪审团意见形式上全体一致，英国法官对陪审团还采取了另一种取得一致的方法，就是在陪审员退回陪审室进入评议程序后，不给他们提供饮食、取暖和照明设备，饥饿、寒冷、黑暗等手段来逼迫陪审员尽快达成一致意见。1752年出版的《老练的陪审员》一书记载了这样一个案例：证人作证结束后，陪审团就退庭了，过了很长时间还没有作出裁决。法庭发现他们在拖延时间，就派法警前去搜查，结果发现一些人带着无花果，另一

---

① 马跃：《美国刑事司法制度》，中国政法大学出版社2004年版，第325～326页。

② William Forsyth, *History of Trial by Jury*, Frederick D. Linn, 1875, p. 200.

些人带着苹果。法警便将陪审员连同水果一起带到了法庭。法官对他们进行了询问，其中两人承认自己吃过无花果，三人承认带有苹果，但没有吃。吃了水果的每人罚款 5 英镑，未吃苹果的每人罚款 40 先令。①

为达成一致意见而允许法官采用上述两种实际上是变相游街示众和变相软禁的方法，在实践上也容易被法官滥用而成为逼迫陪审团遵从自己旨意的工具，导致陪审团的独立公正裁决难以实现，这在复辟时期的希克斯案中就得到淋漓尽致的体现。在该案中，一位老妇人艾丽斯·莱尔曾让一个叫希克斯的男人在自己家中住过一宿，后因希克斯是图谋篡位的叛乱者蒙默斯公爵的支持者，艾丽斯·莱尔也被指控犯有叛逆罪。陪审团最初认为证据不足，裁决艾丽斯·莱尔无罪，但法官杰弗里斯对陪审团百般压制并最终迫使他们改判有罪。在复辟时期的威廉·佩恩案中，法官干预陪审团独立裁决的问题又再次出现。1670 年 8 月中旬，威廉·佩恩在由三四百名贵格派教徒参加的和平集会上进行了布道演讲，被以"暴民非法集会"罪提交付伦敦市刑事法庭审判。在庭审中，陪审团因证据不足拒绝裁定被告有罪，法官于是就将他们关在陪审室里待了两天两夜，不给饭吃，不给水喝。但陪审团不屈不挠，始终坚持二人无罪。法官们恼羞成怒，决定给予陪审团成员每人罚款 40 马克的惩罚，而且宣布在缴出罚款之前将他们拘押在监。12 名陪审员在陪审长巴谢尔的领导之下拒交罚金，并向普通诉讼法庭申请得到人身保护令状。普通诉讼法庭的首席法官沃恩受理了此案，宣布巴谢尔等人无罪，立即释放。沃恩在宣布判决书的同时，还列举了法官不应有惩罚陪审团权力的三条理由：第一，由陪审团查清和认定事实，对嫌疑人是否有罪作出裁决，是诉讼过程中独立而重要的一环。如果让陪审团处于随时遭受法官处罚的阴影中，陪审团将形同虚设。第二，陪审员除掌握着法庭上提供的证据外，还有权利和义务通过法庭外调查取证，因而很可能比法官更了解案情，所以，要求陪审团的裁决必须与法官意见一致是毫无道理的。第三，旧制度可能会导致这样一个荒唐后果，即如果陪审团不服从法官意见，将受到处罚，如果服从法官意见，则有可能作出不公正裁决，这无疑会使陪审团无所适从。② 在巴谢尔案的判决之后，陪审团的独立裁决权才获得了制度保障。

早期形式上的全体一致原则在实质上是多数一致原则，但英国一直坚持用坐上马车围城转等强迫做法维持着这种形式一致要求。直到 1967 年以后，英国陪审团的裁决才改为绝大多数决定原则。1974 年的《陪审团法》对该原则

---

① ［英］丹宁勋爵：《法律的未来》，刘庸安，张文镇译，法律出版社 1999 年版，第 46 页。
② W. S. Holdsworth, *A History of English Law*, Vol I , Methuen & Co. Ltd. , 1922, p. 346.

作了具体明确的规定：第一，当陪审团由 12 人组成时，必须有 10 人同意；当陪审团由 10 人组成时，必须有 9 人同意。第二，陪审团的裁决必须由陪审长在公开法庭即允许旁听的法庭上宣布了同意和不同意的陪审员人数后才能生效。第三，只有当法庭根据案件的性质和复杂程度，认为陪审员已在合理的时间长度内（至少是两小时）进行了充分的评议，才能接受其裁决。如果法庭认为时间短促、评议不充分，可再延长两小时。如果给予了足够的评议时间，陪审团还未达成一个"绝大多数意见"，法官将宣布解散陪审团，重新组建一个陪审团对案件进行审理。不过，这种情况极少发生。

在美国，陪审团一般由 12 名陪审员组成。但联邦最高法院裁定，联邦宪法并不要求陪审团一定要由 12 名陪审员组成，但最少要由 6 人组成。少于 6 人的陪审团是违宪的。因为太少的成员不足以提供有效的团体讨论，同时它会削弱从一个公平的、在社会上有广泛代表性的层面中抽选陪审员的概率，进而损害事实判决的准确性。在 6～12 的任何数目都是符合宪法的。联邦最高法院至今没有刻意说明死刑案件可否由少于 12 人的陪审团决定。考虑到死刑这一处罚的严重性，联邦最高法院不大可能允许少于 12 人的陪审团出席死刑案。

长期以来法律要求只有在陪审团成员一致认为被告人有罪时才能定罪。但美国联邦最高法院在 1972 年"阿博达卡诉俄勒冈州"（Apodaca v. Oregon）一案中指出，除死刑案外，联邦宪法并不要求陪审团必须意见一致才能给被告人定罪。根据联邦最高法院的有关判决，在 12 人组成的陪审团中，必须至少有 9 名陪审员认为被告人有罪才能作出有罪裁决。如果陪审团只有 6 名陪审员组成时，最高法院要求必须是一致同意的裁决。

五、陪审团事实裁决中的部分法律职能

陪审团在评议案件时会根据审判中提交的证据与法官的指示来作出裁决，大多数案件陪审团都是如此。但有些特殊案件中，陪审团会不顾证据与法官的法律指示，自行判定被告人无罪或较轻的罪名。这就叫作"陪审团废法"（Jury Nullification）。

陪审团负责裁决事实问题，法官负责裁决法律问题，这是有关陪审团和法官职能分工的一般表述。但实际上，事实与法律问题并不是截然分开的，上述表述还需要细化。陪审团在对事实裁决的过程中通常负责对案件事实进行法律归类，这也必然涉及法律问题。陪审团的事实裁决分为两种，一种是"概括裁决"（general verdict），另一种是"特别裁决"（special verdict）。"概括裁决"是指陪审团在案件事实认定的基础上，根据法官的法律指导对案件事实

作出有罪或无罪的裁决。特别裁决是指陪审团仅对案件事实中的特定事项作出裁决，而将法律适用于该事实并确实当事人有罪无罪的问题交给法官。陪审团的裁决一般都是"概括裁决"，通常只有在很特殊的案件中才准许作出特别裁决。在"概括裁决"过程中，陪审团实际上充当了对案件事实进行法律归类的角色，负责将法官提供的法律适用于待决案件事实。可见，陪审制的采用不仅将事实问题与法律问题的裁决分开，而且将事实法律归类的角色也交付了陪审团裁决，这就导致了陪审团裁决过程中有部分法律职能，能够事实上废法。

陪审团废法通常发生在陪审团相信如果通过所提供的证据来适用相应的法律会造成审判不公的时候，尤其是一些类型化的案件当中。如在英国 18 世纪通过《狩猎法》后，私下猎取一只小鹿都要被处以死刑，这严重偏离了传统的狩猎不违法的地方习惯，因此，当陪审团审理这类偷猎案件时，一般都不顾《狩猎法》的明文规定，裁决被告无罪。再如在 20 世纪 60 年代前美国为数重多的汽车意外事故案件中，虽然根据当时的法律事故责任需要证实驾驶员存在过失，但陪审员因同情受伤的原告，所以当发现被告有能力或有保险可代支付赔偿金时，即便被告过失的证据明显不足，也经常判决原告胜诉。陪审团废法也出现在一些个性化的案件中。如在美国的一起案件中，一名妇女长期受丈夫虐待。有一天，她又遭到丈夫的毒打，感到再也无法忍受了，便趁着丈夫睡着之际将他杀死。这名妇女显然不能使用正当防卫辩护，因为她是在丈夫睡着时将他杀死的。法官在陪审团指示中明确告知陪审团，被告人的行为不属于正当防卫。但陪审团同情这位妇女的遭遇，在评议案件时，不按证据与法律指示办事，对她作出无罪判决。再如美国密执安州著名的"死亡医生"凯沃基安（Jack Kevorkian）多次帮助身患绝证的病人以无痛苦的方式自杀，这种协助他人自杀的行为按当时的法律属于犯罪。这名医生因此多次被起诉，侄在数次审判中，陪审团都不顾证据与法律，对他作出无罪裁决。陪审团的无罪裁决，即便是拒绝按证据与法律指示作出的无罪裁决，也都是最终裁决，法官无权搁置。

陪审团废法在英美有悠久的历史，确立这一做法的两个典型案例分别是英国的"巴谢尔案"和美国的"曾格案"。

巴谢尔是"佩恩案"审理中的一名陪审员。1670 年 8 月 14 日，贵格派教徒威廉·佩恩与威廉·米德在格雷斯教堂街聚集大批教徒进行布道演讲，但被以非法集会名义逮捕。在伦敦市刑事法庭审判中，被告拒绝认罪，认为自己是和平集会，不是非法集会。法官指示陪审团只决定佩恩是否非法集会以及米德是否协助了他，如不作出有罪裁决，将会遭到惩罚。陪审团经过评议，只有八名陪审员准备判有罪，这就与法官的指示立场相违背。法官对陪审团继续施压并以锁在密室限制人身自由，不提供食物、饮水和暖气这些方式相威胁，逼迫陪审员们作出有罪判决。但陪审员在巴谢尔的带领下，经过两天两夜痛苦煎熬后依然不肯向法官屈服，最后裁决佩恩是演讲而不是非法集会，米德无罪，从而在事实上将法官指示的法律予以废止。

陪审团废法是否违法，有两种不同观点，这反映在两级法院对巴谢尔等陪审员的裁决中。伦敦市刑事法庭主审法官为了惩罚陪审团，决定给予陪审团成员每人罚款 40 马克的惩罚，而且宣布在交出罚款之前将他们监禁。12 位陪审员中的其中 8 位陪审员因厌烦了监禁生活，缴纳了罚款，但巴谢尔等 4 名陪审员拒缴罚金，并向普通诉讼法庭申请得到人身保护令状。普通诉讼法庭的主审法官沃汉在该案审理中认为，法官与陪审团对同一事物存在不同看法，这是很普通的现象，并不能因为对同一证据得出不同的结论而怪罪另一方。沃恩法官特别强调陪审团是唯一的事实裁判者，且陪审团源于事实发生地，通过个人知悉能掌握一些不为法官所知的证据，比法官更全面、更真实地了解事实真相，所以，法官不能因为陪审团作出了违背法官指示的裁决而对其进行惩罚。总之，在沃汉法官确立了陪审团事实裁决与法官指示相悖时法官不得处罚的做法，从而间接承认了陪审团废法本身并不违法。

美国确立陪审团废法并不违法的案例是"曾格案"。约翰·彼得·曾格1733 年在美国出版《纽约周刊》。这本杂志中有不少内容批评了殖民总督的政策。一年后，曾格因煽动性诽谤罪被捕。虽然曾格没有写任何文章，甚至他是否同意文章的某些观点也不清楚，他只是印刷了《纽约周刊》，但是如果陪审团选择遵从法官的指示裁决，曾格最终会以出版发行过抨击某人名誉的文章被裁决有罪。

汉密尔顿作为曾格的辩护律师在辩护中承认曾格印刷过那些文章，但他强调如果文章本身的内容不是带有恶意的、不具有欺骗性和煽动性，而只是对事实的客观陈述就不能构成诽谤罪。主张陪审团能够依照自己的良心作出裁决。他在最后陈述时慷慨激昂地对陪审团说："各位陪审员先生们现在摆在你们面前的，不仅仅是一个可怜的印刷商人的案件，案件中涉及的利益也不是可以忽略不提的个人利益。案件的审判结果不只关乎当事人自身，也不仅仅只影响纽约，它的效应将会波及我们每个生活在英国政府统治下的渴望自由的人们。它的意义重大因为它是对自由的维护，是为争取自由而战。毫无疑问的是，陪审员先生们，你们将会赢得公民同胞对你们的赞扬和尊敬，因为今天正直的行为，还会受到每一位渴望自由不要压迫的人们的钦佩，正是因为你们现在作出的公正无私的裁决，保证了我们自己、我们的后代、我们的伙伴所应该享有的自然法和制定法所赋予我们的权利，为捍卫自由权利奠定了一个崇高的基础。

自由是一种权利，我们通过说出和写下事实来揭露和反抗专制特权。"曾格的辩护演讲深深打动了陪审团，陪审团感觉自己就像那个可怜的印刷商一样被法官操纵，他们接受了汉密尔顿的主张选择站在被告这边，作出了与法官指示相违背的决定，宣布曾格无罪。

陪审团废法具有重要的司法意义。陪审团拒绝按法官指示裁决，可以把社会大众的价值观、正义感和判断力注入司法过程，以弥补专业法官机械执法的偏狭，收到刚性之法与柔性之理统筹兼顾之效，使法律的适用更贴近现实生活，更直接地回应着人民的需要，防止司法权走上"纯专业化""纯国家化"和"纯官僚化"的歧途。对此，证据法学家威格摩尔这样写道："法律和正义不可避免地处在经常性的冲突之中。我们向往正义，并且我们认为，实现正义应当通过法律。但如果我们通过法律不能实现正义，我们就谴责之。这就是现在陪审团起作用的场合。退庭后进入保密状态的陪审团将会调节法律的一般规则，以实现具体案件的个别正义。如此这般，臭名昭著的法律的严格规则便被避免了，而人民对于法律的满意心态得以保全。陪审团要做的就是这些。它提供给我们的是法律的灵活性，而这对实现正义和获得人民的支持是至关重要的。须知，法律的这种灵活性是审理法官永远不可能给出的。法官必须写出他的判决理由，宣布法律，并认定事实。对于这些要求，他不得在公开的记录上偏离一丁点。陪审团以及陪审团评议室的秘密性，乃是人民司法的一个不可或缺的组成部分。"① 另外还需反思的是，既然陪审团会作出这种置法律于不顾的决定，我们就需要查究一下法律是否需要修正了。在有些情况下，陪审团是正规法律的批评者和间接的法律改革者，是正规法律改革之先兆。陪审团的无罪裁决，即便是拒绝按证据与法律指示作出的无罪裁决，也都是最终裁决，法官无权搁置。

第三节　陪审团裁决事实方法的地位和影响

由陪审团裁决事实的方法，是英国人在司法领域的一大创举。它在英美司法方法特色的形成过程中发挥着重大作用，对法官的司法适用与其他事实认定方法都产生了深远影响。

---

① 转引自汤维建："英美陪审团制度的价值论争——简议我国人民陪审员制度的改造"，载《人大法律评论》2002 年第 2 期，第 242 页。

一、对事实裁决本身的影响

陪审团裁决案件事实，在英美司法发展的很长时期内，都较之法官一人独断具有独到的优越性。这是因为，陪审员均来自当事人所在的社区，其生活环境和常规经验与当事人有相同或相似之处，因而对当事人的行为往往理解更深刻、判断更准确。相比而言，法官在案件审理过程中往往过多倚重法律知识，容易因长期执业而形成对社会事实或现象在判断上的偏颇和执拗。对此，一位卓越的英国法官曾评论说，"法官误认为一切的人都像他们一样的合逻辑，而陪审员则往往更明了普通人的昏乱与谬误"。西方学者查默斯也曾这样评价陪审制："要搞清事实问题，用陪审制要比一个单一法官好得多。我对陪审团考察得越多，对它们的裁决就越尊重……它们具有发现欺蒙诈骗行为的奇特本领。"①

进入 20 世纪以来，随着物证技术的进步，如 DNA 检测、监控录像、弹道测验的发展，许多错综复杂的案件有时通过某种技术鉴定就能轻而易举地辨明是非曲直，陪审团的事实裁决功能也开始失去了存在的价值，因而使用率在当代英美国家已十分低。尽管如此，由陪审团裁决事实的方法，仍是英国人在司法领域的一大创举，它用自己真实的经历说明：在案件事实问题上陪审团的裁决能力曾一度优于法官，职业法官并非总是优于普通人。

二、对法官司法裁决的影响

陪审团负责事实裁决意味着事实问题的裁决与法律问题的裁决由两个主体作出，从而使英国没有像欧洲大陆国家那样由法官统一裁决整个案件，这就导致了英美法系国家的法官不可能蜕化为一个大陆法系国家那样的专权式审判人员。大陆法系国家在 13 世纪以来就确立了纠问制度，控、审、判三权集于法官一人之手。法官可根据告密者的秘密揭发，对被告提起控诉，而真正的控告人无须在诉讼过程中出头露面，他"隐藏在法官的头套后面"。有时法官根据社会传闻、流言蜚语、个人猜测也可将一个人推上被告席，然后再通过审问获取口供证据。从逮捕被告、法庭审问到最终判决，整个审判过程完全处于法官的直接操纵和绝对控制之下。

陪审团裁决案件事实的做法作为一种分权机制有助于克服法官的偏私和专断，防止法官把法律变成压迫戕害人民的专制工具，保证审判质量和司法公正性。在英国历史上，陪审团不畏强权、主持正义的事例可谓举不胜举。例如，

---

① W. S. Holdsworth, *A History of English Law*, Vol I, London: Methuen & Co. Ltd., 1922, p. 348.

1649 年和 1653 年在审判民主主义者、平等派领袖李尔本的过程中，陪审团顶住国王和法官的巨大压力，两次作出李尔本无罪的判决，使法庭企图将李尔本治罪的阴谋化为泡影，维护了法律尊严和社会正义。①

陪审团裁决案件事实中由于事实问题与法律问题不能完全分开，尤其是概括裁决中将事实的法律定性也交付了陪审团，从而使陪审团拥有了部分法律职能。这样，就使法官无法像大陆法系国家那样可独自将法律适用于案件事实，不受任何限制地采用演绎推理。可以说，正是由于陪审制的存在，才导致英美法系国家更多采用类比推理，而不像大陆法系那样"偏爱演绎推理"②。

三、对其他事实认定方法的影响

陪审团裁决事实的方法还影响了英美证据规则，促成了其他事实认定方法的形成。

首先，在庭审过程中，为了指引陪审团正确地判断口头证据的可靠性，确定哪些证据可以采用，哪些证据不可以采用，英国就形成了普通法中最有特色的排除规则，也即对证据的内部排除方法。在十六七世纪，英国内部排除方法的雏形就已显现，如单纯的意见通常不具有可采性，"传闻"不能作为证据，证人的品格、信誉与争议焦点相关。但直到十八九世纪以后，各种排除方法才得以确立和完善。

其次，为了帮助陪审员作出正确的判断，在确定证人证言的可靠性和实施证据准入与排除的具体过程中，英美也发展出了一些与口头证据出示相关的程序规则与方法。

其一是宣誓程序。陪审团由于习惯，在十六七世纪时期仍然侧重于考察宣誓形式，而不是权衡证据的证明力问题，但这种对传统形式的坚守也无意中演变出了符合时代需要的程序规则。对宣誓形式的强调，最初是为了保证证人有证明能力，但此时逐渐成为考察证人证言可信度的一个标准。如果证据是宣誓后作出的就必须相信，因为它是经过宣誓后给出的，证人宣誓后的证言不准否认。这样，证言的出示必须经过宣誓就成为一项保证证言可靠性的程序。

其二是不能弹劾己方证人的规则。基于英国早期的传统，传统的证人是以"誓言帮助人"的身份出现的，所以在传统上"一方当事人否认自己方的证人是不可思议的事"。但这种传统的形式后来也逐渐服务于现代的证人制度。在 17 世纪后半期，一方当事人不能否认自己方的证人就已在法律上有所表述。

---

① L. W. Levy, *The Palladium of Justice—Origins of Trial by Jury*, Ivan R. Dee, 1999, pp. 55～57.

② ［美］乔治·弗莱彻，史蒂夫·谢波德：《美国法律基础解读》，李燕译，法律出版社 2008 年版，第 65 页。

在 18 世纪，一方当事人不能否认自己方的证人演变为一个普遍接受的确定规则，这在 1788 年的沃伦·哈斯汀斯审判和稍后的论著中都有明显体现，并一直延续到 1854 年都基本未变。① 当然在 18 世纪末这一规则在适用过程中就出现了例外，即一方当事人有时也获准通过出示其他证据来反驳己方证人。而在 1854 年通过的《英国普通法程序法法案》中，除了确认可用其他证据弹劾己方证人外，还规定如果法官认为该证人的作证效果是相反的或者通过法官查明证人先前曾做过与出庭证言不一致的陈述，当事方也可以弹劾己方证人，自此，不能弹劾己方证人的规则在适用过程中就变得越来越宽松。

其三是对证人的双重询问规则。随着律师辩护的案件范围不断扩大与对宣誓程序的认识加深，对证人的询问成为考察证人证言可信度的重要方式。由于两个证人不能同时作证，必须有相应的规则来规定由哪一方传唤以及依什么顺序传唤证人。在这个过程中，英国确立了双重询问的方法，即对传唤方传唤的每一个证人，在经过传唤方不间断地直接询问后都要立刻接受另一方的交叉询问。在 1726 年吉尔伯特的《证据法》一书中曾这样写道："传唤方的证人必须首先由传唤方询问，然后由另一方询问。"在 1846 年的一起审判案例中，哈德维克也指出："传唤方有权对证人首先进行询问，然后由另一方对他进行交叉询问。"② 日后这一双重询问顺序经进一步完善，表现为如下顺序规则：（1）直接询问；（2）交叉询问；（3）再直接询问；（4）再交叉询问。

最后，陪审团对事实的裁决也影响到了事实证明充分性的判断标准，促成了排除合理怀疑证明标准在英美的形成。陪审团裁决案件事实，最初是依据"良心"标准进行裁决，这跟当时欧洲大陆根据证据数量的法定证明标准分道扬镳。之后，陪审团在事实裁决中又采用了"满意的良心"证明标准，到 18 世纪后进一步采用了"排除合理怀疑"证明标准。"排除合理怀疑"作为英美法系独具特色的刑事证明标准，它虽然确立于 18 世纪末期，但其渊源与由来演变都可以追溯到陪审团的事实裁决。

---

① John Henry Wigmore, *A Treatise on the Anglo - American System of Evidence in Trials at Common Law*, Vol. II, Little Brown and Company, 1923, p. 253.

② John Henry Wigmore, *A Treatise on the Anglo - American System of Evidence in Trials at Common Law*, Vol. IV, Little Brown and Company, 1923, pp. 34 - 35.

第二章
相关证据的排除方法

　　相关性是大陆法系与英美法系普遍采用的一条证据法规则。对于什么是相关性，英国证据法学家斯蒂芬有一个比较明确的界定，他说："'相关性'一词意味着任何适用于它的两个事实之间的相互联系是如此密切，以至于按照事件发生的一般过程，其中的一个事实，无论是将其单独或是与另一事实联系起来，都能证实或使得另一事实可能过去、现在或将来存在或不存在。"[①] 根据相关性规则，所有与待定事实相关的证据，无论是增强还是削弱待定事实的存在，在逻辑上都是可采纳的。根据这一规则，所有与待定事实相关的证据，无论是增强还是削弱待定事实的存在，在逻辑上都是可采纳的。

　　但由于陪审制等因素的存在，英国早在19世纪以前就已发展出了一些证据上的排除规则，将逻辑上相关的证据排除在外，并至今仍然作为英美证据相关性的例外情况而存在。这其中最有名和最有特色的要数传闻排除规则，除此之外，还包括意见排除规则、品格排除规则与相似事实排除规则。这些排除规则曾被"广泛地认为是英美证据法的一个标记"，它们"很难在欧洲大陆的法律中找到"。[②]

　　排除规则分为"内部排除规则"与"外部排除规则"。内部排除规则是通过排除不真实的或者会给案件的审判带来误导的事实，从而达到发现事实真相的目的，其核心是着眼于证据的证明力。传闻等排除规则属于内部排除规则。外部规则是出于保护一些外在的社会价值而赋予一些人在作证方面的特免权，从而在事实上也将一些有证明力的证据予以排除。所以，特免权规则也被称作"外部排除规则"。[③]

---

　　① James Fitzjames Stephen, *A Digest of the Law of Evidence*, Macmillan and Co. Limited. 1906, p. 2.

　　② ［美］达马斯卡：《漂移的证据法》，李学军等译，中国政法大学出版社2003年版，第16、22页。

　　③ ［美］达玛斯卡：《漂移的证据法》，李学军等译，中国政法大学出版社2003年版，第16页。

第一节 内部排除方法

一、传闻证据规则

（一）传闻证据规则的内容

传闻证据规则被认为是"英美证据法上最具特色的规则，其受重视的程度仅次于陪审制，是杰出的司法体制对人类诉讼程序的一大贡献"[①]。

所谓传闻，通常指的是二手信息，司法过程中经常被称作"他人嘴里的故事"。[②] 也就是把法庭外别人所说的话，拿到法庭上作为证据。如在一桩谋杀案的审理中，某证人在法庭上作证说："那天我从那栋房子前经过，听见两个邻居在说话，其中一个人说，'我亲眼看见史密斯用刀把格林杀死了。'"证据词中引述的那位邻居的话就是"传闻证据"，是不能拿到法庭上作为证据的。再如，玛丽告诉迪克森，那位抢劫她皮包的人脸上长着一块疤。如果后来玛丽拒绝到法庭作证，那起诉方是不能以迪克森的证言来代替玛丽所看到的事情，因为他对罪犯的描绘只是传闻，在审判中是不能被采纳的。

传闻证据规则的基本内容包括两个方面，一是对传闻在一般情况下的排除规则，二是对传闻在特殊情况下的采用规则。但传闻证据规则的核心是对传闻的一般排除规则，任何证人只要不出庭、宣誓和经过交叉询问，其证言一般不被采纳。

为什么传闻一般不能用作证据呢？主要理由就是可信度低。英美法上证人作证要具备三个要件：宣誓、亲自到庭和交叉询问。首先，证人出庭作证时要发誓讲真话，这曾经在道德上和宗教上具有约束力。其次，证人亲自到庭作证，面部表情和举止处于陪审团的观察之下，陪审团对是否讲真话可以作出判断。第三，证人在直接询问以后，会受到对方律师的交叉询问。他讲的不真实的地方，可以在交叉询问中揭露出来。由于这三个要件的存在，法庭上证词的真实性因此得以保证。而如果某人在法庭外说的话被拿到法庭上作为证据，以上所说的三种监督与限制都不存在，因此真实性也无法得到保证。

但并不是说所有的传闻都不能作为证据。有一些传闻，由于某种特定的原

---

① John Henry Wigmore, *A Treatise on the Anglo - American System of Evidence in Trials at Common Law*, Vol. Ⅲ, Little Brown and Company, 1923, p. 25.

② ［美］麦考密克：《麦考密克论证据》，汤维建等译，中国政法大学出版社 2003 年版，第 480 页。

因，可信度很高，可以用作证据使用，这就是禁用传闻证据规则的例外情况。这种例外情况包括"临死者的陈述""激动的表述"和"被告人的自发承认"等几种情形。其一，在英美证据法中，一般认为"临死陈述"与传闻证据有很大不同，有相当高的可信度。因为人们一般认为，临死的人是不会撒谎的。这就是中国《论语》中所说的："鸟之将死，其鸣也哀；人之将死，其言也善。"即使作恶多端的人，在临死时，也多会有忏悔之意，否则，那可真称得上死有余辜了。所以，假如彼得临死前在医院告诉护士，是他杀死了妻子，而不是警察抓走的那位小偷。那护士的传闻就可以被法庭采用。其二，在英美证据法中，激动的表述被认为比认真思考后的陈述具有更强的证明性。假如迈克正在路上散步，忽然看见玛丽边跑边喊，"快抓住史密斯，他朝南跑了，他手里有枪"。在这种情况下，迈克有关玛丽的传闻就可以作为证据。其三，被告人的自发承认是可以作为证据采纳的，因为人们很少会承认他们并没有犯的罪行。如海伦告诉他的朋友玛丽，她经常打孩子，那玛丽关于海伦有关虐待儿童的证言就是可以采用的。、

大陆法系国家并不是不知道传闻证据的危险性，但在司法实践过程中却很少排除传闻证据，很多二手信息在加以限定后还是被予以采纳，这点与英美法系国家有明显区别。

（二）传闻证据规则的历史由来

传闻证据规则与陪审团职能的转变、证人强迫出庭程序和交叉询问的出现有着密切的联系，所以有学者将传闻证据规则表述为"陪审制的产物"。传闻证据规则大致从 16 世纪开始孕育，到 17 世纪末就基本形成，但规则内容的丰富与完善主要发生在 18 世纪。

传闻排除规则在中世纪早期的"知情陪审团"时期并不存在。在"知情陪审团"制度之下，陪审团无论是根据自己亲身经历的事实还是道听途说都可以作为裁判的依据。另外，为了弥补陪审团所了解的案件信息的不足以及对某些情况的疑虑，当时的法律允许陪审团向了解案件情况的其他当事人进行非正式的调查。根据梅特兰对英国早期法律史的研究，中世纪早期的一些判决很有可能是依据传闻作出的。那时，陪审团的职责是当他们被传唤时，应该出现在法庭上并且了解他们所需要讲述的事实。他们必须收集证据……至少有两个星期的时间留给他们去确信案件事实。我们不知道有什么法律规则用来阻止他们在诉讼间隔期间去听取相关的案件信息……分散或联合、法庭上或法庭外，

他们听取某人的故事并且相信他们。①

　　但随着 14 世纪后期，英国陪审制度从"知情陪审团"向"非知情陪审团"的转变，证人的出庭作证成为必需。所以到 15 世纪时期，陪审员们的判决不再完全依靠他们自己的知识和自己获得的信息，而是逐渐依赖于证人在法庭上公开出示的口头证言。到 16 世纪，证人证言成为法庭审判中最为重要的证据来源。而将 15 世纪末和 17 世纪初的情况进行对比，普通证人当庭提供的信息量与陪审团审判外获取的信息量之间的比例实际上出现了翻转，在 15 世纪之前很少被提及的证人证言在 17 世纪的法庭审判中发挥着重要的作用。这样一种转变使得对证人证言的认定成为法庭审理的一个关键环节。陪审团很自然地开始考虑法庭上提出的信息是否能够帮助他们作出一个正确的判决，而且律师在法庭的审判中也不断让陪审团思考这样一个问题。与此同时，普通法是不会依照教会法和罗马私法的规则，要求一定数量的证人作证来解决证据充分性的问题。所以，在这个时期，关于证人的数量、证明力、可信度成为当时的陪审团主要考虑的问题，在具体的法令中也出现了证人的好与坏，是否充分的问题。他们需要一定的原则和规则作为指导，为他们的审理提供一些标准。

　　16 世纪以后，当事人和律师对口头传闻的质疑与批评不断出现。在那些要求两个以上证人出庭作证的叛逆罪等案件中，如果一个人出现在法庭上陈述了他所看到的听到的事实，那么另一个人的传闻是否可以和该证人证言一起充分证明争议事实？对此，在玛丽女王统治时期，在需要有两个指控人的叛逆罪案件中，一个人可以通过提供传闻来证明，但这种做法受到批评。1554 年，思罗克莫顿（Throckmorton）批评说，马斯特·克罗夫兹（Master Crofts）如今还活着，为什么他没被带到法庭面对面地证明事实。在 1603 年对沃尔特·雷利爵士（Sir Walter Raleigh）的审判中，基于两个传闻作为证据，雷利爵士被判有阴谋叛逆詹姆斯一世国王罪，主要证据之一是他的同谋者科波姆勋爵（Lord cobham）在法庭外的宣誓过的陈述。对此雷利爵士提出应该让科波姆出庭作证。然而首席法官波帕姆（Chief Justice Popham）拒绝让科波姆作证，他是这样解释的，没有什么情况与事实的可能性相符，指控人应该出现在法庭上，而不仅仅是法庭外的陈述；有许多情况都与案件的指控相符合，而指控人不被出示；如果其他情况被证实，传闻的陈述是足够的。② 到 17 世纪的后半段，在其他的一些案件中传闻作为证据也经常被提出异议，但是法官却从来没有想过将传闻排除在外，而是承认传闻作为一种次要证据能够被采纳。当时的

---

　　① F. Pollock & F. W. Maitland, *History of English Law Before the Time of Edward* Ⅰ, Vol. Ⅱ, Cambridge University Press, 1968, pp. 622, 625.

　　② W. S. Holdsworth, *A History of English Law*, Vol. Ⅸ, Methuen & Co. Ltd., 1926, p. 217.

法官试图采纳这样一种观点，传闻作为证据显然没有来自证人直接出庭作证提供自己看到的听到的事实的直接证据重要，但是这种证据仍然可以被采纳作为其他证据的补强证据来使用。

威格摩尔教授指出，一个证人自己的先前陈述可能被证明去表明他也说过相同的事实，因此这种证言也应该被相信。① 所以，直到 17 世纪末期，传闻作为一种辅助性证据被采纳。虽然对传闻作为证据的质疑是在要求两个人出庭作证的案件中偶然出现的，但是它反映了陪审团开始更多地考虑证据的证明力问题。传闻在这个时期虽仍可以作为证据被采纳，但已经开始受到很多的质疑，这为排除传闻作为证据的规则发展奠定了基础。

在 17 世纪时期，对传闻作为证据的质疑不断增多，结果在王朝复辟后的第二个十年里，传闻完全不被采纳的现代规则开始被普遍接受。虽然没有精确的日期和决定性的裁判要点，但在 1675 年到 1690 年间关于传闻不被采纳的确定理论开始出现。② 这一时期最初是禁止使用口头的传闻作为证据，殖后又禁止使用笔录证言。总之，在 17 世纪结束的时候，传闻不能作为单独证据为法庭所采纳，早期的传闻排除规则得以确立。但这一时期传闻还可以用来检验其他证据。

对于传闻证据规则在 17 世纪末这一特定时期初步形成的原因，英国著名法律史学家霍兹沃斯认为主要有个方面：一是受柯克的强有力的权威性意见影响，防止"一个人根据传闻成为原告"的现象；二是英国因拒绝采纳教会法和大陆法中需要两个证人的数量规则，需要一些补充性的保障措施。在爱德华六世统治时期的法令要求叛国罪的指控将被两个证人证明。而在 1553 年的"托马斯案"（Thomas's Case）中，两个原告，如果一个成为指控人是因为他自己知道或他自己听到的指控人，或与另一个人相关，另一个人也可能是原告。但是柯克在他的《英国法原论》（Institutes of the Laws of England）第三卷中痛斥这一案例的错误，在后来的"拉姆利勋爵案"（Lord Lumley's Case）中这种一个人可能因为传闻而被作为原告的匪夷所思的骗局被推翻了。柯克的《英国法原论》在 1641 年出版后立刻被作为一种权威的法律陈述。因此，柯克的陈述对后来复辟时期法官在刑事案件中裁判立场有很大影响。③ 大约也在 17世纪末期，英国因拒绝采纳教会法和大陆法中需要两个证人的数量规则，所以

---

① John Henry Wigmore, *A Treatise on the Anglo-American System of Evidence in Trials at Common Law*, Vol. Ⅲ, Little Brown and Company, 1923, p. 16.

② John Henry Wigmore, *A Treatise on the Anglo-American System of Evidence in Trials at Common Law*, Vol. Ⅲ, Little Brown and Company, 1923, p. 15.

③ W. S. Holdsworth, *A History of English Law*, Vol. Ⅸ, Methuen & Co. Ltd., 1926, p. 218.

更关注法庭出示证据的证明力。这有助于法庭排除那些证明力差的证据次级证据，促使法官将传闻排除在可采证据之外。

在传闻证据规则初步确立的过程中，反对传闻的理论也逐步发展起来。第一个反对理由借助了古老的证人作证职责。证人讲出看到的或听到的古老规则在 17 世纪时期再次为法官所重视，虽然这一古老的规则与传闻证据规则的要求并不一样，该规则只排除谣言、意见等不是由证人看到或听到的事实。但是两者很容易混淆，它有时导致相似的结果。在 17 世纪后半段，沃恩（Vaughan，C. J）是这样描述古老规则的，"一个证人宣誓说出他听到的或看到的""要求证人必须只讲出他意识到发生的事实"。霍尔特（Holt）在"R 诉查诺克"（R v. Charnock）一案中总结说："证人提供的传闻不是证据；而他们自己所了解的事实或从罪犯那里听到的事实是证据；所以查诺克（Charnock）先生坚持认为，德拉罗先生（Mr. De La Rue）对他的质疑大部分是波特队长（Porter）告诉他的……这是事实，因此我没有重复德拉罗所说的主要部分，因为对他来说这是传闻最主要的部分"。但是无论证人所了解的事实还是任何罪犯的指导和话语已经被作为证据给出，你都应该去作为很好的证据去注意。① 根据证人职责，证人只能描述自己的"所见所闻"，证人陈述其他人看到的和听到的是"他人嘴里的故事"，相关陈述是其他人的任务，而不是证人的任务。

反对传闻的另一个重要理由是没有经过公开的宣誓程序。对于证人宣誓作证的尝试是受到古代日耳曼法的影响，经过宣誓的证言可以使证言免受质疑。一方面，宣誓作为一种正式或宗教的仪式，它能激发证人讲出实情的特殊责任感；另一方面，它也能使证人产生做伪证要受到刑事惩罚的危机感。而当时提供书面证言的证人到庭宣誓参加审判是很常见的事情，但是没有实质的意义。当时的普遍做法是，一般宣誓证人出现在法庭上会先大声向陪审团读出自己的宣誓，然后证实事实通过声称他是心甘情愿作证、没有受到刑讯，经过宣誓之后的证言是充分可信的；而证人公开的宣誓也是为了表明他所提出的指控没有因为害怕而改变论调。对于证人的宣誓，起初只是作为表明证言充分可信免受质疑的一种方式，而后来发展成了法庭陈述时必备的程序或者说成为证人作证的先决条件。这种现象一直持续到了 17 世纪，依照当时的观念，只要经过宣誓程序，在法庭外作出的书面证言也可以与法庭上作出的证言同等的为法庭所采纳，而没有经过宣誓的庭外证言也就当然地不具有可信性。而到了 17 世纪中期，一种观点日渐盛行并明确地确立下来，即如果提供书面证言的证人能到

---

① W. S. Holdsworth, *A History of English Law*, Vol. IX, Methuen & Co. Ltd., 1926, pp. 214 ~ 215.

庭亲自作证，那么庭外陈述，即使经过宣誓程序，也不能作为证据使用。也就是说，提供书面证言的证人只要能够出庭，就应该公开出现在法庭上宣誓作证。

反对传闻最为重要的理由是传闻无法接受交叉询问并以此检验它的可信度。在 1643 年的一起案件中，被告人声称"在决定生与死的案件中，书面的宣誓证言不应该为法律所允许，因为它们没有接受交叉询问，证人应该出现在法庭上公开宣誓作证"。① 而在 1668 年的一份判决中，传闻证据开始遭到了法庭的排除，其原因在于传闻证据导致另一方当事人无法进行交叉询问。但是在那个时候，明确地确定这一排除规则的案件是对威廉·佩恩（Paine）和约翰·芬威克爵士（Sir John Fenwick）的审判，也正是在这两个案件中，传闻证据规则开始排除书面的宣誓证言。在对威廉·佩恩的审判中，一份经过宣誓的但证人已经死掉的证人证言遭到排除，其原因在于传闻证据导致另一方当事人无法进行交叉询问。而约翰·芬威克爵士案件在议会上经过了长期的争论，虽然最终支持了宣誓证言的可采，但法庭的辩论过程中使人们充分意识到对证人交叉询问的重要性，反而使交叉询问发展成为反对传闻的最重要理由。

18 世纪是传闻证据规则进一步发展与完善的关键时期。1695 年，律师开始被允许为叛国案件中被告人辩护，后来又进一步扩大到重罪案件中。律师在为当事人辩护过程中，为找出证人证言中的疑点，对交叉询问运用越来越频繁，而这反过来又促进了传闻排除规则的发展。汉金斯（Hawkins）在 1716 年写道：对于一个陌生人所听到别人说什么的证据，不管其是支持或者反对被告的，都是不严肃的。不止因为未经宣誓，还因为另一方当事人无法进行交叉询问，这种观点似乎是对的。然而，在排除传闻的时候似乎也存在着例外，1737 年的"富勒案"（Fuller）就是很好的例子，法庭没有采纳一个外科医生在法庭外所作的对死者的血的性状的陈述，却采纳了其他两个传闻证据：两个证人被允许以死者的陈述作证，其中一个是允许验尸官引用了一些外科医生在法庭外所作的陈述及一封指控匿名信，另一个是检查过死者身体的内科医生被允许作的一个证言：在死者的枪伤口处有一个肉质物。②

由此我们发现，在 18 世纪初期的时候，有关传闻证据规则的适用发生了很大的变化。一方面，交叉询问对传闻证据规则的影响越来越大；另一方面，传闻证据规则的例外开始出现。根据早期的传闻排除规则，传闻只要没有经过宣誓和交叉询问，都要被排除。但是某些传闻在客观上确实具有很强的真实

---

① John Henry Wigmore, *A Treatise on the Anglo – American System of Evidence in Trials et Common Law*, Vol. Ⅲ, Little Brown and Company, 1923, p. 19.

② 刘枚：《传闻证据规则研究——以刑事诉讼为视角》，中国政法大学 2006 年博士学位论文。

性，而且随着时代的进步和发展，代替证人出庭的各种书面材料的真实性也越来越强，与此同时，随着人口流动的不断加强，要求所有证人都出庭作证已经显得十分困难，而且在很多情况下证人都不能公开出庭作证。对于这样一种情况，将传闻完全加以排除显得十分不公平，对于传闻的例外情况规则渐渐确立。对于 18 世纪初期传闻证据规则所面临的这两方面问题，在随后 1754 年到 1824 年这 70 年的时间里得到了很好的解决。T. P. 加兰尼斯（T. P. Gallanis）认为，1754 年到 1824 年这 70 年也正是现代传闻证据规则得以真正确立的，也可以说是传闻证据规则得以发展的关键时期。[1] 在 1754 年之前，关于传闻的适用和讨论在当时已经开始得到讨论，在具体的司法实践中也确立了一些有关传闻的适用标准，传闻被排除也得到很大程度地认同和接受。

对于传闻证据规则在 1754 年到 1824 年这 70 年间的发展，我们可以从当时的论文和案例中深刻了解到传闻证据规则在这一时期的发展和完善。在 1754 年到 1824 年出版了 15 篇关于传闻证据规则的论文，从中可以看到传闻证据规则的发展和完善主要体现在两个方面。一方面，论文中暗示在这个时期许多关于传闻证据规则的例外在 18 世纪末的时候大量出现，尽管在一些特定的案件中这些例外情况需要进行解释说明。这些例外包括：家庭关系、立法、法规、习俗、名声、先前一致和不一致的陈述和死亡宣告。这种发展主要发生在 19 世纪。在 1806 年埃文斯的《有关证据的附录》（Evans 1806 Appendix）中可以发现传闻证据规则例外发展的萌芽，而到 1815 年菲利普斯（Phillipps）的《证据法专论》（*Law of Evidence*）中对传闻证据规则的例外进行了详细的介绍。另一方面，论文中暗示了传闻证据之所以被排除的理论原因在 18 世纪结束的时候得到了修正。在早期的学者如吉尔伯特、巴塞斯特、布勒认为，传闻之所以缺乏可信性是因为原始的陈述不是在宣誓下作出。而现代的观点是因为缺少交叉询问的过程，这种观点第一次出现在 1791 年吉尔伯特著作的修订版中，虽然仅仅只是限定在刑事案件中。到了 1801 年，皮克（Peake）的论文中将宣誓和交叉询问摆在同等重要的位置，而到了 1806 年埃文斯（Evans）则指出缺乏交叉询问是对传闻作为证据最强有力的反对理由。[2]

而学者在论文中关于传闻观点并不能充分反映当时传闻证据规则的发展情况，我们还需要从当时的司法案件中寻找传闻证据规则的踪迹。在 1806 年的"麦尔维尔勋爵案"中（Lord Melville's Case），普尔摩律师（Mr. Plumer）说，

---

[1]　T. P. Gallanis, "The Rise of Modern Evidence Law", *Iowa Law Review*, vol. 84, 1998, p. 531.

[2]　T. P. Gallanis, "The Rise of Modern Evidence Law", *Iowa Law Review*, vol. 84, 1998, p. 532.

作为证据法上的一般原则，除去例外情况，在刑事审判中一个人在背后所说的、所写的、所作的都不能作为证据影响任何人，除了他自己……任何在英国法庭被指控的人都有权利要求证人公开出庭作证并且接受交叉询问。而在1817 年的"查普曼诉查普曼"（Chapman v. Chapman）一案中，主审的斯威夫特法官（Swift，C. J.）提到，根据证据法上的一般原则，当事人以外的人提出的传闻是不能作为证据，因为这样的人既不是在宣誓的情况下提供证言，另一方当事人也没有机会对此人进行交叉询问。① 由此我们可以发现，在 19 世纪初期，交叉询问作为排除传闻的主要理由已经得到普遍的接受与认同，成为反对传闻作为证据的最有力的理由。

在交叉询问被确立为排除传闻最主要理由时，对传闻例外情况的采用也开始得到确立和发展。在通常情况下，没有经历过交叉询问的证人证言的真实性是令人质疑的，但证人出庭作证在很多时候是无法实现的。例如死亡或重病不能下床等，在这种情况下他们是无法接受法庭的交叉询问，但是如果他们的证言与争议事实相关，这样一种证言也是应该被采纳的。传闻排除规则的例外情况正是在此基础上出现。在 1761 年的赖特诉利特勒（Wright v. Littler）案件中，案件的争议事实是一份遗嘱的真实性，最终主审的曼斯菲尔德法官（Mansfield，L. C. J.）采纳了一个临终遗言，该证人指出遗嘱是伪造的，而曼斯菲尔德法官的主张也得到了其他法官的一致同意。②在该案件中，因为案件的争议事实就是遗嘱的真实性，所以该证人的证言成为法庭审理的一个关键，与此同时，在法庭审理的时候已经死亡，无法出庭作证接受交叉询问，因此，确立了临终遗言可以作为传闻排除规则的例外情况。而该案也成为法庭承认临终遗言作为例外情况的一个起点，之后的案件也都遵循了其中所确立的原则。根据 18 世纪时期的案例我们可以发现，对传闻例外情况的承认主要基于以下两点原因的考虑：第一，证人确实不能参加法庭的交叉询问；第二，该证人证言是法庭审理案件所必须的证据之一。当然，也存在一些其他的原因导致传闻排除规则的例外情况出现，如证人资格、法律的特殊要求等。但是通常只要具备以上提到的两点要求，证言就可以作为传闻排除规则的例外情况被采纳。那些现代证据法上种类繁多的传闻证据规则的例外情况就是在此基础上产生的。到了 19 世纪初期，传闻证据规则的排除范围与例外采用范围与现在已大致相当。

---

① John Henry Wigmore, *A Treatise on the Anglo – American System of Evidence in Trials at Common Law*, Vol. Ⅲ, Little Brown and Company, 1923, pp. 3, 5.

② John Henry Wigmore, *A Treatise on the Anglo – American System of Evidence in Trials at Common Law*, Vol. Ⅲ, Little Brown and Company, 1923, p. 161.

二、意见证据规则

（一）意见证据规则的内容

所谓意见证据规则，根据斯蒂芬在 1876 年的《证据法摘要》中的论述：任何人对于争议事实，或与争议事实相关的或认为相关的事实的意见，与事实的存在与否没有相关性。但面对科学或艺术问题时，专业人士的意见就具有相关性。[①] 也就是说，证人对案件事实意见、结论与推论一般都不能作为证据采用，但作为重要的例外，专家意见是可以采纳的。

普通证人只能就其自身感官觉察到的事物作证，就其所听、所触、所尝或者所做的与案件争议点有关的事情作证。除了专家证人，普通证人必须依据亲身认知来作证，而不能对事件或者证言发表自己的意见或进行总结。如不能说，"在我看来，他纯粹是故意杀人"。具体结论性的内容，只能由陪审团根据证人所提供的证据作出。

但在通常情况下，专家证人可以提供超出其感知印象的证言，可以对事件的原因或结果发表意见，也可以解释其他人的行为，可以基于事件发生的背景得出结论，可以评论事件发生的可能性，甚至对诸如过错、损害、过失等非事实问题提出自己的意见。如在过失致死案中，经济学家可以预估死者一生可以有多少收入。在医疗事故中，专家证人可用来确定相关的注意标准。在毒品案件中，控方通常需要传唤化学家或者其他专家到庭作证，证明有关物质确实是非法毒品。

大陆法系国家没有将普通证人的意见予以排除的一般规则，而是由法官自由裁断。大陆法系国家也一般不采用专家意见这样的提法，而是将专家就专门问题提供的意见以鉴定结论的形式提出。

（二）意见证据规则的历史由来

十七八世纪时期，许多的证据规则都开始确立和发展，但当时司法实践中都没有形成意见证据是否可采的规则。吉尔伯特法官没有提及意见证据规则，布勒法官同样也没有提到过意见证据规则。然而这并不表明在当时的司法实践中完全没有对意见的质疑和反对。

英国法上一直存在着规范证人证言证明能力的规则，从古老的"证人必须提供他所知道的事实"（证人必须作证 "de visu et auditu"）到后来确立的证言知识（Testimonial Knowledge）原则都要求证人在法庭上必须是以一个知情者的身份出现在法庭上，讲出他所看到的和听到的事实，也就是说证人提供的

---

① James Fitzjames Stephen, *A Digest of the Law of Evidence*, The Macmillan Company, 1906, p. 60.

证言必须是证人自己亲身观察所得。只要证明并没有亲眼见证争议中的事实的发生，不管证人是认为或相信争议中的事实，那么这样的证言都将不被采纳为证据使用。而这一规范证言的原则可能就是科克在 1622 年"亚当诉卡恩"（Adam v. Canon）案中指导他审判的规则。科克在这个案件的附带意见中指出："证人讲述自己所认为的或劝服自己的证言是不充分的，有两个原因：第一，因为法官要给出一个确定的陈述，因为这应该要更确切的而不仅仅是认为；第二，证人不可能被起诉伪证罪"。①

正是基于以上这一原则，有时，在法庭上证人被告知："这是纯粹的意见；我们需要的是你所了解的事实，而不是你认为或相信的事实。"有时，法官可能会说，"我们不需要你的意见，你有什么事实吗？因为我们也能像你一样猜测和认为；如果你了解事实，那就把事实告诉我们吧"。对事实的要求意味着，证人在法庭上作出的一些真实的或积极的部分。因为陪审团对案件事实的审理依赖证人在法庭上提供的证据，需要证人提供一些亲眼所见的事实真相。这种观点可以从 1644 年的劳德大主教的审判中得到体现。在该案中，证人作证说主教篡改陪审团的谣言，"他确信陪审团被改变了"。被告人指出，"这种证据不是知识，而是证人所认为，他'确信'，我充分相信的并不能作为证据改变你的权威"②。可以说，最早对意见产生质疑和反对的就是这样一种观点，通过对证人的询问，发现证人不能够提供有效的案件事实，证人的陈述中没有知识。然而对于这样一种对证人证言的要求，仅仅是对于一般的证言能力原则的一种特殊适用，还没有分离出现代意义上的"意见证据规则"。

在规范证言能力的原则中，同时还有对专家意见的适用问题，而专家证人意见是作为意见的一种例外情况在法庭审判中是可以被采纳的。而这不得不让人产生质疑，专家被传唤到法庭上，在并不了解事实的情况下提出他自己的意见，为什么他的意见就能够被采纳而一般证人的意见却被拒绝。虽然我们都知道很早就存在有关专家意见的采纳的传统和先例，而且我们也都认同应该采纳这样一种证言，但是难以对该问题作出一个很好的解释。

对此，撒耶提出，对专家意见的采纳是受到古老的法律观念的影响，专家作为法庭的帮助者，法庭通过这样一种帮助指导陪审团审判。而对于专家意见的采纳很早就出现在司法实践中，在 1353 年的一起关于严重伤害罪的起诉中，法庭在检查过伤口后，不能判断是否是严重伤害，于是按照顺序传唤了来自伦敦的外科医生出庭，来对伤口是否是严重的故意伤害发表意见。在 1493 年的

---

①　W. S. Holdsworth, *A History of English Law*, Vol. IX, Methuen & Co. Ltd., 1926, p. 212.

②　John Henry Wigmore, *A Treatise on the Anglo – American System of Evidence in Trials at Common Law*, Vol. IV, Little Brown and Company, 1923, p. 101.

一起案例中，对于一个人有义务在一定情况下支付 5 磅的 "fine gold" 中的 "fine" 一词的含义，法庭对其不能断定，于是传唤了精通拉丁语的语言学家帮助确定。同样地，在 1554 年，在 "巴克来诉托马斯"（Buckley v. Thomas）一案中，斯坦福（Staunford，J）法官认为应该遵循先例，传唤语言专家对拉丁文进行解释，并且他提出，"如果法庭中的事实涉及其他科学或技术，我们一般适用于这些相关科学或技术的帮助，这样一种帮助在法律中是可敬的，是值得称赞的。" 在 1619 年的一起案件中，对于一个出生于 1611 年 1 月 5 日的小孩是不是死于 1610 年 3 月 23 日的一个男人的女儿，法庭请内科医生协助，内科医生证明了她应该是他的女儿并且给出了科学依据。[1]由于早期专家一直充当法庭的帮助者，所以就减少了对采纳专家意见的质疑。

总的来说，早期的法律中就已经出现了规范意见和专家意见的一些规定，但是它们仅仅只是法庭在考察证言是否具有可采性是所考量的一种理由或原因，它们并没有从证言知识（Testimonial Knowledge）的原则中分离出来。

进入 18 世纪后期以后，法庭在程序上要求专家证人像普通证人一样直接在陪审团面前作证，这使得要求证人提供自己亲身经历或观察到的事实的要求同样适用到专家证人的身上。它按照证言知识（Testimonial Knowledge）的原则，证人必须有自己的亲身经历或观察得到的信息，并且在法庭上必须陈述事实而不是意见。然而很明显，使用专家证人的证言的传统不可能被废除，因此迫切需要对采纳专家证人的证言给出合理的解释和理由。专家证人并没有关于争议事实的个人知识，那怎么能够听取他纯粹的意见呢？既然专家不了解事实，他与普通证人之间的区别是什么呢？这些问题都随之出现在法官和学者们的面前，迫切需要他们对此作出相应的解释和说明。而 1782 年的 "福克斯诉柴德"（Folkes v. Chadd）案件很好地反映了专家证人与普通证人一样出庭作证之后专家证人的证言所受到的质疑和反对，而曼斯菲尔德勋爵提出的判决意见最终也成为现代对抗制程序下规范专家证人证言的先例原则，也被毫无争议地看作 "规范专家证人意见规则的基础"。[2]

在 1782 年的 "福克斯诉柴德"（Folkes v. Chadd）案件中，关于海港被填满的原因成为案件争议焦点。工程师斯密斯顿（Mr. Smeaton）发表的专家意见遭到被告人的反对，因为斯密斯顿也是一个从没有见到过这一地方的人，没有新的事实可以提供。在这种情况下，法庭依据什么采纳专家意见就成为一个难

---

① John Henry Wigmore，*A Treatise on the Anglo - American System of Evidence in Trials at Common Law*，Vol. Ⅳ，Little Brown and Company，1923，p. 101.

② Tal Golan，"Revisiting the History of Scientific Expert Testimony"，*Brooklyn Law Review*，vol. 73，2007，p. 879.

题。为此，该案经过三轮的审判，最后由英国18世纪最有影响的法官曼斯菲尔德勋（lord Mansfield）审理。在该案的判决意见中，曼斯菲尔德勋爵用"事实"这一术语表明这样一种证人的"意见"能够充分证明和支持事实；这种观念或许是通常使用"科学问题"去限定和描述可以采纳的那种证言的原因。因为"科学"在那个时期不被看作为"系统化的、结构性的知识"，仅仅只是"一般意义上的知识"。可以说，曼斯菲尔德勋爵很好地回答了这样一种质疑，专家证人没有个人知识也不了解事实，但是他们指出了事实的真相，他们具备这样一种知识就是事实。由此，专家证人的证言在法庭上被采纳有了法律的依据和支撑，曼斯菲尔德勋爵的判决意见也成为后世处理相关问题的经常引用的先例原则。①

到了18世纪末期，这样一种观念得到了普遍的接受，科学上的专家，虽然并不了解特定的案件情况，但是作为一种例外，他们能够提出他们在这一问题上的意见。1801年，皮克对专家意见作了进一步阐述。他说，虽然一般意义上证人只能陈述事实，在科学问题上，精通科学的人可以在其他证人证明事实的基础上宣誓提供他们的意见……因此，一个曾经见过特殊病人的内科医生可以在听了其他人的证据之后，被传唤到法庭宣誓作出关于某一特殊疾病的一般影响和在这一特殊案件中可能的影响；虽然不是一个特定的事实，它同样是一般信息，同样能够帮助陪审团在这个争议问题上形成一个精确的裁判。②

随着"福克斯诉柴德"（Folkes v. Chadd）案件为专家证人的出庭提供了有力的理由，随着专家证人也更多地出现在法庭的审判过程中，法官和学者们对专家证人的证言之所以被采纳的原因进行了更深入的探究，最终他们明确了专家意见被采纳的唯一的原因，接受这样一种意见确实能够帮助陪审团审理案件，而陪审团也确实需要专家证人的帮助。后来这样一种观念被作为一种检验；是否额外的意见可以被某一方面的专业人士提出来帮助陪审团审判。这与现代意义上的意见证据规则中专家意见被采纳的观点基本上是完全一致的。这样一种观念也反映在了当时的司法案件中。1807年"彼克威兹诉德波萨姆"（Beckwith v. Sydebotham）案中，船只的检查员被要求在宣誓作证的情况下给出适于航海的意见，对此加罗（Mr Garrow）提出反对意见，"这是一种陪审团成员也能推出的推论，如果事实授权它们"。埃伦伯勒法官（Ellenborough）坚持认为"出现专业或科学问题需要被决定时，陪审团可能被帮助从那些专家

① Tal Golan，"Revisiting the History of Scientific Expert Testimony"，*Brooklyn Law Review*，vol. 73，2007，p. 879.

② John Henry Wigmore，*A Treatise on the Anglo - American System of Evidence in Trials ct Common Law*，Vol. Ⅳ，Little Brown and Company，1923，p. 103.

那里获得精确的意见。"而在 1816 年"都尔诉彼德尔累"（Durrell v. Bederley）案中，保险公司被询问关于是否一件事实阻止他们写一份保单，吉布斯（Gibbs）法官提出，曼斯菲尔德和凯尼恩勋爵（Lord Kenyon）不认同这种意见，我认为它不应该被接受，它是陪审团的职责，不是保险公司的职责，去决定哪些事实应该被交流，这不是一个科学问题，专业人士同样也会这样认为，但是意见的问题是应该为想象所控制，因为多样性是无穷的，这样的证据不具有充分性，从这一角度上应该被拒绝。

正是在专家证人的证言被采纳的原因的探析中，专家证人与普通证人之间以及证人和陪审团职责得到了区分，现代的意见证据规则也在此基础上于 19 世纪初步形成。专家证人能够提供普通证人不能提供的专业的意见，而这种专业意见也被作为一种"事实"能够被法庭采纳。与此同时，专家证人也因为能够作出陪审团不能作出的专业判断，从而帮助陪审团审理案件。因此，现代意义上对意见证据的考察以是否能够帮助陪审团审理案件为标准，而不再是传统意义上对个人观察的需要。证人的职能是提供事实证据，而陪审团的职能是作出裁判和推论，一般证人提供的意见因为侵夺了陪审团的职能而被排除，而专家证人的意见因为能够帮助陪审团作出客观公正的裁判而被采纳，这就是现代的意见证据规则。

三、品格证据规则

（一）品格证据规则的内容

品格证据规则也是英美证据法中的一条重要排除规则。根据这一规则，刑事诉讼中的公诉人和民事诉讼中的双方当事人一般不能提供一个人的不良品格作为证据。例如，被告人有犯罪前科、过去有不当行为或有不良声誉，一般不能用来证明被告实施所控犯罪的证据。

在英美证据法上，"品格"一词至少包括三个方面的含义：一是指一个人在社区里认识他的人群中名声的好坏；二是指一个人以特定方式处事的个性；三是指一个人有无先前的刑事定罪等特定事件。

将品格证据排除的主要依据在于两点：一是"可能对陪审员造成不适当的有偏见的影响"，二是"不良品格的证据通常并不具有关联性"。[①] 美国加利福尼亚州法律修改委员会曾对此作过这样的论述："品格证据只具有很小的证明价值，而且可能会极具偏见性。它会造成事实审理者不关注主要问题，即不关注在具体场合实际发生了什么样的问题。它能巧妙地为事实审理者提供机

---

① ［英］理查德·梅：《刑事证据》，王丽等译，法律出版社 2007 年版，第 143 页。

会，使他们能够不考虑证据证明实际发生了什么，而仅凭有关人员各自的品格而奖励好人和处罚坏人。"[①] 但品格排除规则也有例外。例如，美国《联邦证据规则》第404条就规定了三种例外情形：一是被告人提供的能够证明其品格良好的证据；二是被告人提供的关于被害人品格的证据；三是证明证人诚实与否的证据。

大陆法系国家没有明确的品格证据排除规则，而是由法官对品格证据的证明价值自由裁断，如认为与审理案件相关就予以采纳，如认为不相关也就不采纳。

（二）品格证据规则的历史由来

品格证据规则是什么时候确立的呢？现存的材料不能很准确地证明品格证据规则得以确立的准确时期。威格莫尔认为，"在英国早期的司法实践中，品格证据的适用没有任何限制，这种适用符合人类本性中最原始的观念。"[②] 另一位权威的证据法学者撒耶认为，"对品格证据的使用进行限制是现代性的，在英国早期的司法实践中，法庭自由地适用品格证据。"[③] 同样，斯蒂芬在对英国17世纪的刑事审判程序和案例报告进行研究以后认为："在那时，为了推定被告人有罪，传唤证人证实被告人的不良品格是一贯的做法。"[④]

为了更好地了解品格证据规则得以形成的历史过程，我们有必要追溯一下普通法发展的早期对品格证据的使用。

中世纪的英国社会还基本上是一个熟人社会，人与人之间的联系都十分的紧密，每个人都限定在一定地域范围有着严格的社会身份和地位阶层。社会的大部分财富和权利为少数的领主所掌握，大部分的人生活在贫苦之中。在当时的人们的眼中，一个人所处的阶层暗示了他的道德品质。如果十分单纯化地理解当时的情况，可以说一个人不被看作一个独立的个人而是他的阶级特征。

一个人的品格特征在当时的司法实践中起着重要的作用。英国早期的司法审判属于一种形式上的审判形式，没有我们现在意义上所考虑的"证明"的内容。法庭上出现的证人也不同于我们现代意义上的证人，当时的证人有着特定的含义。撒耶有一段关于普通法早期的审判形式的描述：这被作为最为古老

[①]　何家弘，张卫平：《外国证据法选译》（下卷），人民法院出版社2000年版，第603页。

[②]　David P Leonard, "In Defense of the character Evidence Prohibition: Foundation of the Rule against Trial by Character", *Indiana Law Journal*, vol. 73, 1998, p. 1161.

[③]　David P Leonard, "In Defense of the character Evidence Prohibition: Foundation of the Rule against Trial by Character", *Indiana Law Journal*, vol. 73, 1998, p. 1161.

[④]　John N. Langbein, *The Origins of Adversary Criminal Trial*, Oxford University Press, 2003, pp. 190 ~ 191.

的一方当事人提供的证据。没有接受交叉询问的检验；对审判产生影响的是宣誓，而不是所提供的话语证明力或对法官观念的劝说。一般的交易活动，例如买卖，都必须在有预先的见证人的情况下才能发生。那些天生赋予权力或得到授权的人出现在教堂门口作为证人提供证据。而对于争议的案件则由这些证人在自由的公民组成的公共法庭前的宣誓陈述来决定案件的问题。①

在早期的审判中，事实由一个人所提供的宣誓作出者的数量来决定。事实上，形式程序要求一个人必须提供一定数量的证人来证明一种主张或抗辩。可以说，在很大程度上，早期的普通法审判可以说是决定当事人的品格的一种活动。现代意义上不能够提供事实证明自己的人，但是在早期的普通法中却可以通过表明他良好的品格而胜诉。即使是到了12世纪亨利二世设立陪审团的审判，也没有出现现代意义上的"证据"。而法官会问陪审团他们哪个是当事人的邻居，哪个了解案件的事实。这些问题会在法庭进行形式上的审理之前被提到。② 可以说，在16世纪之前，法庭的审判都受形式审判的影响，决定争议的不是事实证据而是一些形式要件，而作为主要的证明的"宣誓证人的数量"则主要是由一个人的品格特性来决定。所以说在早期的司法实践中，品格作为法庭审判所考虑的最为主要的因素决定了案件的结果，一个有着良好品格的人能够提供足够多的证人从而来表明他的主张。这也是受到当时的社会发展水平和社会结构的影响。所以在早期的普通法审判中，品格作为法庭审判所考虑的主要元素，不加限制地被大量地使用。

近代以来随着城市化的发展和社会流动的加强，英国逐渐从熟人社会向陌生人社会转变。这一转变使得陪审团成员在这个时候也不再对案件的当事人的情况十分了解，促成了法庭审判中开始越来越重视法庭上的证据，而相反对被告人品格的依赖也就不再那么的强烈。甚至从某种意义上说，法庭审判中对证据的使用正是对品格的一种拒绝或反对。法庭审判中开始不再寻求被告人品格来证明其可能犯罪，法庭审判中也开始出现对品格证据的反对和排除。

英国权威证据学家威格莫尔认为，1684年的约翰·汉普顿一案（Hampden's Trail）和1692年的亨利·哈里逊一案（Harrison's Trail）是禁止适用品格证据的重要转折点。1684年，威森斯汉普顿一案审判中说："你知道案件最终在法庭上的判决；一个人被起诉伪造罪，我们不能让他们出示其他的伪造的证据除了被起诉的伪造事实，因为我们不能忍受从他人任何一段生活中提

---

① James Bradley Thayer, *A Preliminary Treatise on Evidence at the Common Law*, Little, Brown and Company, 1898, pp. 7~16.

② David P Leonard, "In Defense of the character Evidence Prohibition: Foundation of the Rule against Trial by Character", *Indiana Law Journal*, vol. 73, 1998, p. 1161.

取证据，而这一证据他们不可能准备作出回答。"在 1692 年，霍尔特（Holt）在亨利·哈里逊一案审判中说（起诉谋杀；一个证人被要求在法庭上提供被告人三年前的一些严重的犯罪行为）："你现在做什么？你想要起诉他全部的人生吗？他如何保护自己免受他无法注意到的指控？到底有多少事实会被提出来让我和陪审团糊涂？不管怎样，这些都不该被出示；他们对案件没多大意义。"①

在 1692 年，在"诺福克公爵诉杰梅因"（Duke of Norfolk v. Germaine）案中，我们看到法庭对适用品格证据的范围进行了限定。杰梅因被起诉通奸，原告传唤了许多证人，但是所有的证言中所涉及的通奸行为都发生在 6 年之前，而这些行为法庭的追溯期限已满，法令规定法庭不能再追究 6 年前的这些行为。而在相关时期发生的事实的证言被认为对争议事实的证明具有很强的证明力。被告人指出，在相关时期发生的事情的证据的证明力很弱。法庭指令陪审团在可能被使用的证据在限定的目的下使用：被告人辨认，在 6 年间他没有犯罪；他过去所做的事情不应该再被提出。但是原告律师给出的一些以前的行为的证据不是为任何他们所期待的赔偿，而是去解释他们之间的一些行为。在这里被告认为他必须申明，这些事实可以作为证据去解释，但是不能作为其他目的。

因此，法庭采纳了证据，仅仅在将之前的事实作为与他们的通奸事实有一定的联系。② 从这个案件中我们可以发现早期的行为本身不能作为反对被告人的判决的基础。而且福斯特（Foster）在他 1762 年的论文中，评论了有关叛国罪的案件。福斯特写道，依据英国法，在起诉书中没有公开被指控的行为的证据不可采。他写道："在刑事指控中拒绝与争议事实无关的所有行为举止的证据的规则是完全正确并且是公正的。因为没有人应该被限定在冒着生命、自由、财产、名誉的外线的情况下没有准备地立即回答他日常生活中的行为……法令中也没有提到公诉人在公共服务之外的热情在叛国罪中可以越过这一规则，或许在案件中没有必要去进行明确的条款来反对。既然普通法所具备的公平正义原则已经在其他事项上有同样的条款。"③

然而，在变革缓慢和以坚守传统的皇室法院，仍然未能完全摒弃传统

---

① John Henry Wigmore, *A Treatise on the Anglo – American System of Evidence in Trials at Common Law*, Vol Ⅰ, Little Brown and Company, 1923, p. 416.

② David P Leonard, "In Defense of the character Evidence Prohibition: Foundation of the Rule against Trial by Character", *Indiana Law Journal*, vol. 73, 1998, p. 1161.

③ Julius Stone, "The Rule of Exclusion of Similar Fact Evidence: England", *Harvard Law Review*, vol. 46, 1932, p. 954.

的、自由的适用品格证据做法。正如威格莫尔所言："在 17 世纪的刑事诉讼中，法官关注的重点可能在于品格证据是否具有证据价值，他们并不关心我们现代有关品格证据被排除的政策因素。即使法庭对品格证据的适用是不明智的这一点形成了共识，独立的法官仍然有权行使自由裁量的权力来采信品格证据。"①

19 世纪初期，英国的法官们在司法实践中，逐渐对品格证据可能对被告人及证人造成偏见以及使事实裁决者偏离案件的核心问题达成了一致的观点并逐渐建立了现代的品格证据规则。在 19 世纪的前 10 年，排除品格证据的规则得到了很好的建立，而被引用最多的作为规则的起源的案件是"里克斯诉克尔"（Rex v. Cole）案。根据菲利普（Phillipps）四年后的第一版的论文，法庭在"里克斯诉克尔"一案中坚持"在有关一个起诉事实的审判中，不允许出示被告人具有犯某种罪行的性情来指控被告人"。菲利普在总结"里克斯诉克尔"案时写道："因此，在一个臭名昭著的犯罪的指控中，被告人在另一个时期和其他人已经触犯过这一罪行，以及被告人倾向于去犯这一罪行的证据都不应该被采纳。"②

在 1851 年的一起案件中，坎贝尔法官（Campbell, L. C. J）说："在任何案件中对这种证据进行道德权衡毫无疑问是很好的。但是法律是一个规则体系；它不允许采纳这种证据，因为这种证据会导致一些不适合。"匹克瑞英（Mr. Pichering）说："但是在许多相似的案件中，法律允许使用这样一种证据，尽管这种证据的不适合；公开承认作为排除的原因的不适合，在司法公正不受冲击的情况下也被允许。不适合主要体现在两个方面，被告人会因此感到意外和许多不同的事实会被提出。"坎贝尔法官说："是的，确实是这样。"匹克瑞英说："如果在之前的案件中公正不允许被因为提出不同的事实所引发的不合适而影响，为什么在现在的案件中被影响呢？"坎贝尔法官说："它表明被告人是一个坏人，很可能触犯指控的罪行。但是英国的法律不允许刑事审判的事实由这样一种证据来决定"。③

在 1810 年之后，法庭已经普遍接受了对品格证据的禁止，在 19 世纪的许多案件中我们都可以发现这一点。后来，英国 1898 年《刑事证据法》的颁布，标志着品格证据规则在成文法中的确立。

---

① John N. Langbein, *The Origins of Adversary Criminal Trial*, Oxford University Press, 2003, p. 191.

② Julius Stone, The Rule of Exclusion of Similar Fact Evidence: England, *Harvard Law Review*, vol. 46, 1932, p. 954.

③ John Henry Wigmore, *A Treatise on the Anglo - American System of Evidence in Trials at Common Law*, Vol I, Little Brown and Company, 1923, p. 416.

四、相似事实证据规则

（一）相似事实证据规则的内容

相似事实是指与案件待证事实相类似的案外事实。根据相似事实的证据规则，检方一般不能用跟被告人所指控的罪行没有关系的不法行为或可能实施某个行为的习性来证明其犯有本案之罪。

相似事实证据与品格证据非常的相似，有英国学者将品格证据和相似事实证据归纳为倾向性证据。[①] 相似事实证据与品格证据一样，都可能会给事实裁判者带来很强的不公正的影响，从而在其他证据不足的情况下，倾向于认为被告人有罪。可能造成的偏见有两种不同的形式：一是相对于其他证据而言，陪审团会高估相似事实的证据价值，他们很可能会从"被告人五年前偷了一瓶威士忌而推导出他很可能实施了目前收到指控的偷了一辆车的行为"，而不理会或者不看重被告人的一些正当的辩护意见；二是即使这些相似事实后来被证明与本案事实无关，陪审团仍然会倾向于对被告人作出有罪判决，因为他们潜意识里会认为不管在本案里被告人是否最终会被判罪，他至少应该为以前的这些犯罪或不当事实受到惩罚。[②]

所以，对于相似事实予以排除主要是基于以下两个原因：其一，先前的不当行为或性格倾向没有必然的相关性。一个人曾在 A 地盗窃的事实并不能证明他实施了 B 地的这场盗窃，除非有证据将二者联系起来，否则他在 A 地盗窃汽车的行为在逻辑上是推不出他就是 B 地的盗窃犯。某人可能犯某一罪行或倾向于犯某一特定罪行，并不能证明他事实上犯有某一特定罪行。其二，先前不当行为的证据即便是相关的，但它带来的偏见极有可能导致无法进行公正的审判，陪审团可能会因为被告先前曾有一次或多次犯罪，得出他必定犯了当前正在接受审判的罪行。

但相似事实证据排除规则也有例外，如果它在证明某一案件事实中具有相关性或者它的证明效力价值远大于其偏见影响，庭审中也是被许可使用的。

大陆法系国家没有针对相似事实的证据规则，所有相关证据，无论相关度有多小，都可以用来作为证据。

作为排除规则的一种，相似事实证据规则的形成，具体而言是基于以下三个方面的考虑：首先，虽然相似事实证据本身具有很强的证明力，但是它会导致陪审团不公正，因为刑事指控是一个令人厌恶的品格，听众因为没有受到有

---

① ［英］理查德·梅：《刑事证据》，王丽等译，法律出版社 2007 年版，第 141 页。

② A. Palmer, "The scope of the similar fact rule", *Adelade Law Review*, vol. 16, 1994, p. 169.

关公正审判的司法观念的训练，不可避免地对被告人会产生一定的偏见；其次，相似事实证据被排除的原因是，对被告人相似行为的介绍使被告人面临着突如其来的不公正待遇，迫使他们回答有关过去的生活的指责；最后，相似事实证据的出现会导致永无止境的附带的问题。前面两种情况主要出现在刑事审判中，而后一种情况更多地出现在民事审判中，这也是因为刑事审判中需要防止陪审团形成不公正的偏见，而民事案件中法官可以通过自由裁量权对相似事实进行取舍，因此，民事案件中相似事实证据的重点通常是放在证明力问题上。本书主要从刑事审判的角度来讨论相似事实证据规则的发展历史。

（二）相似事实证据规则的历史由来

从早期学者有关相似事实证据的陈述中我们可以发现，排除相似事实证据的规则在 18 世纪时期并没有得到认同。在当时的司法实践中，并不存在相似事实证据被排除在外的情况出现，与争议事实相关的证据都能为法庭所采纳。而在 1814 年，菲利普（Phillips）在解释与争议事实无关的任何事实不能被作为证据采纳的规则时引用了 1810 年的"里克斯诉克尔"案件，"这个案件中，法官十分坚定地表明，在一个丧失廉耻罪（an infamous crime）的指控中，被告人对自己在其他时期与其他人一起触犯该罪行的承认不能作为证明他趋向于触犯该罪行的证据被采纳"。虽然菲利普的书中所陈述的段落组成了"里克斯诉克尔"案件的完整的汇编，现今也无法找到"里克斯诉克尔"案件的完整材料，但是该案件所确立的原则成为整个 19 世纪有关相似事实证据的判决中毫无争议的起点。[1]"里克斯诉克尔"案件所确立了这样一个法律规则，仅仅只能证明被告人倾向于作出法庭指控的某种行为的证据不被采纳。这是一个十分狭窄排除规则，在当时也没有得到普遍的认同和适用，在许多的司法案件中相似事实证据都没有被排除。

1849 年的"瑞格尼那诉格里"（Regina v. Geering）案就是一个很好的例子。在该案中，相似事实证据就得以被采纳。格里被指控在 1848 年使用砒霜毒死自己的丈夫，而被告人对此持否定态度。案件的原告在证明了受害人的死亡和相关情况之后提出了这样一些证据，被告人的两个儿子也是服用砒霜而死，其中一个死于 1848 年 11 月，另一个死于 1849 年 3 月，而第三个孩子也在 1849 年 4 月服用了砒霜，但是没有死；被告人为四个人准备饭菜，并且照顾他们的日常生活。案件的争议集中在这些事实被采纳用来证明被告人的丈夫的死亡原因是中毒和被告人丈夫的死亡不是意外事件。而主审法官波洛克

---

① Julius Stone, "The Rule of Exclusion of Similar Fact Evidence: England", *Harvard Law Review*, vol. 46, 1932, p. 959.

（Chief Baron Pollock）作出的判决是，家庭历史是可以被采纳作为证明死亡是由砒霜引起的，也可以证明死亡是否属于意外事件。最终被告人被判有罪。[1]与此案件相似的还有使用伪造的货币和接受赃物的犯罪，在这些案件中，与起诉书中的指控相似的犯罪都被作为证据采纳，以此来证明被告人的犯罪意图，这些可以被看作现代相似事实证据规则的例外情况。但是在当时，还并没有普遍出现排除相似事实证据的观念，更多的是考虑是否与争议事实具有相关性。

　　总的来说，在整个19世纪上半期，相似事实证据在法庭审判中并没有被排除，只要是与案件争议事实相关的相似事实证据都可以被采纳。而"里克斯诉克尔"案所确立的相似事实证据的可采性仅有的限制和规则的权威性也从来都没有受到任何的质疑，尽管没有对此案件的详细记载。由此我们可以发现，在19世纪上半期，并不存在排除所有相似事实证据除非属于特定的例外情况的规则出现。仅有的权威性的主张是，如果被提供的证据的相关性仅仅是因为从其他的犯罪中得出被告人倾向于触犯该罪，因此被告人也很有可能触犯了当前指控的罪行，那么这样的证据是不被采纳的。而19世纪上半期排除这样一种相似事实证据的案件非常得少，相似事实证据被用来证明一些特定的争议事实的情况案件却非常多，而且在很多的案件中，相似事实证据成功证明了一些特定的争议事实，例如，确定被告人的身份，反驳过失犯罪，证明犯罪目的、动机等。这些特定的争议事实在很大程度上是现代相似事实证据规则中列举的例外情况，而在1850年，所列举的这些争议事实仅仅是陪审团认定的相似事实证据所能证明的一些相关的事实情况。

　　然而在19世纪下半期，普通法趋向于将相似事实证据所能证明的相关事实具体化、种类化，并且停止记录相关的相似事实。而这样一种转变使得司法实践中，法官通过判定相似事实证据是否与种类化的相似事实相符合来决定相似事实证据是否可以被采纳，这也导致法官在审理案件的时候更依赖于涉及相似事实证据的先例而不是更多地考虑相关性问题。1851年的"瑞格尼那诉奥迪"（Regina v. Oddy）案很好地反映了这样一种状况的发生，同时它也被作为规则发展的一个新的起点。案件起诉被告人偷走了50码的布料，并且在起诉书中提到被告人接受了之前被偷走同样的布料，而这恰恰是法庭争议的焦点。针对被告人接受明知是被偷布料的指控，原告提出从被告家中发现之前被偷走的布料的证据，而这样一种证据受到了广泛的质疑。最后，所有的法官都认为该证据不应该被采纳，因为两者之间并不具有相关性，起诉书中提到的接受赃

---

[1]　Julius Stone, "The Rule of Exclusion of Similar Fact Evidence: England", *Harvard Law Review*, vol. 46, 1932, p. 961.

物的事实也不能用来证明被告人具有犯罪意识。可以说，这是与"里克斯诉克尔"案件中所确立的原则相一致，而且最终的判决不仅符合原则而且得到了普遍的认可。而当时的坎贝尔勋爵（Lord Campbell）判例中，提出了自己的看法：在判断一个人是否了解账单是伪造的时候，与此相关的需要被了解的事实是是否他之前使用过伪造的货币，因为这将得出一个推论，当他见过伪造的货币时他能够辨别伪造的货币。被告人从他人手中接收了赃物，而且他接受赃物时知道赃物是偷来的，这样才与争议事实具有相关性，而这样的事实却并没有出现。也就是说，如果不能证明被告人明知是赃物的情况下接受赃物，那个被告人先前接受赃物的事实不能被作为证据采纳。不考虑坎贝尔勋爵提出的这些特别的主张，"瑞格尼那诉奥迪"案并没有对先前确立的法律进行限定或发展。①

　　1860 年的"瑞格尼那诉温斯洛"（Regina v. Winslow）案中法官对相似事实证据的采纳也同样产生了困惑与疑问。被告人是餐馆的所有者，他被起诉适用毒药谋杀他人。原告提出的证据是已故的家族的三个其他成员也是死于这种毒药，在这些人死亡的时候被告人都在现场，并且还为其中的两位死者提供了"食物"。而被告人的律师完全否认了这些相似事实具有相关性。他认为，与起诉罪行相关的前罪或随后发生的犯罪作为证据被采纳需要具备以下三个条件：第一，这些犯罪都是包含犯罪的完整要件；第二，例外情况的案件中犯罪意识必须被证明；第三，其他犯罪都是被告人的直接行为所致，并且针对不同的起诉情况，单个案件本身也都表明被告人的预谋。该案件判决表明，法院排除相似事实证据的决定与"瑞格尼那诉格里"案件中的情况完全相反。针对这两个案件起诉的投毒事实，都没有证据证明被告人拥有毒药，但是两者之间还是有很大差别的。不管受害者的死亡是否属于意外事件，这都与被告人是否谋杀了被害人没有相关性，除非被告人已经被证明就是他投放的毒药。在"瑞格尼那诉格里"案件中，恰巧有证据证明被告人就是投毒人，那么其他人的死亡因此也就与蓄意的投毒行为相关。总的来说，"瑞格尼那诉温斯洛"案很好地解释了提供的相似事实证据不具有相关性的情况。②

　　之所以详细地介绍了"瑞格尼那诉奥迪"和"瑞格尼那诉温斯洛"案件，是因为这两个案件经常被作为除非与罗列的例外情况相符合，相似事实证据将被排除在外的规则的权威依据。而且"瑞格尼那诉温斯洛"案件中的辩护律

---

① Julius Stone, "The Rule of Exclusion of Similar Fact Evidence: England", *Harvard Law Review*, vol. 46, 1932, p. 967.

② Julius Stone, "The Rule of Exclusion of Similar Fact Evidence: England", *Harvard Law Review*, vol. 46, 1932, p. 968.

师第一次在案件中提出了相似事实排除规则的例外情况。不管这两个案件坚持哪样的观点，他们都一致表明在 1850 年之后，相似事实证据的排除规则就已经开始出现。而在僵化地适用先例，试图通过对先例的遵循来决定相似事实是否可以被采纳的过程中，法庭对相似事实证据证明被告人的犯罪意图产生了误解，这给司法审判造成了很大的麻烦。后来，法庭对与"瑞格尼那诉格里"相类似的一些案件进行了评估，认为相似事实证据的问题应该依据 1876 年斯蒂芬所确立的相关性规则及其例外。在 1876 年斯蒂芬的《证据法摘要》一书规定，相似事实如果与案件的争议事实没有什么特定的联系，排除三种例外情况，争议事实与该相似事实之间被认为没有相关性。这三种例外情况分别是，第一，用来证明被告人的意图、品性等心理状态时具有相关性的行为（arts showing intention，good faith）；第二，为了系统地证明（facts showing system），也就是用来证明犯罪行为是意外事件还是精心策划的事实；第三，商业活动或官方行为的存在（any course of business or office）。①

从 19 世纪初期开始，司法审判中就已经出现了有关相似事实证据的讨论，并且在 1810 年的"里克斯诉克尔"案件确立了相似事实不能用来证明被告人的犯罪倾向的较为限定的排除规则，虽然该规则从来没有受到任何的质疑，但是在很长一段时期内也没有得到普遍的认同和接受。而相应地，当时的司法实践出现了更多的相似事实证据被采纳的案件，后来法官和学者们趋向于将相似事实与争议事实相关的情况具体化、种类化，这样一种趋势使得法官在审理相似事实证据的时候出现了很多困难和问题，迫使法官采纳了斯蒂芬的《证据法摘要》有关相似事实证据的规则。总的来说，虽然这些早期的有关相似事实证据的案件并没有确立一个完整的规范相似事实证据的规则，更多的是从相关性的角度而不是从排除规则的角度来采纳相似事实证据，但是为现代相似事实证据规则的形成做好了铺垫。

现代相似事实证据规则的确立是以 1894 年的"玛金诉新南威尔总检察长"（Markin v. Attorney – General for New South Wales）案件为标志，该案确立了规范相似事实证据的总的规则，也是英国法院第一次权威性地确定相似事实证据的证明范围。

在"玛金"案中，被告人被指控谋杀一个由她抚养的婴儿。原告提出证据证明受害人的父母在支付了少量的抚养费之后将孩子交给被告人抚养，而受害人的尸体是在被告人所享有的房子的后院中被发现，对此被告人没有提出任

---

① James Fitzjames Stephen，*A Digest of the Law of Evidence*，Macmillan and Co.，Limited，1906，pp. 17，18，22，28.

何异议。但是被告人辩解自己并没有谋杀受害人，受害人的死亡是意外事件。对此，十个小孩的尸体被埋在被告人所享有的三处房产的后院中，还有五位支付少量抚养费的母亲委托被告人照顾孩子，但是后来再也没有见到他们的孩子的事实被作为证据提出。最终法院采纳了原告的观念，判定被告人谋杀了一个婴儿。很明显，没有直接的证据证明被告人谋杀了婴儿，也没有有关婴儿的死因的证据，但是已有的证据还是与婴儿的死亡是否是意外事件具有相关性，而且枢密院在审查这个案件的时候也认为相似事实证据时可以采纳为证据使用。而本案中的海歇尔法官对相似事实证据在刑事案件中的采纳作了一个非常经典的评述，这个评述后来一直被作为法官在审理类似案件中，对相似事实证据采纳的一个准绳："毫无疑问，如果控方提出一个被控事实意外的其他犯罪行为来证明被告人犯了所控之罪，这是不合适的。但另一方面，此类证据并不必然无效，如果它本身就是一个值得争议的事项，或者，它只是为了证明被告人的犯罪是有预谋的还是偶然的，或者，它只是为了反驳被告人可能会作出的某种抗辩。"[1]

从海歇尔法官的意见中我们可以发现，一方面，如果相似事实证据只是用被告人以前的不当行为或定罪判决，证明他可能犯现在被指控的罪名，那么这种相似事实是不能被采纳的；另一方面，如果相似事实证据与争议事实相关，或是为了证明被指控事实是蓄意的或是偶然的，或是为了反驳被告人可能提出的辩护意见，则相似事实证据可采。可以说，"玛金"案第一次权威地确定了相似事实证据采用的原则和范围，是规范相似事实证据的总的规则。在"玛金"之后的案件中，法官也都是按照这两点要求对相似事实证据进行取舍。在此过程中，法官毫不犹豫地在"玛金"案的基础上确立了采纳相似事实证据的一些新的情况，例如，对被告人身份的印证，人们之间的特殊的感情关系，作出某一行为的目的，用来证明与主要争议事实相关的事实等。这些后来的案件中所确立的相似事实证据可以被采纳为证据的情况很好地解释了"玛金"案中确立的"它只是为了反驳被告人可能会作出的某种抗辩"。

第二节　外部排除方法

外部排除方法主要是指特免权规则，是指具备作证能力和作证资格的人，出于保护一些外在的社会价值，在特定情况下豁免作证义务。特免权规则包括

---

① 蔡杰，汪键："英国相似事实证据规则简介"，载《中国刑事法杂志》2005 年第 1 期，第 122 页。

反对自证其罪的特免权、律师职业特免权、医生的职业特免权等很多具体规则。

一、反对自证其罪的特免权规则

（一）反对自证其罪特免权规则的内容

反对自证其罪的特免权就是任何人都有权利拒绝回答任何可能使自己陷入犯罪的问题，有权利拒绝作为反对自己的证人。这一规则又称为不强迫自证其罪原则、反对强迫自我归罪原则、反对强迫自证其罪原则、禁止自我归罪原则等。

英国现在有关反对自证其罪的特免权规则，主要体现在 1984 年《警察与刑事证据法》中。《警察与刑事证据法》对警察讯问的条件和方式作了大量限定性规定。例如，警察有提供"温度、光照和通风适宜"的讯问室的义务；所有讯问都必须记录；讯问期间在场的所有人都应当能在录音带中甄别；不能要求犯罪嫌疑人站着接受讯问；应当"在公认的就餐时间"提供用餐的间隙；每隔 2 小时左右应为犯罪嫌疑人提供茶点一次，并作短暂休息；在 24 小时的时间内，必须给予犯罪嫌疑人至少 8 小时免遭讯问或移动的连续休息时间；讯问时应允许犯罪嫌疑人的律师在场；在涉及青少年以及"精神紊乱"或"精神障碍"的犯罪嫌疑人时，讯问过程中应当有"合适的成年人"在场。[①]

《警察与刑事证据法》第 43 条明确规定："严禁刑讯逼供和以威胁、引诱、欺骗以及其他非法的方法收集证据。必须保护一切与案件有关或了解案情的公民，有客观地充分地提供证据的条件。"第 76 条规定："如果向法庭提交的口供是通过使用压力等方法取得的，法庭将不承认该口供的合法性，除非检察官能够完全确定地证明是合法取得的。"[②]

美国有关反对自证其罪的特免权规则，主要体现在 1789 年通过的《宪法》第五条修正案中。该修正案规定："任何人……不得在任何刑事案件中被迫自证其罪"。在 1964 年判决的"马洛伊诉霍根"（Malloy v. Hogan）一案中，联邦最高法院指出：美国第五条修正案规定的特免权刑事对抗制的根本支柱，"政府，不论是州的还是联邦的，因而必须合乎宪法地通过独立和自主获得的证据来认定

---

① ［英］迈克·马圭尔："警察所的管理——《1984 年警察与刑事证据法》"，收录于麦高伟（主编）：《英国刑事司法程序》，姚永吉等译，法律出版社 2003 年版，第 76 页。

② ［英］迈克·麦考韦利："对抗制的价值和审前刑事诉讼程序"，收录于《英国法律周专辑》，第 128 ~ 129 页。

有罪，并且不应强制性地利用被告人自己的嘴来证实针对他的指控。"①

在著名的"兰达诉亚利桑那州"案中，美国联邦最高法院又进一步确立了排除自证其罪的"米兰达法则"。美国联邦最高法院认为：虽然被告肉体上没有受到强迫，甚至也没有人直接告诉他必须招供，但"心理上"的强迫是存在的，警察局审讯室里的"气氛"很令人担心。给被讯问者造成了巨大的心理压力，这样供认的可信度是很低的，不应作为合法证据使用。联邦最高法院明确规定：在审讯之前，警察必须明确告诉被讯问者：（1）有权保持沉默；（2）如果选择回答，那么所说的一切都可能作为对其不利的证据；（3）有权在审讯时要求律师在场；（4）如果没有钱请律师，法庭有义务为其指定律师。这就是"米兰达诉亚利桑那州"一案所确立的排除自证其罪的"米兰达法则"。

（二）反对自证其罪的特免权规则的由来

在 13 世纪以前，法庭审理案件依靠无罪宣誓、神明裁判和决斗三种证明程序来确定判决的结果。在这样一种审理程序中，并不要求嫌疑人或被告人提供可能导致自我归罪的证据，因此在这个阶段不存在自证其罪的问题，也就更不可能产生反对自证其罪的特免权规则。

13 世纪欧洲大陆教会法院确立了纠问式的审判模式，并很快引入英国的教会法院中。1236 年亨利三世和他的法国妻子结婚，并将一批天主教职员带到英格兰，其中包括教皇格里高利四世的使节奥索（Otho）。奥索召开了主教会议，并签署了一系列的法令，其中就包含"坦白宣誓"（oath ex officio）程序。"坦白宣誓"就是要求被告披露案件的所有事实并接受法官的主动询问，而且不告诉被告人指控他的具体内容。而如果拒绝宣誓或未能提供相关的证据证明自己的无辜，将受到相应的惩罚。这样一种纠问制的审判形式使得当事人陷入自证其罪、藐视法庭、作伪证的三重困境中：如果拒绝宣誓，法庭可以直接以藐视法庭罪对他进行惩罚；如果宣誓后作伪证，那么他必须承担伪证罪的刑事责任；如果他宣誓而不做伪证，那么他实际上就是自己在指控自己。② 英国的教会法院在审判过程中适用这样一种宣誓程序，经常导致强迫被告人自证其罪。

普通法院与教会法院在争夺司法管辖权的过程中，"坦白宣誓"程序就是普通法院反对的目标之一。普通法院法官通过签署反对宗教官员主持的诉讼程序的人身保护令来限制教会法院的审理权，但教会法院威胁要将任何一个拒绝宣誓或阻碍其行使管辖权的人驱逐出教会。在这种争夺司法管辖权的背景下，

---

① ［美］麦考密克：《麦考密克论证据》，汤维建等译，中国政法大学出版社 2004 年版，译者序第 233 页。

② 易延友：《沉默的自由》，中国政法大学出版社 2001 年版，第 31 页。

普通法院对"坦白宣誓"的反对仅仅是对宣誓程序的反对，并没有涉及反对自证其罪的。

都铎王朝建立后，亨利八世通过宗教改革断绝了与罗马教皇的关系，批准了议会关于反对扩大使用教会法的诉讼程序和反对"坦白宣誓"的请愿书，从此外国教会对英国的统治被彻底废除，普通法院与教会法院的斗争也告一段落。但是反对"坦白宣誓"和纠问式程序的历史并没有结束。因为亨利八世时期的法令并没有废除宣誓，只是对使用"坦白宣誓"程序作出了一些限定，要求教会法院在让人宣誓前必须有正式的指控为前提。

都铎王朝时期随着王权的强化，特权法院获得了巨大的发展，其中的刑事特权法院即星座法院（Court of Star Chamber）和宗教特权法院高等委员会法院（Court of High Commission）大量继承了教会法院的纠问式程序与宣誓做法。星座法院的前身是"谘议会中的星座房间"，负责履行谘议会的司法权，到1540年前后发展为一个独立的特权司法机构。尽管星室法院中总是包括数名普通法院的高级职业法官，但构成法院主体的枢密院大臣始终在案件判决中起着决定性作用。与普通法院不同，星座法院采用的是流行于大陆各国的纠问制审判方法，"是普通法系中纠问式制度的代表，它实际上就是一个纠问式法庭。"[①] 被告在法庭上必须对起诉人的指控作出回答，证人只是以宣誓书的形式写出书面材料，被告没有机会与证人当面对质。而且，法官们还可对被告进行刑讯，逼迫被告供出不利于自己的事实，即强迫被告自证其罪。高等委员会法院前身是一个宗教管理机构，由国王委派专员负责执行宗教改革法规、惩处违抗者。伊丽莎白时期任命了大量专员，并允许他们中的任何6人都可以随时组成一个宗教法院，审判宗教案件，所以到1570年前后，高等委员会法院作为一个正规的宗教特权法院也建立起来了。高等委员会法院是一个宗教初审法院，它有权受理教会法院管辖范围内的所有案件。该法院也像星座法院一样采用专制色彩浓厚的纠问式审理程序和宣誓做法。"坦白宣誓"程序被星座法院与高等委员会法院（Court of High Commission）用于政治目的。所以到16世纪伊丽莎白女王统治时期，反对"坦白宣誓"程序的对象不再是传统的教会法院，而是国王特权法院星座法院和高等委员会法院。

到了16世纪末期，反对"坦白宣誓"的呼声越来越多，一方面是因为高等委员会法院和星座法院更多地使用"坦白宣誓"程序激起了教民和市民的强烈不满；另一方面普通法院与星座法院和高等委员会法院司法管辖权的争夺依旧没有停息，反而在这样一种社会和政治背景下越演越烈。但是此时的反对

---

① ［美］约翰·亨利·梅利曼：《大陆法系》，顾培东等译，法律出版社2004年版，第134页。

和争论的焦点已不再是早期的司法管辖权的问题，不再是普通法院和教会法院的管辖权的争夺，而是主要集中在如何适用"坦白宣誓"。

反对"坦白宣誓"的第一个依据是宣誓因为缺少指控人而无效。在欧洲大陆存在这样一条规则，"没有原告，不得处罚"（Nemo Punitur Sine Accusatore）。这一规则要求在刑事审判发生之前，对被告人的形式上的指控必须由在法律上与被告人有利害关系的人提出。首先，缺少指控人是违背圣经，也是违背教会法的基本原理的。《圣经》记载，基督对一名被发现通奸的妇女说："女人，控告你的人在哪里？没有人给你定罪吗？"妇女说："没有人，主。"然后基督对她说："那么我也不能定你的罪。"① 所以，没有指控人的审判是不合法的。其次，指控人的空缺会打破指控人、被告人、法官三者之间的平衡关系。法院是作为指控人和被告人之外的公正的第三方出现在法庭上，而指控人的空缺会影响法官裁判的客观性，阻碍公平正义的实现。最后，"坦白宣誓"直接与教会法的明文规定相抵触，因为教会法中只有在决定一个人是否适宜担任神职时才允许在没有控告人的情况下进行调查。

第二个依据是基于欧洲大陆另一个法律原则"任何人不得被迫充当不利于自己的证人"（Nemo tenetur detegere turpitudinem suam）。对于反对"坦白宣誓"的第一个问题涉及在没有指控人的情况下被告人是否有义务进行宣誓的问题，而在此基础上进一步提出被告人宣誓的情况下是否应该作出不利于自己的陈述。依照教会法上的观念，任何人都应该向上帝忏悔自己的过错，但是他们不应该被迫告诉其他人自己的罪责。

借助上述欧洲大陆的两个法律原则，英国在 16 世纪时期越来越多地关注"坦白宣誓"的合法性问题，并掀起了多场争论。赞成"坦白宣誓"的人也从欧洲大陆法律中寻找依据进行反驳，他们并不否认上述两项教会法上的基本原则，但是他们指出原则存在例外，而英国实施的坦白宣誓程序正好符合例外情况。但争论过程中反对被告人被强迫自证其罪的主张开始涌现，只是这在当时的司法实践中的影响还很小。尽管如此，它还是为现代反对自证其罪特免权的发展奠定了很好的历史基础。

1603 年斯图亚特王朝取代了都铎王朝以后，由于詹姆斯一世强行统一宗教信仰，并且使用"坦白宣誓"迫害清教徒，所以遭到了更为强烈的反对。而此时普通法院也积极参加反对"坦白宣誓"程序的斗争。当时柯克（Edward Coke）和王座法庭的首席大法官鲍普汉姆（John Popham）在给枢密院的意见中对"坦白宣誓"程序进行了严格的限制，并且提出普通法的卓越

---

① 彭伶：《不得强迫自证其罪原则研究》，中国检察出版社 2009 年版，第 31 页。

性和议会有权对王室的宗教法院权力进行限制。此后，普通法院通过签署人身保护令来保护个人权利免受职权宣誓程序的侵害，对"坦白宣誓"反对也进入了新的发展时期。

这一时期发生的"李尔本案"对反对自证其罪权利的确立产生了巨大影响。1637年，李尔本被指控从荷兰运送煽动性书籍到英国而受到星座法院的审判。在接受询问的过程中，他就指控回答了提问，但是拒绝回答任何他认为不相关的问题，因为这些问题的回答构成政府对他进行别的指控的唯一证据。李尔本只是要求在他宣誓回答的问题的前提是必须有正式的证据证明他的指控，可以说他只是想限制询问的范围，而不是结束询问。最终在1638年，李尔本因拒绝宣誓回答提问被星座法院判决犯有藐视法庭罪，处以500英镑的罚金和鞭刑，并且在街道上公开受刑。李尔本利用这个机会向人们宣讲纠问式程序的不正义，结果又因此被关进了监狱。1640年国王召集议会希望增加税收，此时李尔本借助召集的议会提出释放请求。1641年下议院判决"星座法院加在李尔本头上的判决违法并侵犯了臣民的自由；这个判决是血腥的、邪恶的、残忍的、野蛮的和专横的"[1]。以该案为契机，英国议会在1641年取消了星座法院和高等委员会法院，并且禁止教会法院强迫他人作出自陷于罪的宣誓，保护那些拒绝宣誓的人的合法权利。1661年议会立法规定，禁止刑事诉讼中的"坦白宣誓"以及其他强迫宣誓人可能受到刑事处罚的事项上自我控告或表明自己清白的宣誓。[2] 至此，"坦白宣誓"被完全废除。

虽然，反对自我归罪的权利在历史上先后是围绕着教会法院、星座法院和高等委员会法院展开的，但在这一反对"坦白宣誓"的过程中，普通法院的法官也受到了相应的影响，而且普通法院在签署人身保护令反对"坦白宣誓"的过程中对欧洲大陆普通法上的"任何人不得被迫充当不利于自己的证人"原则进行了解释和说明，这为普通法院确立反对自证其罪原则创造了条件。

普通法院在陪审制发展的早期，是依照陪审员自己的知识来裁决案件，不需要专门的证人，更不需要被告人作任何供述。但随着陪审团职能的转变，陪审员因知识不足仅仅充当案件的裁决者时，陪审团为了了解案件的事实真相开始重视人证，重视从证人和被告人口中获得更多的信息。在证人强迫作证的规则还没有确立起来之前，陪审团在审判中询问被告人事实问题是案件审理的重要基础。1487年星座法院法令使得法庭上对被告人的审讯询问合法化，因为

---

① 易延友：《沉默的自由》，中国政法大学出版社2001年版，第52页。
② 孙长永：《沉默权制度研究》，法律出版社2001年，第26页。

一般的询问很少或一点也获取不到案件信息。[①] 1555 年玛丽女王制定的《刑事法规》规定，英国犯罪嫌疑人在被捕之后要受到治安法官的预审，预审采用秘密和口头方式进行，不允许律师参加。审讯结果包括嫌疑人拒绝回答的态度都将记入笔录，并在审判中可以用作不利于被告人的证据。[②] 不管当事人是因为在法庭上的欺骗或不道德的行为或者是伪造令状或类似的行为被监禁，他都需要宣誓讲出案件的事实真相。不管是因为破产、阴谋和滥用担保权而被指控，他都将接受普通法法官的宣誓询问。在十六七世纪普通法院的审判中所必经的程序也是第一个程序就是向陪审团宣读对被告人的强迫询问。在 1638 年的一个记录的案件中，被告人在主审法官之前被询问的记录被出示在法庭上，并没有遭到任何的反对。此外，在 1500～1620 年，随着审判的进行，被告人被询问并且要求回答法官的提问；他不准许宣誓，但是被强迫去回答法官提出的问题。[③] 可以说在十六七世纪时期普通法院询问被告人，迫使被告人回答法官提出的问题是普通法院审理的一个重要特征，也没有人反对这样一种程序。

直到李尔本案件发生后，星座法院和高等委员会法院和"坦白宣誓"程序先后废除以后，普通法庭才开始出现对被告人讯问的反对意见。李尔本案件的影响迅速波及普通法院。李尔本从来没有主张完全拒绝回答所有的归罪问题，它只是主张需要一个通过合适的程序的指控。但是这一重要的区别在当时被忽视了。人们开始认为没有人能被强迫去回答使自己陷入罪责的问题，不管指控是如何开始的，也不管是在哪一个法院。这样，反对自证其罪权利的主张也迅速得到普通法院法官的认同。

虽然普通法院没有出现"反对自我控告"和"任何人不得被迫充当不利于自己的证人"的法律格言，但是普通法院的法官对于这样一种权利早已耳濡目染，非常了解。早在普通法院法官在限制教会法院的司法管辖权的过程中，就一直是以"任何人不得被迫充当不利于自己的证人"的格言为武器，在此过程中已深深地感受到讯问被告人的这样一种程序对被告人而言是不公平的。所以，普通法院在李尔本案以来对讯问被告人的限制和确立反对自证其罪权利的做法是非常迅速的。这一权利首先是在刑事案件中，甚至是在经常发生的党派之争中出现；后来被渐渐适用到民事案件中。到了查理二世统治的末期，这样一种权利的提出在任何法庭不再有任何的疑问。在这个时期，这样一

---

① John Henry Wigmore, *A Treatise on the Anglo – American System of Evidence in Trials at Common Law*, Vol. Ⅳ, Little Brown and Company, 1923, p. 810.

② 孙长永：《沉默权制度研究》，法律出版社 2001 年版，第 33 页。

③ John Henry Wigmore, *A Treatise on the Anglo – American System of Evidence in Trials at Common Law*, Vol. Ⅳ, Little Brown and Company, 1923, p. 811.

种权利不仅仅是适用到被告人，也第一次被扩展到适用于一般的证人身上。

反对自证其罪的特免权虽然已经得到英国普通法官的认可，但是在 17 世纪末和 18 世纪初期"让被告说话"（the accused speaks）的审判模式之下①，被告人在法庭上讲话的机会是他证明自己无罪的唯一方式，在禁止辩护人出庭的情况下，当事人选择沉默意味着自杀。与此同时，相关的一些原则和制度对该特免权规则的发展也形成了阻碍。此时的被告人在实际上根本就没有使用这样一种反对自我归罪的特免权利，也根本不可能使用这样一种权利。

根据这一段时期的记录可以发现，几乎没有被告人拒绝回答法官提出的问题。因为在这样一个时期，被告人开口说话回答法官提出的问题是一种保护被告人的权利，因为除了他自己没有人能够帮助他。直到 18 世纪末，普通法院禁止律师涉入刑事案件中。在此时的审判中，控方提出证据指控被告人，然后法庭宣读先前对被告人的强迫的刑讯记录，法官根据控方的证据和先前的记录对被告人进行提问，因为被告人的陈述或回答对于案件的审理非常重要。而如果被告人主张反对自证其罪的特免权拒绝回答法官提出的问题，这无异于自杀，这无异于对先前的归罪的承认，因为被告人放弃了唯一的为自己辩护、向法庭证明自己是无辜的机会。可以说在这样一种审判过程中，控辩双方之间是不对等的，这样一种审判对于被告人来说非常的不公平。可以说在这样一种情况下没有反对自证其罪的特免权发展的空间。只要这样一种审判方式不发生改变，被告人反对自证其罪的特免权就不可能真正的使用。

"因禁止律师为被告辩护而导致判决不公的弊端，在 1678—1688 年间的几个重大叛国罪案件的审判中暴露得淋漓尽致。第一个是 1678 年天主教徒阴谋案（Popish Plot），第二个是 1683 年啤酒馆阴谋案（Rye House Plot），第三个是 1685 年蒙默斯叛乱案（Monmouth's Rebellion）。在这几个全国瞩目的'国家审判'中，由于控方（国王）有经验丰富的优秀律师协助起诉，而被告人缺乏辩护律师的帮助，结果数以百计的无辜者被以莫须有的罪名判处死刑，其中包括不少政界精英人物。"② 如此集中和大批量冤案的产生显示出强化被告合法权利的保障机制已经刻不容缓。于是，"光荣革命"后，英国议会于 1696制定了《叛逆罪法》，由此一次性地赋予了叛逆罪中的被告人的五项权利：在开庭五日以前有权获得起诉书副本；有权与律师协商；有权在法庭审理中获得律师的全面辩护，即不仅可以询问和反询问证人，而且可以向陪审团发表总结

---

① John H. Langbein 将刑事审判分为"让被告人开口"（accused speaks）的审判和"验证指控"（testing the prosecution）的审判两种。参见 John H. Langbein, The Historical Origins Of The Privilege Against Self - Incrimination At Common Law, *Michigan Law Review*, vol. 92, 1994.

② 程汉大，李培锋：《英国司法制度史》，清华大学出版社 2007 年版，第 321 页。

辩论意见；有权让辩方证人到庭作证；有权通过法院的传唤确保辩方证人到庭。[1] 这部法律的影响却十分深远，此后律师开始越来越多地代理被告人诉讼。到 18 世纪 30 年代，随着控诉方律师代表出庭的增加，法官为了"平衡抗辩"适用自由裁量权允许律师帮助重罪被告人进行辩护，但只限于询问和反询问证人。到 1832 年，允许律师参与诉讼延伸到所有案件，律师也被允许向陪审团发表辩护意见。

律师全面参与刑事审判使得诉讼程序发生了重要的变化。被告人可以在法庭真正主张拒绝回答可能使自己陷入罪责的提问，因为辩护律师会为他进行无罪辩护，帮助他询问和反询问证人。这从根本上改变了将审判的注意力集中在被告人身上和获取口供的做法，审判的重心渐渐转移到怀疑起诉所指控的事实上，控诉方越来越需要证明其主张，由此抗辩式的诉讼程序开始慢慢形成。由此控诉方与被告方的交锋代替了原先存在的"自然的争论"。随着抗辩式诉讼程序的逐渐展开，抗辩方必须出示充足的证据证明起诉的内容，而排除合理怀疑的证明标准作为一种新的审判思想被引入普通法院，辩护律师在 18 世纪的后半期常常出于策略上的考虑让被告人主张"任何人不得指控自己"的权利，拒绝回答法官提出的问题，并且他们坚决要求控方通过其他途径来证明指控的事实而不是被告人的供述。可以说律师的介入推动了反对自证其罪的特免权在普通法院的广泛适用。大约在 18 世纪末 19 世纪初，被告人在普通法院的刑事诉讼中开始广泛使用反对自证其罪的特免权，这一特免权作为一项保护被告人的权利在审判实践中全面落实了。

律师的介入将原有的反对自证其罪的特免权从一种法律权利变成一种现实权利，促进了法庭实践中被告人对反对自证其罪的特免权的使用，但这与现代反对自证其罪的特免权还有一定的差别。现代反对自证其罪的特免权就是任何人都有权利拒绝回答任何可能使自己陷入犯罪的问题，同时任何人都有权利拒绝作为反对自己的证人。不管是证人还是被告人，在法庭上都有拒绝回答使自己归罪的问题，他们甚至在主张特免权之前可以回答问题，单纯地回答一些问题并不会表明他们已经放弃了这种权利。所以此时的特免权与现代反对自证其罪的特免权还有一段距离，而且单纯的被告人反对自证其罪的特免权也无法形成现代形式的反对自证其罪的特免权。

在律师的权利扩张之前，在英国司法实践中对被告人和证人权利的保护发挥实效的规则是：因利害关系而取消被告人作证资格、自白法则和证人特免权。可以说在很长一段时期内，推动现代反对自证其罪的特免权发展的更为主

---

① 孙长永：《沉默权制度研究》，法律出版社 2001 年版，第 31 页。

要的是这样三条规则。虽然因利害关系而取消被告人作证资格、自白法则和证人特免权这样三条规则都是对被告人和证人在法庭上的一种保护，但他们与现代反对自证其罪的特免权对被告人和证人的保护都有差距。

因利害关系而取消被告人作证资格是指被告人因为与案件有利害关系没有资格在自己的案件中为自己作证。从 17 世纪末期开始，被告人作为证人的身份在审判中必须被绝对排除。而这样一条规则使得被告人在法庭上避免遭到交叉询问从而作出不利于自身的回答，换句话说，这条规则也是反对被告人自我归罪，是对被告人的一种法律保护。自白法则即限定口供可采的任意性法则，在英国，这一规则在 18 世纪过程中逐步发展起来，专门适用于刑事被告人。供述规则则是指因被强迫而作出的口供在法庭审判中不可作为证据采纳，这在一定程度上保护被告人免除刑讯逼供等危险，能够保证被告人不被强迫自证其罪。

在 17 世纪末，英国普通法就初步确立了仅仅适用于证人的"不自证其罪"的特免权。证人的特免权被看作现代反对自证其罪的特免权基础，并且它与较晚出现的被告人"反对自证其罪的特免权"是截然不同的两种特免权。证人的"反对自证其罪的特免权"只适用于证人，因为当事人由于利害关系而不具备作证资格被排除在外。同时证人回答问题意味着放弃这项权利，先前的证言可以作为后续案件中的证据，对于这样一些问题，证人特免权本身并没有提供其他较好的解决办法，对这些问题的反对也并没有使那些证言被排除在外。

可以说以上这些规则都是对被告人和证人在法庭上拒绝回答问题权利的一种保护，他们与现代的反对自证其罪的特免权的发展有很多相似之处，但是也存在着差距。完全的反对自证其罪的特免权是通过证人特免权的相似的演变过程发展而来。这种特免权在扩展到包括对权利的放弃需要清晰明确的说明、部分证言之后再主张特免权和自白法则的融合所提供的解决办法。在这一过程中起着关键作用的是 1847 年"R 诉加白特（Garbbtt）"案件。当然这些也不是突然发生的，在这个过程中还有很多事件促进了这项权利在法律上的确立。[①]例如，律师介入刑事诉讼中，在法庭审判中逐渐占据越来越重要的位置，律师的代理也使得被告人不再成为案件信息的唯一来源，这推动了反对自证其罪的特免权的发展。与此同时，对被告人的审前保护也推动了反对自证其罪的特免权的发展。1848 年的《约翰·杰维斯法》规定，犯罪嫌疑人在接受询问前有

---

① Helmholz ，Charles M. Gray，John H. Langbein，Eben Moglen，Henry E. Smith，Albert W. Alschuler，*The Privilege Against Self – Incrimination：Its Origins and Development* ，The University of Chicago Press，1997，p. 147.

被告知可以保持沉默的权利，告知他的陈述会被记录下来作为法庭审理中不利于他的指控，并且规定在询问时必须当着律师的面进行。从而第一次用成文法的形式正式确认了犯罪嫌疑人保持在审前询问时沉默的权利以及事先警告规则。这大大充实了反对自证其罪的特免权内容。

但不容置疑的是，真正对现代反对自证其罪的特免权的发展完善起着最为重要的作用的是 1847 年的"加白特案件"。很长一段时间内被专家学者尝试使得证人特免权和自白法则相融合的努力可以预见到"加白特案件"中作出的决定。这一决定解决了证人转变成刑事案件的当事人时，他的证据是否可采的问题。作为证人，他享有证人特免权，在刑事诉讼的过程中能够主张证人特免权拒绝回答使自己陷入罪责的问题。但是他为被告人，他可以主张自白法则拒绝回答问题，但这个时候证人特免权的适用范围的限制使得他不能够在享有证人特免权的保护。与此同时，他在作为证人时期所提供的证词也可以作为反对他的证据来使用。可以说，这样一种从证人到被告人身份的转变，使得一个人所享有的保护大大的削减，也使得一个人更容易陷入法律的惩罚。普通法院在"加白特案件"很好地解决了这个问题，他将保护被告人保护证人的这种权利扩展到所有的程序和所有的强迫证言中。

二、律师特免权规则

威格摩尔明确指出，律师特免权可以追溯到伊丽莎白女王统治时期，那时就已不受怀疑地出现了。因此，它是针对亲密关系免证特许权规则中最古老的一个。[①] 在 16 世纪现代证人还没有频繁出现在法庭上和强迫证人作证规则尚未确立之前，律师特免权就已经开始出现。因为从那个时候开始，法律的判决中开始出现了个别应用律师特免权的事例。所以需要强调的是，律师特免权一开始并不是作为证人必须作证规则的例外情况出现的，而这种情况一直持续到了 18 世纪。学界普遍认为，在 18 世纪中期之前，律师特免权所依赖的理论基础主要是"律师的荣誉"（the honor of the attorney），是基于对律师的尊严和荣誉的维护免于作证；但在 18 世纪中期之后，律师特免权所依赖的理论基础主要是对当事人与律师秘密交流的内容的保护，为了维护当事人对律师的信赖和交流的自由，免除律师揭露当事人秘密的义务。律师特免权规则很早就已经建立，但它所依赖的理论基础经历了"律师的荣誉"的古老理论和保护当事人与律师秘密交流的新理论两个阶段，且两种理论基础上的特免权在 18 世纪还

---

① John Henry Wigmore, *A Treatise on the Anglo - American System of Evidence in Trials at Common Law*, Vol. Ⅴ, Little Brown and Company, 1923, p. 11.

一度同时存在。所以对于律师特免权规则的发展历程，有两条明显的发展线索，一是基于"律师的荣誉"基础上的律师特免权及其衰落，二是基于保护当事人与律师秘密交流关系基础上的律师特免权的兴起与发展。

在整个18世纪，关于律师特免权规则的发展都显得十分缓慢，直到进入19世纪，特免权规则开始得到很大程度上的发展和确立，涉及特免权规则适用范围与限制的规则也得到了发展。而这个时期对律师特免权规则的发展影响最大的是"普雷斯顿诉卡尔"（Preston v. Carr）案。

发生在1826年的"普雷斯顿诉卡尔"案是一个十分特殊的案件。当事人要求出示被告人写给他的律师的信件。信件中所蕴含的事实是当事人给予律师咨询的一种观念，咨询合同在某些情况下是否具有约束力。最后信件被出示，虽然律师在回应中的咨询意见不被作为证据采纳。换句话说，当事人与律师的交流被证明靠一些其他的证据而不是律师自己的证言，特免权不予适用。主审法官说："我不同意这样的主张……律师特免权是当事人的特免权，在某种程度上当事人自己可能……避免披露他与律师之间的交流。"[1]

当事人写给律师的一封关于迫在眉睫的诉讼的信件的内容被揭露实在是一件令人吃惊的事情。这让人们对于什么才是秘密交流产生了疑惑。而法庭给出的解释是，因为当事人已经将一些事情告诉律师，因此不能主张特免权来拒绝出示争议中的事实信息。虽然律师特免权规则保护律师不去披露他与当事人之间的秘密交流，但是法庭允许通过其他证据来证明秘密交流的内容，这是在"普雷斯顿诉卡尔"案中所确立的新的规则。而差不多到了1830年，关于律师特免权的规则在整个英国已经得到普遍的承认，但是对于特免权规则适用范围仍然存在很大的限制。

---

[1]　Geoffrey C Hazard, "An Historical Perspective on the Attorney – Client Privilege", *California Law Review*, Vol. 66, 1978, p. 1082.

第三章

排除合理怀疑的证明方法

在刑事司法中怎样证明有罪的充分性，大陆法系国家偏重传统的法定证明（数量证明），而英美法系则偏重传统的陪审团的共同确定。现在，大陆法系国家在重视数量证明基础上增加了主观上的"内心确信"，而英美法系国家则在由陪审团共同确定的基础上发展为排除合理怀疑。侧重排除合理怀疑的证明方法长期是英美法系国家所独有的证明方法，能比较典型地反映英美法系证明方法的特色。我国传统上采用的是大陆法系的数量证明方法，新诉讼法修改后才把源自英美的"排除合理怀疑"增加进去。

第一节　排除合理怀疑的含义与案例运用

一、排除合理怀疑的含义

对于什么是"排除合理怀疑"，英国上诉法院法官丹宁勋爵这样讲过：

"证据不一定要达到确定的地步，但它必须达到极大可能性的程度。超越怀疑的证据，不是达到没有一丝怀疑的程度。如果法律承认想象出来的可能性，偏离追求正义的程序，那么，它就不能保护社会。如果对某人不利的证据很有力，只留下一个遥远的可能性对他有利，但该可能性可以为一句话——"理论上可能但实际上绝不可能"——驳倒的话，那么，该证据已达到超越合理怀疑的程度；证据不能低于这个标准。"①

美国一家法院曾在一起案件中对合理怀疑作出如此界定：

"它是这样的一种怀疑：在一个陪审员审慎，公平公正地考虑过所有的证据以后，是如此地摇摆不定以至于他不能判定他对被告人之有罪具有一种持久的确信。此种怀疑使一个有理性的人在处理生活中的较为重大或

---

① ［英］理查德·梅：《刑事证据》，王丽等译，法律出版社2007年版，第78页。

者重要事务时犹豫不决或者停滞不前。但是，它不是一种想象的或者任性的怀疑，也不是一种基于推测的怀疑。"①

但对于什么是"合理怀疑"，英美目前还没有一个统一的明确定义。这其中的主要原因在于"排除合理怀疑"是在司法过程中法官用来指导陪审团认定案件事实、作出有罪裁决的方法与证据充分性的评判标准。也就是说，"排除合理怀疑"最初是指导、服务陪审团更好裁决的证明方法与评判标准，是由陪审团而非法官具体运用的方法与标准。

二、排除合理怀疑方法的案例适用

在 1995 年的"辛普森涉嫌杀妻案"中，辛普森被指控杀死了前妻，有充分的证据可以证明这些。其中，检方呈庭的重要证据之一是血迹化验结果。凶杀现场两处发现辛普森的血迹；警方在现场和辛普森住宅发现的两只手套上都有被害人和被告的血迹；在辛普森住宅门前小道、二楼卧室的袜子和白色野马车中都发现了辛普森和被害人的血迹。这样，检方证据堪称"血证如山"，辛普森涉嫌杀人似乎已是无法低赖的事实。但庭审最终结果，辛普森被判无罪。因为辩方阵营认为这些"血证"疑点极多，破绽百出，存在着明显的合理怀疑。

首先，袜子上的血迹非常奇怪。辩方专家指出，这只袜子两边的血迹竟然完全相同。根据常识，假如袜子当时被穿在脚上，那么袜子左边外侧的血迹绝不可能先浸透到左边内侧，然后再穿过脚踝浸透到右边内侧。只有当血迹从袜子左边直接浸透到右边时，两边的血迹才会一模一样。换言之，血迹很有可能是被人涂抹上去的。在庭审时，检方出示了几张发现血袜子的现场照片，可是照片上的时间顺序却自相矛盾。案发之日下午 4 点 13 分拍照的现场照片上没有这只血袜子，可是 4 点 35 分拍的照片却出现了血袜子。那么，血袜子究竟是原来就在地毯上？还是后来被警方移放到地毯上？对此问题，警方的答复颠三倒四，前后矛盾。另外，辩方专家在检验袜子上的血迹时发现其中含有浓度很高的防腐剂（EDTA），辩方律师提醒陪审团，案发之日，警方在抽取辛普森的血样之后在血样中添加了这种防腐剂。

其次，从现场勘查报告看，身高体壮的戈德曼曾与凶犯展开了一场血战，他的随身物品，包括一串钥匙、一个信封、一张纸片以及一个呼叫机，都散落在不同的地方，这说明打斗的范围很大，搏斗很激烈。戈德曼的牛仔裤上有血

---

① ［美］罗纳尔多·V. 戴尔卡门：《美国刑事诉讼》，张鸿巍等译，武汉大学出版社 2006 年版，第 539 页。

迹向下流的形状，说明他不是在极短时间内死亡，而是在负伤之后仍然挺身而斗，拼死抵抗。他被刺中了 30 余刀，最后因颈部静脉断裂和胸腹腔大出血致死。据此推断，凶犯浑身上下肯定也沾满了血迹。可是，为什么在白色野马车上只发现了微量血迹？更令人疑惑的是，为什么凶手下车后，却在围墙前门车道和从前门通往住宅大门的小道上留下了很多明显血迹？

再次，根据血迹检验报告，在现场两处地方发现了辛普森的血迹。一处在从被害人尸体通向公寓后院的小道上，警方发现了五滴被告血迹，大小均匀，外形完整。但辩方认为，假设辛普森在搏斗中被刺伤，按常理，应该在起初大量流血，过一会儿血量才会逐渐减少，所以，血滴绝对不可能大小均匀。另外，血滴应是在搏斗或走动中被甩落，以撞击状态落地，因此，血滴的外形不可能完整。另一处，是在公寓后院围墙的门上警方发现了三道血痕。可是，检方专家在检验这些血痕时再次发现了浓度很高的防腐剂（EDTA）。

最后，辩方专家指控，洛杉矶市警署刑事实验室设备简陋，管理混乱，检验人员缺乏训练，没有按照正常程序采集现场血迹。由于证据样本处理不当，所以检验结果令人生疑。比如，按照正常程序，在采集血迹样本进行 DNA 分析时应当先用棉花沾起血迹样本，待自然风干之后才能放入证据袋中，可是，警方检验人员在血迹尚未风干时就已将样本放入证据袋。据此，辩方律师舍克毫不客气地表示：警署的刑事化验室简直就是个"污染的粪坑"。

辛普森之所以被判为无罪，不是检方提供的证据不够多，证明不够充分，而是证据本身存在很多疑点，而这些合理怀疑警方无法排除。

与 1994 年的"佘祥林涉嫌杀妻案"相比，佘祥林杀妻也存在着明显的合理怀疑。佘祥林是湖北省京山县雁门口镇何场村人。1994 年 1 月 20 日，佘祥林的妻子张在玉失踪后，其亲属怀疑是被佘祥林杀害。同年 4 月 11 日，吕冲村一水塘发现一具女尸，经张在玉的亲属辨认与张在玉的特征相符，公安机关立案侦查。因事实不清、证据不足，"杀妻"案迟迟未判。1998 年 6 月，京山县法院以故意杀人罪判处佘祥林有期徒刑 15 年，同年 9 月，荆门市中级法院裁定驳回上诉，维持原判。

"佘祥林涉嫌杀妻案"中存在的合理怀疑，除了口供涉嫌刑讯逼供且作案凶器与死者身份都存重多疑点外，还有一处合理怀疑是佘祥林方面出示了一份妻子张在玉可能还活着的"良心证明"。这份证明的出具人是天门市石河镇姚岭村党支部副书记倪乐平，具体内容为："我村八组倪新海、倪柏青、李青枝、聂孝仁等人于 10 月中旬在本组发现一精神病妇女，年龄 30 岁左右，京山口音，身高 1.5 米左右，黝黑脸，她本人说她姓张，家里有一六岁女孩，因走亲戚而迷失方向，其神情状况与（杨）五香反映的基本一样，关在该组倪新海家中二天一夜，而后去向不明，特此证明，请查证。"这份证明还盖上了"中共天门市石河镇姚岭村支部委员会"的印章。

倪乐平出了那个证明后，本以为公安会来村里调查核实这件事，但是他们没有来。相反，与这份证明相关的四人后来均以涉嫌"包庇"等罪名被羁押和监视居住。这份能够证明张在玉还活着的合理怀疑就这样被排除了，直到2005年3月28日，被"杀害"的妻子张在玉突然归来，才再次用铁的事实证明警方排除合理怀疑的简单与粗暴。

总之，两起涉嫌杀妻案的比较表明，证据上比较充分的辛普森匚指控证据存在合理怀疑而被判无罪，而证据上明显不足的佘祥林却被判有罪。造成这一差异的原因虽然很多，但从证明方法的角度看，英美法系国家更重视和强调对"合理怀疑"的排除，而中国对"合理怀疑"的排除缺少足够的重视。

第二节　英美与大陆法系证明方法差异的由来

两大法系定罪证明方法在历史上曾经同源，曾一度长期共同适用神判法。神判法是中世纪早期英国与欧洲大陆国家普遍采用的一种有罪证明方法，它不是基于证据的理性审判，而是通过诉诸神灵的一套程序性的证明方法来决定有无犯罪。

神判法通常是在没有确凿证据，无法获得其他真相的方法时才予以采用，是一种证明有罪还是无罪的最后方法。根据12世纪英国的规定，"唯有当未证明的事实无法以其他方式探知时，方可采取热铁神判"；而1220年德国的《萨克森明镜》也有这样的记载，"除非没有其他方式可知悉真相，否则在任何案件中使用神判皆属不当"。① 对于中世纪早期发生的犯罪，人们在没有专业警察与检察人员的情况下，首先通过"呼喊追捕"（hue and cry）的方式集体抓捕犯罪嫌疑人，当场抓住即可确认有罪。如果犯罪嫌疑人侥幸逃脱，原告可对嫌疑犯进行起诉，将其传唤到地方法庭受审。如果他不出庭，法庭就会依据这种行为认定他有罪，将其逐出法外（outlawry），即剥夺其法律保护权，任何人都可以像杀狼一样逐杀之而不负任何法律责任。如果犯罪嫌疑人按期出庭且主动认罪，他可以通过缴纳赔偿金和罚金的方式来免除处罚。如果他出庭时拒绝认罪，就要在法庭上宣誓清白，并需要一批宣誓助手（Oath-helper）来证实他的誓言真实可靠。如果他找不到这些宣誓助手，或宣誓中陷于停顿或出现

---

① ［英］罗伯特·巴特莱特：《中世纪神判》，徐昕等译，浙江人民出版社2007年版，第39页。

错误，法庭就会判他败诉。如果他此时还拒绝认罪，就需要接受神判法来证明其清白。可见，神判法"是在常规司法程序无法运用的情况下，适用疑难案件的一种证明形式"。①

在神判法之下，无论是热铁法、热水法、冷水法、吞食法、摸尸法和决斗法，定罪标准表面上看是上帝的旨意，实际上是人们当时的一种正义观念。当时人们普遍相信，上帝会站在正义的一方。在热铁神判法中，火是不会伤害无辜者的；在冷水神判法中，上帝会接纳清白的人；在热水神判法中，开水只会烫伤那些有罪的人；在摸尸神判法中，死者能显示谁是凶手；在吞物法中，上帝只会让食物噎住那些有罪的人；在决斗法中，上帝将会给正义的一方助以神力，不会让不义的一方获胜。但不同的神判法会遵循不同的形式定罪标准。神判法有，其中以热铁法、热水法、冷水法最为典型。热铁神判法就是在被告手掌上喷上一些圣水，让其手捧一块炽热的铁块向前走一定距离，或三步或九步，之后，当众将其双手包扎起来，三天后解开检查，如果这时手上没有水疱，就判其无罪，如果出现水疱或溃烂了，就判为有罪。热铁神判法的另一种方式是把9个烧红的铁犁铧隔一定距离排成一列，把被告眼睛蒙上，让他赤脚在上面走，如果他能在踩在铁犁铧的间隙中，一点也没伤着，那就是清白的，反之，就判为有罪。冷水神判法是指将被告捆起来，扔进池塘或河流里，如果他能在水中沉几分钟，就说明已被神灵接纳了，就判处无罪，如果漂浮在水面上，则表明遭到了神灵的拒绝，那将判其有罪。热水神判法是将被告一只手臂浸入一桶滚开的热水中，一直伸到胳膊肘下，然后取出包扎，三天后解开查看，如果手臂化脓，就判为有罪，如果手臂所烫之处已经愈合，就判其无罪。

随着人类认识能力的提高，神判法结果的公正性问题受到了越来越多的质疑和挑战。在适用神判法的案件中，上帝作为正义的化身，对犯罪形式作出正确的评判，但是中世纪的官员却发现上帝裁判的过程中，总是会让明显有罪的人逍遥法外，这使得上帝裁判的可信度受到了更多的质疑。在11世纪末斯英国威廉二世鲁夫斯统治期间，50个人实施丛林犯罪，这是一项国王特别曾憎恨的犯罪。而后来这些人被付诸热铁审，却毫发无伤地通过考验。鲁夫斯大为震惊，说出这段话："到底怎么回事？上帝是公正的法官吗？摧毁如此信仰之人。在此我发誓，从即刻起，从今而后，应从我的审判出寻求答案，而不是上帝，回答每个人的祈祷他总是摇摆不定。"② 而且人们也渐渐发现通过耐心练习控制呼吸可以顺利地通过冷水神判法的检验，使自己在被捆绑之后沉入水

---

① ［英］罗伯特·巴特莱特：《中世纪神判》，徐昕等译，浙江人民出版社2007年版，第202页。
② ［美］詹姆士·Q.惠特曼：《合理怀疑的起源——刑事审判的神学根基》，佀化强，李伟译，中国政法大学出版社2012年版，第93页。

中。因此，神判法的公正性受到了很大的质疑。

随着神判法的正当性和公正性受到的质疑和反对日趋激烈，教会在对神判法是否应该被废除的问题上表现得更为彷徨和犹豫，因为教会能够从神判法中获利。一方面，教士参与神判活动能获得一定的报酬；另一方面，教士参与神判活动也能够干预世俗司法活动，也是教会司法权的一种体现。然而在 1215 年第四次拉特兰会议时教皇英诺森三世宣布禁止教会人员参与神明裁判，神判法在事实上被废除。而神判法被废除之后势必为欧洲的司法审判留下一片空白，欧洲大陆与英国都需要新的证明方式来确定事实作出裁判。

就欧洲大陆国家而言，在 1215 年废除原始神判法的基础上，开始采用纠问制度。纠问制最早出现在教会法的刑事审判中。由于十二三世纪时期西欧的异教徒逐渐增多，天主教为了镇压和打击异教徒，需要一套行之有效的制度对异教徒提起诉讼，纠问制诉讼恰好迎合了天主教残害异教徒的企图，在这样一种背景之下获得了飞速的发展。时任教皇的英诺森三世为了迫害异教徒，他赋予法官在事实调查过程中更多的权力。在异教徒不断兴起的情况下，英诺森三世于 1215 年召开了第四次拉特兰宗教会议。而会议的目的就是通过同异端争斗的决议。该决议责成世俗和教会当局始终不渝地迫害异端。在 1215 年之后，教会法将纠问列入刑事审判的起诉形式之中，并赋予了法官在事实查明方面更多的调查权，纠问制诉讼渐渐成为教会法庭普遍适用的诉讼模式。

在废除原始神判法后，源自罗马法的证明方式得到了教会法院的认可和接受。根据罗马法上的证明规则，任何死刑重罪都必须根据"完整证明"（complete proof），即必须有两名见证人作证才能确定。由于严重犯罪多是秘密实施的，要想找到两名见证人难乎其难，或者说根本不可能。在大多数情况下，法院所收到的只是控告人（受害人）提供的"一半证据"。这样，法院便自然而然地把寻找"另一半证据"的希望寄托于获取犯罪嫌疑人的口供上。1216 年，《教皇英诺森二世教令》为评估证据价值精心设计了一整套形式化规则：要确定一项事实必须有两名神谕证人或耳闻证人，一名女子的证言的效力只能算做男子的一半，并且必须由至少一名男子的证言加以补充。贵族证言的效力要高于平民证言，教士的证言高于俗人，基督徒的证言高于犹太人。随着法官逐渐远离对证人的讯问以及除了书面记录之外并不依据其他证据，人为规定的证据分量具有了不断增强的重要性，证据分为完全证据、折半证据、1/4证据甚至 1/8 证据。证人不是在当事人或审理本案的法官面前作证，而是在一个被指定听取证言的法官面前作证，由该指定的法官将证人证言做成书面形式后呈交审理法官。① 而这样一套系统完整的证明规则与日趋发展的纠问制诉讼模式不谋而合。纠问制诉讼赋予了法官在事实调查方面太大的权力，为了防止法官的专断需要一套严格的规则对法官的审判活动予以限制，而法定证明方法的确立使得法官只能严格按照预先确立的证据规则对证据的证明力予以考量，从而作出一个公正的判决。

随着纠问制诉讼从教会法院扩展到世俗法院，与纠问制诉讼相适应的法定证明方法也被传入世俗法庭。法国从 13 世纪时期就引入了法定证明方法，到了 16 世纪时期法定证明方法基本确立。1670 年路易十六颁布的刑事裁判王令是法定证明方法得以确立的代表性法典。在刑事裁判王令中，法定证明方法将所有的证据按其不同的价值分为三个等级：完全证据、半证据、不完全证据。"完全证据是可以单独据此认定足以判处死刑重罪的证据。其范围限定在两名以上目击证人关于犯罪主要事实的一致证言，以及被告人的自白（需要适当补充证据）。半证据则包括一名目击证人关于犯罪主要事实的单独证言，或两名证人关于间接事实的证言等。根据半证据只能对被告使用刑讯拷问来强制自白，却不能单独据此认定死罪，只是某些涉及罚金或体罚刑的轻罪可以据此认定。不完全证据则范围极广，包括从风闻到被告的可疑表情、态度等一切嫌疑或间接证据。但据此只能对被告进行召唤讯问，在这种证据达到一定量的情况下可以拘禁被告并开始真正的侦查。"② 这就是神判法被废除之后欧洲大陆所普遍采用的法定证明方式或数量证明方式。

在法定证明方法之下，法官的职能就是审视法庭上出示的证据是否充分，是否能够作出有罪判决。这与神判法时期的法官存在很大的不同，在神判法时期，身为教士的法官在审判中更为中立和客观，一方面神判法时期的刑事审判实行不告不理原则，刑事审判的启动需要受害人或指控人的起诉，法官只是作为中立的裁判者；另一方面，神判法的结果难以预测，主持神判仪式的法官在这样一种反映当时人们公平正义观念的证明方式之下也表现得更为客观，他们依据神判的客观结果作出裁判而不涉及对被告人主观好恶的评价。而适用法定证明方法的法官在审判中更为积极主动而且立场也更为鲜明，一方面，纠问制的诉讼模式起初是为了迫害异教徒，在审判进行之前就预设被告人有罪，而法官对案件的调查、取证、审判都是以此为目的而进行，在诉讼活动中表现得更为积极主动；另一方面，法定证明方法的适用也是在帮助法官获得充足的证据实现对被告人的定罪量刑，使得对被告人的有罪控诉得以成立。所以当欧洲大

① 何勤华：《法国法律发达史》，法律出版社 2001 年版，第 428～429 页。
② 王亚新："刑事诉讼中发现案件真相与抑制主观随意性的问题——自由心证原则历史和现状的比较法研究"，载《比较法研究》1993 年第 2 期，第 118 页。

陆国家用法定证明方法取代神判法的时候，法官以一种更为积极主动的姿态出现在法庭审判之中，在法定证明方法之下寻求充足的证据来证明被告人有罪。法官一旦取得了被告人的口供或者两个目击证人的证言，就可以自动宣告被告人有罪，而无须对证据的证明力作出评价。从这个意义上讲，欧洲大陆国家是用数量上的"客观标准"取代了传统的超然的"神判"标准。

当法定证明方法在欧洲大陆国家得到普遍采用之时，英国占主流的却不是这种证明方法，虽然这一方法在教会法院也得到采用。导致出现这种差异的主要原因是英国当时在司法审判中采用了陪审制度。陪审制的采用，使英国避免了全盘采用欧洲大陆国家的法定证明（数量证明）方法，英国与欧洲大陆国家的证明方式开始分道扬镳，朝着自己独特的方向发展。

第三节　排除合理怀疑证明方法的确立与价值评析

一、排除合理怀疑证明方法的确立

从 14 世纪以来，随着社会流动性的增强和一些案情的复杂化，陪审团开始从"知情陪审团"向"非知情陪审团"方向发展，陪审团更多地借助了解案件事实的证人证言来作出判断。此时因陪审团越来越多地面对证人证言这一间接认识，所以在认识上的"不确定性"进一步加强了，陪审团因担心错判所面临的内心焦虑相应地也进一步增大了。日益增大的内心焦虑使得陪审团的无罪裁决日渐增多，很多有罪之人也因此而得以脱罪。为了缓解陪审团的裁决压力，减少陪审团的无罪裁决，中世纪的法官作为道德神学的一种安慰手段，指示陪审团可以"依据良心"作出裁决。与此同时还发展出了一些机制来缓解陪审团的裁决压力。一方面，法官准许陪审团在某些案件中可以不作出概括裁决（general verdict），而只进行特别裁决（special verdicts）。概括裁决是指陪审团在案件事实认定的基础上，根据法官的法律指导对案件事实作出的整体裁决，如有罪或无罪的裁决。特别裁决则仅对案件事实中的特定事项作出裁决，而将法律适用于该事实并确实当事人有罪无罪的问题交给法官；另一方面，在有些情况下法官还通过法律拟制的方式，根据被告人对圣经几段话的陈述假定他是教士，从而使他享有教士豁免权，免受普通法院的各种酷刑。通过这样两种方式，陪审团裁判的道德压力得到了很好的缓解，也保证了陪审团在依据"良心"的情况下作出裁决。但是都铎革命后，亨利八世为了加强中央集权，严惩犯罪，对陪审团拒绝作出"概括裁决"予以严厉的处罚，废除了刑事陪审团的"特别裁决"的特权，甚至经常强迫陪审团作出违背自身意志的裁决。这意味着陪审团不仅需要接受作出"虚假裁决"的惩罚，而且需要承担裁判的道德责任，有时甚至沦为政治迫害的帮凶。因此，一直到17世纪时期，陪审团都一直无法摆脱裁决中要排除所有怀疑所带来的道德焦虑和心理压力。

十六七世纪时期，随着清教神学在反对天主教的基础上，对"良心问题"上的认识有了更大发展，提出良心可以基于自己理解，陪审团可以依据自己"满意的良心"作出裁决，而不必追求绝对的确定性。杰里米·泰勒（Jeremy Taylor，1613—1667）明确指出"良心关注合理的怀疑（reasonable doubt），但是它不能变成多余的怀疑。"① 此后随着认识论的不断发展，思想家提出绝对的确定性认识只能在数学等演绎推理领域获得，在经验领域人类之所以获得最大确定性认识是道德确定。洛克在《人类理解论》中进一步明确指出，人类认识分为"信仰，猜度，猜想，怀疑，游移，疑心，不信"等不同等级，② 证据的证明无法获得绝对的确信和排除所有怀疑，有点猜度就已是很高的证明标准了。洛克的认识论理论后被证据法学家吉尔伯特的《证据法》一书大量援引，该书作为证据法领域内的第一部著作，自1754年出版后在理论与司法实践中都产生了巨大影响。而与此同时，对抗制在英国完全确立起来，而双方律师的交叉询问作为发现事实真相的有效方式，很好地解决了陪审团裁判过程中所面临的事实证明问题，尤其是有关证人证言的评估问题。因此，大约在18世纪末期，"排除合理怀疑"取代了"满意的良心"，成为指引陪审团认定事实作出裁判的证明标准，

对于"排除合理怀疑"在英美法系历史上首次出现的时间，西方国家的学者对此尚未形成统一的观点，大体可以分为以下几种主要的观点。

第一种观点认为排除合理怀疑最早出现在1770年波士顿大屠杀的审判中，当时的主审法官对陪审团的审判指示是，"如果在整个案件审判中存在对被告人有罪任何合理的怀疑，你们必须依照法律的规则，断定被告人是无罪的。"③

第二种观点认为排除合理怀疑最早出现在1793年新泽西州一个法院对"威尔森案"（State v. Wilson）的审判中，法庭明确指示陪审团，"只要存在任

① Barbara J. Shapiro, "*Beyond Reasonable Doubt*" *and* "*Probable Cause*": *Historical Perspectives on the Anglo - American Law of Evidence*, University of California Press, 1991, p. 16.

② ［英］洛克：《人类理解论》，关文运译，商务印书馆1983年版，第660~661页。

③ Anthony A. Morano, "A Reexamination of the Development of the Reasonable Doubt Rule", *Boston University Law Review*, vol. 55, p. 518.

何合理的怀疑"，被告人都应该被无罪释放。①

第三种观点认为排除合理怀疑最初出现在 1798 年在都柏林所进行的一系列叛国罪的审判中，这是大部分学者所普遍认同的观点。这种观点最具影响力的代表性学者是法官梅（Judge May）。在他 1876 年所写的论文中，他提出排除合理怀疑最早出现在 1798 年都柏林审理的"芬尼案"（Finney's Case）和"波恩得案"（Bond's Case）中，而且这种观点也得到了威格摩尔（Wigmore）和麦考密克（McCormick）等人的支持。②

第四种观点认为排除合理怀疑出现在 18 世纪末期英国的老贝利法庭（中央刑事法庭）的刑事审判之中。这是近些年来比较流行的一种观点，代表性的学者有詹姆士·惠特曼、芭芭拉·夏皮罗以及约翰·兰博约。在芭芭拉·夏皮罗的论文中提到，根据老贝利法庭的审判记录可以得出，排除合理怀疑规则的使用最晚不迟于 1783 年，因为这一年有位法官指出，"如果审查案件证据后存在任何合理怀疑……他有权宣布你无罪"。③ 而约翰·兰博约根据老贝利法庭的审判记录认为，排除合理怀疑的确立时间比爱尔兰叛国罪的提法要早了至少十年。④ 而惠特曼在阐述排除合理怀疑的首次出现的时候也是引用了老贝利法庭的审判记录，并且列举了许多案件中对排除合理怀疑的使用。例如，1786 年约瑟夫·里卡兹（Joseph Richards）谋杀罪案审判中，法官的指示是，"综合全案，如果你们确信他有罪，你们可以判决他有罪。如果你们发现任何怀疑，你们要宣告他无罪。⑤"

虽然学者们对排除合理怀疑首次出现的时间存在着一定的争论，但是对排除合理怀疑在英美法系的确立，学者们达成了一定的共识。著名的证据法大师威格摩尔说过，"排除合理怀疑的起源不早于 18 世纪末期，它最初只被适用在死刑案件中，绝没有采用一种固定的术语，但是采用了各种各样的试探性形式。早期的术语是'一种明确的印象''基于确定的理由''满意的'，之后运用的术语是'合理怀疑''合理的有足够依据的怀疑''超越极有可能''合

① Anthony A. Morano, "A Reexamination of the Development of the Reasonable Doubt Rule", *Boston University Law Review*, vol. 55, p. 516.

② Anthony A. Morano, "A Reexamination of the Development of the Reasonable Doubt Rule", *Boston University Law Review*, vol. 55, p. 515.

③ Barbara J. Shapiro, "Changing Language, Unchanging Standard", *Cardozo Journal of International and Comparative Law*, vol. 17, 2009, p. 275.

④ John H. Langbein, *The Origins of Adversary Criminal Trail*, Oxford University Press, 2003, p. 264.

⑤ ［美］詹姆士·Q. 惠特曼：《合理怀疑的起源——刑事审判的神学根基》，佀化强，李伟译，中国政法大学出版社 2012 年版，第 308～309 页。

理怀疑'。"①

通过对排除合理怀疑的发展历史的追溯可以发现，排除合理怀疑证明方法是英美独具特色的司法审判活动的产物，与陪审团裁决密切相关。排除合理怀疑证明方法的确立最早可以追溯到陪审团制度确立初期，并伴随着陪审团制的发展而先后经历了依据"良心""满意的良心"和"排除合理怀疑"三个发展阶段。它最初关注的重点并不是解决陪审团裁决面临的事实证明问题，而是缓解他们裁决中的道德焦虑问题，直到 18 世纪末期随着审判实践的改变，"排除合理怀疑"才在近代哲学认识论思想的指导下作为解决事实证明的方法与证据充分性的评判标准而确立起来。

二、排除合理怀疑证明方法的价值评析

"排除合理怀疑"与中国源自大陆法传统的"犯罪事实清楚，证据确实充分"证明方法相比，有其值得肯定之处。

"排除合理怀疑"更能充分体现"无罪推定"和"疑罪从无"的人权保障理念，与"无罪推定原则"更能协调一致。依据"事实清楚、证据确实充分"的证明标准，在有罪证据还没有完全达到确实、充分的情况下，如判有罪就可能造成冤案，而如判无罪则会有放纵之嫌。而"排除合理怀疑"方法则可在一定程度上避免这种两难选择，只要存在"合理怀疑"不能排除，就判决无罪。

"事实清楚，证据确实充分"的证明方法与标准属于从正面证实对被告人的有罪控诉，而"排除合理怀疑"的证明方法与标准则是从反面来排除或证伪被告人的有罪疑点，二者各居一端，二者的结合才能最大程度上确定对被告人的有罪控诉，更具有可接受性。因为根据现代的"Petrocelli 原则"，"一个命题之真揭示和展现出来，不仅意味着该命题得到了证明证实，而且意味着与该命题相互对立的（矛盾或反对）命题被证伪。也就是说，对于一个命题揭示和展现，仅有证明证实是不够的，还必须对它的否定命题进行证伪。因为，证实证明为真的未必为真，也可能是假的。但如果将与该命题不能同真又不能同假的矛盾命题证伪了，则该命题成真的概率将大大提高"。②

也正是因为"排除合理怀疑"方法有很多可取之处，我国才明确将这一证明方法写入新刑事诉讼法之中，成为我国刑事证明标准的有机组成部分。

---

① John Henry Wigmore, *A Treatise on the Anglo-American System of Evidence in Trials at Common Law*, Vol. V, Little Brown and Company, 1923, pp. 465~466.

② 张继成："论命题与经验证据和科学证据符合"，载《法学研究》2005 年第 6 期，第 50 页。

中　编

基于判例法的司法方法

第四章
遵循先例的找法方法

大陆法系国家法官断案与律师辩护主要是从制定法中寻找法律依据，但在英美法系国家，法官与律师传统上会首先从先例中寻找法律依据。现在，随着英美法系国家制定法的数量越来越多，从制定法中寻找法律依据也已成为一种重要的找法方法。但传统的从先例中找法仍然在整体上有基础性地位。在合同法、侵权法和信托法方面，从先例中找法仍是主导性的首选法律依据。遵循先例的找法方法体现了英美法系国家的司法传统，具有英美司法方法的鲜明特色。

第一节　遵循先例找法方法的由来

遵循先例（stare decisis）是拉丁语"stare decisis et nom quieta movere"的缩略语，其意思是遵守先例、不扰乱确立的要点。"某个法律要点一经司法判决确立，便构成了一个日后不应背离的先例"，换言之，"一个直接相关的先前案例，必须在日后的案件中得到遵循"。①

一、普通法的"法官法"特性

英美遵循先例这一特色找法方法的形成，根源于普通法自形成之初就具有的"法官法"特性。

十二三世纪英国普通法的形成是"英格兰被诺曼人征服后的几个世纪里，英格兰政府逐步走向中央集权和特殊化的进程中，行政权力全面胜利的一种副产品"。② 当时英国的集权不是通过军队、警察和行政官吏，而主要借助了以下司法措施：扩大"国王诉讼"的受理范围、大量使用司法令状、建立巡回审判制度。通过上述措施，国王司法权延伸到全国各个角落和各个领域，国王

---

① ［美］博登海默：《法理学：法律哲学与法律方法》，邓正来译，中国政法大学出版社1999年版，第539页。

② ［英］密尔松：《普通法的历史基础》，李显冬等译，中国大百科全书出版社1999年版，第3页。

法院包揽了全部的刑事案件和几乎全部的自由土地纠纷案件。为适应国王司法权不断扩大的需要，国王在十二三世纪陆续建立了普通诉讼法院、王座法院和财政法院三大中央法院。司法体制的集权化促进了以国王法院为主导的统一法律体系的形成。国王法院的法官，尤其是巡回法院的法官在审判过程中，总是要从众多的地方习惯法中选择比较合理的一种作审判依据，久而久之，就形成了一套"王国的普遍习惯法"作为法官共同遵奉的审判准则，这套"王国的普遍习惯法"就是普通法。①

可见，从普通法的产生过程看，普通法最初是一种习惯法，但这种习惯法不是某一地区的习惯法，而是适用于整个王国的共同习惯法，是王室法院的法官实施的全国通行的习惯法。由于在普通法的形成过程中，王室法院的法官发挥了重大作用，所以普通法从形成之初就是一种"法官法"，是王室法院的法官在习惯法中发现、整理并在此基础上创制出来的法律。

英国因为较早形成了适用全国的普通法，发展了自己的法律技术，所以在罗马法的复兴运动过程中受罗马法的影响程度已大大降低。这一时期"英国接受罗马法，勿宁说是以罗马法的法理补充日耳曼的法律传统，或者是把罗马法的技术作为本地法的技术构成的一种辅助手段。"② 由于在罗马法复兴过程中，以注释法学派为代表的学者和法学家发挥了重大作用。所以，复兴的罗马法一开始就带有强烈的"法学家法"倾向。可见，十二三世纪普通法的形成使英国成功避免了日后走向大陆法系国家"法学家法"的方向。大陆法系国家由于在中世纪罗马法复兴时就确立了"法学家法"的历史基础，所以日后就走向了制定法的道路，发展出了从法典与成文法中找法的方法。英美法官由于在普通法形成过程中发挥了巨大作用，所以导致普通法一开始就具有"法官法"的特点，因而日后就发展出了从先例中找法，即遵循先例的方法。

遵循先例作为法官找法的方法是逐渐发展起来的。在普通法确立的过程中，王室法院的法官最初主要依据地方习惯断案，日后随着判例的增多，先前的判例也不时作为断案依据使用。从早期的判例汇编《年鉴》可以看出，13世纪末开始法官援用判例的做法逐渐增多，但当时判例还只是"法律的依据"还非法律本身，先例只有说服力而没有拘束力，法官可以不依据判例而自由地制作判决。到了16世纪至18世纪，判例作为先例而被引用发展成为一种惯例，相同的案件必须依据判例行事的意识变得相当强烈，法官在审判中已广泛遵从先例。进入19世纪后，判例集的质量有了进一步提高，统一的上诉法院

---

① E. Jenks, *The Book of English Law*, Houghton Mifflin Company, 1929, pp. 21 – 22.
② ［日］高柳贤三：《英美法源理论》，杨磊等译，西南政法学院 1983 年印行，第 29 页。

和法院等级体系也建立起来，这也促成了遵从先例成为法官审判的一条基本原则。到 19 世纪末，遵循先例作为一种原则性的方法就完全确立起来。

二、判例汇编制度

从先例中找法在具体操作层面表现为从《判例汇编》中找法。先例如果没有经过汇编就带有很大的不确定性，不能构成一个切实可行的先例引用制度基础。所以，遵循先例原则总是伴随着判例汇编制度的发展而成长。

英国最早的判例汇编形式是年鉴。年鉴是以律师在法庭上所作的笔记为基础编纂的，因其按年代顺序编排，故得名年鉴。年鉴存在的时间始于爱德华一世，止于亨利八世。年鉴最初主要是以手抄本的形式流传，15 世纪印刷术传入后才有活字印刷版。年鉴的内容主要放在律师与法官的问答上，而不注重判决与判决的理由。尽管年鉴时期不存在现代的先例原则和观念，但它无疑为先例原则的成长提供了一个重要前提条件，在某种程度上讲是先例原则真正成长的开始。

到 16 世纪中期，年鉴的编辑突然停止，与此同时，一批冠以个人名字的私人判例汇编开始发行，之后一直到 19 世纪后半期被称作私人判例汇编时期。私人判例汇编的风格、内容、准确程度、权威高低因人而异，其中比较著名的有《科克判例汇编》《巴罗判例汇编》。《科克判例汇编》包括了"他为自己使用而从《年鉴》、甚至古老的《诉讼案卷》中辛勤采集来的大量先例，以及据此而对普通法所作的全面而精辟的阐述"，以至于至今都"几乎不必超越科克去追溯任何普通法原则的起源"。① 《巴罗判例汇编》收集的是王座法院1751～1772 年的判决，基中就包括曼斯菲尔德勋爵的著名判决。该判例汇编开始将律师辩论与判决区别开来，并给出批注，被视为私人判例汇编典范。当时很多私人判例汇编得到了法官的援引，但有些由于编纂水准较差，法官往往不屑一顾。

1865 年判例汇编委员会（the Council of Law Reporting）成立，由四大律师公会（Inns of Court）、法律协会（the Law Society）的代表和总检察长、副总检察长作为固定成员组成。1865 年 11 月 2 日开始出版《判例汇编》（the Law Reports），现代判例集汇编制度正式形成。尽管《判例汇编》并不是官方判例集，但它的汇编委员会具有半官方色彩，且它本身经由法官校阅，比其他判例集更准确、质量更高，从而具有更高的权威。《判例汇编》同以往判例集明显不同的是，诉状和辩论部分所占篇幅减少，判决所占篇幅大大增加。过去，在

---

① ［英］沃克：《英国法律制度》，夏勇等译，西南政法学院 1984 年印行，第 183 页。

法庭上长时间的辩论之后，法官倾向于简要地阐述最后判决；而现在，法官在他们作出的判决中详细复述各项事实，从而有助于律师和审理本案的法官清晰地判定判例中的法律和事实问题，并总结判决理由和附议，以决定是否构成本案的先例。

源自英国的判例汇编制度，后来随着英国法的传播而传到其他地区。如美国康涅狄格州自 1789 年开始发行《柯比法律汇编》，1804 年开始出现官方的法律汇编。时至今日，在美国联邦最高法院、联邦上诉法院、联邦地区法院和各州法院，官方与私人判例汇编都同时存在。

现在，判例汇编已成为英美法系国家普遍采用的一种制度。英美国家现在可以作为司法先例的判例几乎总是包含在判例汇编中，判例汇编事实上充当了判例法的重要载体。英国现代的判例汇编包括高等法院三大分庭的判例汇编、上诉案件的判例汇编以及一些专门的判例汇编。英国每年都有一本或两本高等法院王座法庭的判例汇编，两本高等法院大法官庭和家事庭的判例汇编。上述几本法律汇编，不仅收录了全部由该分庭受理的判例，还包括了来自该分庭的上诉案件的判例。所以，有关上诉案件的判例汇编，只包括上议院（2009 年后改为最高法院）和枢密院受理的上诉案件，而不包括上诉法院受理的上诉案件。枢密院通常不受理英国法院的上诉，只受理英联邦成员国的上诉，但由于他们涉及的法律多与英国法律相同，且枢密院的法官通常是下议院执掌司法的议员，所以，枢密院的判决可以作为英国法律中的重要判例予以收录。英国法院的一些属于某一特定性质的判例通常不收录在上述判例汇编中，而是收录在若干专业性判例汇编中的某一辑内，例如道路交通案件判例汇编，商业案件判例汇编，税务案件判例汇编等。

在美国，由于实行联邦制，所以现在联邦法院系统和州法院系统都有各自独立的判例汇编。联邦法院系统中最高法院、上诉法院和地区法院都有自己的判例汇编。美国联邦最高法院的判例汇编有三种不同的版本：一是由美国联邦政府出版的美国最高法院判例汇编（United States Reports），二是韦斯特出版公司出版的最高法院判例汇编（Supreme Court Reporter），三是由律师合作出版公司出版的美国最高法院判例汇编（United States Supreme Court Reports）。这三个版本都是对美国最高法院判例的权威记录，不同点只是在于各自的内容侧重与眉批有细微差别，且第一个版本是是由联邦政府出版的，后两个版本是由私人商业出版公司编辑出版的。美国联邦上诉法院与联邦地区法院也有自己的判例汇编，分别收录在联邦上诉法院判例汇编（Federal Reporter）与联邦地区法院判例汇编（Federal Supplement）中。在各州，州最高法院的判例汇编都是按地区分类出版的，例如《东北地区的判例汇编》《大西洋地区的判例汇编》《西北地区的判例汇编》《太平洋地区的判例汇编》《东南地区约判例汇编》《南部地区的判例汇编》《西南地区的判例汇编》。

为了便于对判例汇编中先例的查询，判例汇编都有比较规范的编排方式与援引规范。判例汇编的名称一般用缩略语，如《美国最高法院判例汇》（United States Reports）的缩略语是"U. S."，《美国上诉法院判例汇》（Federal Reporter）的缩略语是"F."，《联邦地区法院判例汇编》（Federal Supplement）的缩略语是"F. Supp."。《大西洋地区的判例汇编》（Atlantic Reporter）的缩略语是"A."。具体到一个特定案例的援引，以美国联邦最高法院1973 年的"罗诉韦德"案为例，该案可写成如下索引：Roe v. Wade，410 U. S. 113（1973）。其中，"Roe v. Wade"是案件的名称，"410"是判例汇编中"卷"的编号，"U. S."是美国联邦最高法院判例汇编的缩略语，"113"是该案在"判例汇编"中的起始页码，1973 是该案法院宣判的年份。如果只是引用这一案例中第 170 页的一小节，则该索引为：Roe v. Wade，410 U. S. 113，170（1973）。

三、法院等级制度

遵循先例的司法方法不仅与判例汇编制度有关，而且与法院等级制度的确立有密切关系。

遵循先例有两层含义：一是"横向的遵循先例"（horizonal stare decisis），即遵循以往的法院判例。遵循先例还有一层重要但却容易被忽视的是"纵向的遵循先例"（vertical stare decisis），即只遵循高级法院以往的判例。法院的一项判决能否成为具有约束力的先例，取决于该法院的级别，只有高级法院的判例具有约束力。英美只有高级法院的法官判决才可能被载入判例汇编，对下级法院具有约束力。下级法院的法官判决，有时也会提出相当新颖的法律要点，但他们的推理过程不会被载入判例汇编予以发表，不会成为具有约束力的先例。

就英国而言，早期的法院等级体系不是很明显，普通法与衡平法都有各自的法院机构。但经过 19 世纪司法改革后，全国统一的法院等级体系开始建立起来。1873 年，议会制定了《最高法院司法法》（*Supreme Court of Judicature Act*），又经一年多的讨论和修改，于 1875 年 12 月 1 日颁布实施。《最高法院司法法》规定：自法案颁布之日起，废除一切旧有的高级法院，设立由高等法院和上诉法院组成的最高法院。高等法院由原有的大法官法院、王座法院、普通诉讼法院、财政法院、海事法院、遗嘱检验法院、离婚法院合并而成，归入高等法院下设的五个分庭，即王座庭、普通诉讼庭、财政庭、大法官庭和海事、遗嘱检验与离婚庭。高等法院负责接管所有原普通法法院和衡平法院的初审司法权和来自下级法院的上诉司法权。上诉法院则接管原属大法官上诉法院和财务署上诉法院的上诉司法权。高等法院下设的各个分庭尽管仍沿用各自原来的名称，享有原有的职权，但它们不再是各自为政的独立司法机构，而是一个统一的整体。从此，英国普通法法院与衡平法院两套法院分立并存的体系宣告结束，中央法院组织初步建立了统一的等级体系。现在，又经过一些改革与调整，英国法院的等级体系如下：第一层级的是 2009 年由上议院为基础设立的最高法院；第二层级是由高等法院、上诉法院与刑事法院组成的高级法院（Senior Courts），这一层级中继续保留了原有的上诉法院与高等法院的上下层级关系。

法院等级制度的确立为纵向寻找先例中的法提供了明确依据。只有高等法院、上诉法院与最高法院（2009 年 10 月 1 日以前是上议院）的判决才具有约束力。最高法院（或先前的上议院）的先例对其自身与任何等级的英国法院都具有约束力，上诉法院的先例对其自身和它以下的法院具有约束力，高等法院的先例对其自身与下级法院具有约束力。

在美国，随着建国后联邦制的确立，联邦法院系统和州法院系统也确立了明确的等级体系。在两套系统内部，都是从低到高由三级组成，分别是联邦地区法院、联邦上诉法院、联邦最高法院和州地区法院、州上诉法院、州最高法院。

联邦地区法院是根据 1789 年的《司法条例》设置的。最初一个州为一个司法区，设一个地区法院，全国共 13 个。后来，随着联邦的扩大和人口的增长，司法区不断增加，人口较少的州划分为一个司法区，人口较多的州则划分为 2 个或 3 个、4 个司法区。到 1988 年，全国共划分 91 个司法区，加上哥伦比亚特区和波多黎各区，共设立了 94 个地区法院。联邦上诉法院最初设立于 1789 年，那时称作巡回法院，全国共有三个，分设在三大司法巡回区内，而且当时它既有上诉复审权，又分享地区法院的部分初审权。在 19 世纪，巡回法院几经调整和改革，一直没有定型。后来，随着上诉案件的日益增多，国会于 1891 年创建了上诉巡回法院，接管了原属巡回法院和最高法院的大部分上诉案件。这个法院分为 9 所，分设在全国 9 个审判区内。1911 年国会撤销了巡回法院，将其初审管辖权转交给地区法院。1948 年，上诉巡回法院去掉了巡回二字，遂成为现在的名字。目前，全国共有 13 所上诉法院，分设在 12 个司法区和哥伦比亚特区内。联邦最高法院是美国司法体系中的最高审级，设在首都华盛顿。它与国会、总统在法律上处于平等的地位，职掌司法权。联邦最高法院成立于 1790 年，最初设法官 6 人，后相继增加为 7 人、9 人、10 人。

1869 年，国会通过法案，规定联邦最高法院由 1 名首席法官和 8 名大法官组成，从此，9 人法官编制确定下来，至今未变。

联邦最高法院的先例对其自身及下面各级联邦法院和各州法院都有约束力。13 所联邦上诉法院中每一所法院的先例对其自身及下属的联邦地区法院都有约束力，但对其他巡回区的联邦上诉法院则只有说服力。但如果某一联邦上诉法院的一个判例中引用了另一上诉法院的"有说服力的判例"，则该判例就成为该上诉法院的"先例"，对以后该上诉法院及辖区内所有地区法院都具有约束力。州最高法院作出的判例对该州的所有法院判决具有约束力，但对其他的州就没有这种约束力。州上诉法院作出的判例对自身及司法辖区内的州地区法院具有约束力，对州内其他平级的上诉法院只有说服力。

第二节　先例中法的表现形式与确认方法

一、判决理由和附带意见

英美先例中的法有两种表现形式，一是判决理由（*ratio decidendi*），二是附带意见（obiter dictum）。先例中对案件事实所作的法律陈述中，对案件判决有拘束力的部分称作"判决理由"（*ratio decidendi*），其余的法律陈述不具有约束力，只有说服力，被称作附带意见（obiter dictum）。

对判决理由与附带意见进行区别是一种古老的做法。早在 1673 年，英国高等法院首席法官沃汉（Vaughan）就说过："法院给出的意见——如果对记录中给出的判决不是必要的话，但是也可能是如果没有这样的意见，就会导致一份相反的判决，不是司法意见；而仅是一份法律没有要求的陈述意见（gratis dictum）。"[①] 在之后相当长的一段时间内，附带意见都不被当作司法意见的一部分。但现在这种情况已完全改观，附带意见与判决理由都被认为是司法意见的组成部分。

在有些先例中，只有判决理由，没有附带意见，但在许多判例中，既有判决理由又有附带意见。

下面就以侵权法上"严格责任"的开创性案例"赖兰兹诉弗莱彻"（Rylands v. Fletcher）案与宪法领域违宪审查的创始性案例 19 世纪初美国的

---

① ［英］鲁伯特·克罗斯，J·W. 哈里斯：《英国法中的先例》，苗文龙译，北京大学出版社 2011 年版，第 47 页。

"马伯里诉麦迪逊"（Marbury v. Madison）案予以说明。

"赖兰兹诉弗莱彻"一案的案件事实如下：被告弗莱彻雇用了一个独立承包商在自己的土地上建造水库，但承包商由于过失，没有堵牢与水库相连的竖井，致使水库的水淹没了与其相通的原告赖兰兹的采煤矿井，采煤陷于停顿。原告起诉被告对损失进行赔偿。法院的最终判决结果是弗莱彻即便没有过失也要承担赔偿责任。财务法院的布莱克本法官所提出的判决理由被上议院大法官凯恩斯继续采用，即"法律的真正规则在于，一个人出于自我考虑，往其土地上运送一些如外溢就可能造成损害之物，并在那儿堆积、存放，那他必须将其存放在本人土地上，自己承担风险，如果做不到这一点，那他显然要对外溢造成的所有损害负责。"①

这是该判例中有拘束力的部分，也是后来经常引用的有关从事极度危险活动要承担严格责任原则的法律表述。

但在"赖兰兹诉弗莱彻"一案中，布莱克本法官判决书中还作了如下陈述："一个人的草地或谷物被邻居窜出的牛吃了，或矿井被来自邻居水库的水给淹了，或其酒窖被邻居厕所的污秽侵入了，或其居所被来自邻居碱厂的烟雾弄得有害健康了，都是没有任何过错情况下遭受的损害。看来合理正当的是，邻居把一些东西带到自己地上，只要他不让这些东西外溢，那就对别人无害，但如果他不能做到这一点，且他知道溢到邻居那边会造成损害，那他就必须对损害予以赔偿。②

"赖兰兹诉弗莱彻"一案主要是关于水库淹没矿井问题，并不涉及草地或谷物被邻居窜出的牛吃了等问题，因此，法官在上述陈述中将适用严格侵权责任的法律原则延伸到了牛、厕所的污秽、碱厂的烟雾等领域，已远远超出了判决该案的必要范围，这种与法院判决没有直接相关的陈述属于附带意见。但在日后的案件中，以前案件的附带意见可能会成为该案件的判决理由，所以判决理由与附带意见的区分不是绝对的。

"马伯里诉麦迪逊"一案的案件事实如下：威廉·马伯里被即将卸任的总统约翰·亚当斯任命为治安法官。但当时的国务卿由于时间匆忙，未能将已盖印的委任状寄给马伯里。继任的总统托马斯·杰斐逊指令新任国务卿詹姆斯·麦迪逊扣押了委任状。马伯里因未收到委任状便依据国会于 1789 年颁布的《司法法案》对麦迪逊提起诉讼，请求联邦最高法院向麦迪逊发布强制执行令，将委任状交付于他。该案的核心焦点是联邦最高法院是否有权直接向国务

---

① W. S. Holdsworth, *A History of English Law*, Vol. Ⅷ, Methuen & Co. Ltd., 1937, p. 471.

② W. S. Holdsworth, *A History of English Law*, Vol. Ⅷ, Methuen & Co. Ltd., 1937, p. 472.

卿詹姆斯·麦迪逊发出强制执行令。因为根据《司法法案》的规定，联邦最高法院在有权对任何指定法院或是公职人员发出强制执行令（writs of mandamus），作为"公职人员"之一的国务卿詹姆斯·麦迪逊当然不能排除在外。但根据1787年《美国宪法》第三条第二款的规定，"涉及大使、公使和领事以及一州为一方当事人的一切案件，最高法院有一审管辖权。对上述所有其他案件，不论法律方面还是事实方面，最高法院有上诉管辖权，但须依照国会所规定的例外和规章。"以马歇尔为首席法官的联邦最高法院最终判决它没有发布强制执行令的司法管辖权。

联邦最高法院为什么要依据宪法而不是国会法令断案，这是没有先例的事，对此，首席法官马歇尔经过详细论证，提出了对该案判决的一个主要判决理由，即宪法的地位高于普通立法。判决书这样写道，"一个与宪法相抵触的法律是否可以成为国家的法律，这是一个对合众国有着深远意义的问题。""立法机关的权力是被限定的和有限制的，并且这些限制不得被误解或忘却。宪法是成文的。出于什么目的对权力加以限制，又是出于何种目的对这些限制要予以明文规定？假如这些限制随时有可能被所限制者超越，假如这些限制没有约束所限制的人，假如所禁止的行为和允许的行为同样被遵守，则有限政府和无限权力之间的区别就消失了。要么宪法制约任何与之相抵触的立法机关制定的法律，要么立法机关可以以普通法律改变宪法，这是一个显而易见的道理。""在这两种选择之间没有中间道路。宪法要么是优先的至高无二的法律，不得以普通立法改变；要么与普通法法案处于同等的地位，像其他法律一样，立法机关可以随意加以修改。""当然，所有制定成文宪法的人们都是要想制定国家的根本的和最高的法律，因此，一切这种政府的理论必定是与宪法相抵触的立法机关的法案是无效的"。①

但在"马伯里诉麦迪逊"一案中，首席大法官马歇尔对1789年《司法法案》所涉及的联邦最高法院有权发出强制执行令的公职人员范围不仅探讨了国务卿，还涉及了总统。判决书中有这样一句，"最高法院对美国总统拥有管辖权"。② 因为在该案中只涉及作为"公职人员"之一的国务卿詹姆斯·麦迪逊，并不涉及总统杰斐逊，所以这句话对法院的裁决来说完全没有必要，是附带意见。

---

① "Marbury v. Madison", *United States Reports*, vol. 5, 1803, pp. 177 - 178.

② ［美］弗里德里克·肖尔：《像法律人那样思考：法律推理新论》，雷磊译，中国法制出版社2016年版，第61页。"Marbury v. Madison", *United States Reports*, vol. 5, 1803, p. 171.

二、确定判决理由的方法

遵循先例不是遵循先例中的所有陈述语言，而只是具有拘束力的判决理由。从这个意义上讲，从先例找法就是遵循先例中的判决理由。

找寻判决理由是英国和英美法系国家"司法过程的一个特性"。① 确定先例中的判决理由，这是遵循先例找法的关键一环。但如何确立先例中的判决理由，根据法官和研究者的各种论述，大致有如下几种理论方法：

一是正统的理论方法。也被称作"古典理论"②。该法认为判决理由的确定取决于先例的裁决法官，即把先例裁决法官有关法律依据的陈述当作判决理由。正统理论方法的主要代表人物是德夫林法官（Devin J）。他曾这么说过："众所周知，如果一位法官给出了两个判决理由，二者都具有约束力。不允许拣出一个作为较好的理由而对另一个忽略不计；也不能出于这个目的排出哪个第一，哪个第二。但是，作出司法附随意见的惯例也众所周知。一个法官可能经常给出其判决的另外理由，不希望它们成为判决理由的一部分；他也可能不能充分地确信它们是否具有作为先例的全部权威的说服力，而且仍可能希望对它们作出陈述，以使得后来有义务调查同一问题的人将从某些指导开始。这是一个法官自己能够决定的问题，而且任何其后的法官必须通过这些语言而非按照他自己的偏好确定哪一个惯例已经被采纳。"③根据德夫林法官的看法，"判决理由是由判例的一个理由或数个理由组成的，作出该判决的法官希望这个理由或这些理由具有先例的全部权威"。④

二是温伯（Wambaugh）提出的倒置检验方法。这一方法是先假定一法律论点是判决理由，再假定一个意思相反的法律论点，看这样是否会从根本上影响判决结论，如是，则这一假定的法律论点就是判决理由。温伯在一次演讲中，比较详细地描绘了这种检验方法：

> "首先谨慎地架构假定的法律论点。接下来，在这个论点中，让他插入一个与其意思相反的字。然后，让他看看，该法院认为这个新的法律论点是好的，而且如果它被记住，判决是否还能一样。如果答案是肯定的，

---

① ［英］鲁伯特·克罗斯，J·W. 哈里斯：《英国法中的先例》，苗文龙译，北京大学出版社2011年版，第56页。

② ［日］望月礼二朗：《英美法》，郭建，王仲涛译，商务印书馆2005年版，第85页。

③ ［英］鲁伯特·克罗斯，J·W. 哈里斯：《英国法中的先例》，苗文龙译，北京大学出版社2011年版，第48页。

④ ［英］鲁伯特·克罗斯，J·W. 哈里斯：《英国法中的先例》，苗文龙译，北京大学出版社2011年版，第66页。

那么，无论原来的论点多么出色，这个判例都不是这个原来法律论点的先例，但是如果答案是否定的，这个判例就是这个原来法律论点的先例，并且可能也是另外的法律论点的先例。简言之，当一个判例仅是根据一个论点作出时，此判例的法律论点或原则——判决理由，一定是一个一般规则，没有它，此判例一定会判得不同。"①

三是古德哈特提出的确定方法。这一方法认为，如何界定先例中的判决理由和附带意见不是取决于先例中的裁判法官，而是当下案件的裁决法官。这一方法的主要提出人是古德哈特（Goodhart），所以也被称作"古德哈特博士确定判决理由的方法"。②古德哈特博士认为，确定某个判例的判决理由，"最重要在于确定该判例案件的重要事实——判决法官所审理的事实，但是判决法官并不一定在判决中明示哪一事实被认为是最重要的。因此某个判例的重要事实，归根结底是由以后的法官对判例的解释来决定的。判决法官在判决意见中固定了任何的法律规范，这只不过是了解他将哪些事实视为重要事实的重要手段，定式化了的规范并不原封不动的成为判决理由。"③ "后来的法官必须对先前法官的审判意见进行解释的必要性在于，此举可以决定后来的法官需要遵从先例的哪一部分，因而它可以使后来的法官在不违背遵循从先例原则的情况下能够忽略或'稍有念头地解释'部分先例的部分内容。"④

三、判决理由与一般规则和法律原则的关系

从先例中找到的"判决理由"（ratio decidendi）与从制定法中找到的法条是有所区别的。制定法中找到的法条通常是包含一般法律事实及其法律后果的一般规则，但先例中作为"判决理由"（ratio decidendi）只是一个包含具体事实及法律后果的法律陈述。在先例中，"每个法官仅能对他所审理的具体案件宣布法律，而不能像立法机关那样确立普遍性的——与该案件判决无关的——法律。"⑤

制定法是一般规则，其构成要件是"一般事实"加"法律后果"。以中国刑法第 232 条为例，"故意杀人的，处死刑、无期徒刑或者十年以上有期徒刑；

---

① ［英］鲁伯特·克罗斯，J·W. 哈里斯：《英国法中的先例》，苗文龙译，北京大学出版社 2011 年版，第 59 - 60 页。

② ［英］鲁伯特·克罗斯，J·W. 哈里斯：《英国法中的先例》，苗文龙译，北京大学出版社 2011 年版，第 72 页。

③ ［日］望月礼二朗：《英美法》，郭建，王仲涛译，商务印书馆 2005 年版，第 86 - 87 页。

④ ［美］乔治·弗莱彻，史蒂夫·谢泼德：《美国法律基础解读》，李燕译，法律出版社 2008 年版，第 68 页。

⑤ ［日］望月礼二朗：《英美法》，郭建，王仲涛译，商务印书馆 2005 年版，第 86 页。

情节较轻的，处三年以上十年以下有期徒刑"。这里的"故意杀人"是一般事实，它可以涵盖马加爵案中的锤杀、付成励案的刀杀、林森浩案中的毒杀等各种案件中的具体故意杀人事实。所以，在任何一起具体的故意杀人案件中，所依据的法律都可诉诸这一条款。

判决理由是针对个案问题的解决方案，是"狭义的法律规则"，是把"明确具体的法律后果用于明确具体的案件事实的法（precept）"①，是"啮合相当狭窄的行为范畴和规定很狭窄的行为模式的十分具体的决定指南"②。"

制定法是相对固定的、明确的规则，但判决理由是"不具固定的言词形式的规范"（rules not in fixed verbal form）③，它会随着后面的案例而被法官不断修正，作出或宽或窄的限定。在实验性的过程中，判例法的规则不会被视为最后的真理，而被当作可资用的假说，持续不断地在法院这一法律的实验室中接受测试。

从单一先例中找到的判决理由既不是一条一般规则，更不是一项法律原则。判决理由作为由一项包含特定事实与特定法律结果的具体规则，只能是一项法律原则成长的起点。一项法律原则是来自一连串的法律规则，是出自那些判决理由的一般性陈述。单一的法院判决不能形成一项无所不包的法律原则。将单一案件的判决理由作为一般性的法律原则，会导致以偏概全（hasty generalization）的逻辑谬误。对此，著名法学家庞德（Pound）作过如下告诫：

> 你不能单凭单一案件为基础而确定性地建构一项法律原则。要充分证明你已经确实掌握了如此概括性、如此普遍的原则，可以处理在所有类似的问题找到法律推理的权威性起点，那必须经过一段漫长的过程，米勒法官曾称之为司法的排容（judicial inclusion and exclusion）。

某个判决被拿来类比或作为发展一项法律原则的出发点，不同于在特定事实上宣告了一项法律规则的判决。当本案事实与前案相同时，除非有至关重要的理由，否则法官应当遵从前案之判决。但是当它更进一步，努力形成一项法律原则之际，遵循先例原则并不意味着这个试验品在司法的排容过程中，也具有拘束力④。

---

① Roscoe Pound, "Hierarchy of Sources and Forms in Different Systems of Law", *Tulane Law Review*, vol. 7, 1933, p. 482.

② Graham Hughes, "Rules, Policy, and Decision Making", *Yale Law Journal*, vol. 77, 1968, p. 419.

③ ［日］望月礼二朗：《英美法》，郭建，王仲涛译，商务印书馆2005年版，第86页。

④ Roscoe Pound, "Survey of Conference Problems", *The University of Cincinnati Law Review*, vol. 14, 1940, pp. 330－331.

当然，一些先例中的判决理由，有时被认为确立了一项法律原则，如"赖兰兹诉弗莱彻"一案中的判决理由被认为确立了联邦严格责任原则，"马伯里诉麦迪逊"一案中的判决理由被认为是确立了联邦最高法院的违宪审查原则。但需注意的是，这些隐含法律原则特性的判决理由在判决之初只是一个判决理由，它作为一条法律原则是在后来一连串案例的基础上才被归纳成为原则的。以"马伯里诉麦迪逊"一案为例，在该先例之后的几十年里，该案判决理由虽隐含着违宪审查的宪法原则，但一直未被认为确立了一项法律原则，只是在日后多个案件的基础上回头审视时，该案才被视为最先确立了司法审查的原则。

第三节　遵循先例中的具体找法方法

遵循先例作为一种找法方法，从严格遵循意义上讲是一种逻辑上的找法方法。但由于遵循只是一种原则性的找法方法，而不是绝对刚性的找法方法，所以在具体找法过程中有许多变化。

一、严格遵循先例的逻辑方法

遵循先例作为一种原则性的找法方法在不同历史时期与地区的表现形式有所不同，大致说来，可分为宽松的遵循先例原则与严格的遵循先例原则这两种形式。① 严格的遵循先例原则主要存在于 20 世纪上半期的英国，这一时期，所有的法院都要遵循自己以往的判决，所有的低级法院都要遵循上级法院的判决。

严格遵循先例的找法原则源于 19 世纪末上议院的一个判例。1898 年，在伦敦街道有轨电车公司诉伦敦市政会一案中，英国上议院裁定道："本院就法律问题所作的判决是终决性的，而且……除议会法令外，任何规定都不能对本院判决中所被指称的错误情形作出纠正。② 该案表明日后上议院的判决即使是错判，各级法院也都要严格遵循，不能改正，由此确立了最严格的遵循先例形式。之后一直到 1966 年之前，英国包括上议院在内的各级法院都严格执行"遵循先例"原则。

---

① P. S. Atiyah, *Form and Substance in Anglo – American law: a comparative study of legcl reasoning, legal theory, and legal institutions*, Clarendon Press, 1987, p. 118.

② ［美］博登海默：《法理学：法律哲学与法律方法》，邓正来译，中国政法大学出版社 1999 年版，第 542 页。

在严格遵循先例的找法原则之下，从先例中找法就是严格遵循逻辑要求，从先例中找到当下案件的判案依据，即便先例存在明显的错误也要遵循。

但严格遵循先例的找法方法在英美历史上只是一段时期。英美大多数时期采用的是宽松的遵循先例原则。就英国而言，在1966年之后，上议院对这一原则稍微放松。上议院议长加德纳在一份声明中说，"上议员们还是认识到了，过于严格地坚持判例可能会在个别案件的处理上产生不公正的结果，也可能会过分地限制法律的正常发展。因此，……把上议院的裁决看成在通常情况下是有约束力的，但当违背以前的判例是正确的时候，就应抛弃以前的判例。"① 但即便是在1966年声明之后，英国上议院否决自己先例的情形都极为有限，遵循先例的原则仍然较为严格。在美国，18世纪时期法官还较严格地实施遵循先例的原则。但进入19世纪以来，对先例原则的遵循要求有所降低，联邦和各州法院虽然在大多数情况下继续适用"遵循先例"原则，但如果有正当的理由以及社会政策上的特别考虑时，也时常不受先例的拘束，规避或者否决。

可见，宽松的遵循先例原则主要存在于20世纪前的英国与建国以来的美国，在这种宽松的原则下，下级法院在遵循上级法院判决时有一定的自由选择权限，在个别情况下可以不必严格遵循先例。英国现在的遵循先例原则已远远没有20世纪前期那样严格，但比起美国依然要严格得多。

二、遵循先例中的区别与规避方法

现在英美各级法院在一般情况下都遵循先例进行审理。但如果遵循先例显而易见导致司法不公正或出于一些社会政策的考虑，法院会通过区分技术予以规避，或者宣布其无效而不遵循。这就像芒罗·史密斯所说："判例法的规则和原则从来也没有被当作终极真理，而只是作为可资用假说，它们在那些重大的法律实验室——司法法院——中被不断地重复检测。……如果人们感到某个看上去可以适用的、已被接受的规则所产生的结果不公正，就会重新考虑这个规则。……如果一个规则不断造成不公正的结果，那么它就最终将被重新塑造"。②

为了避开先例对现在判决的拘束，法官们通常采用区别方式予以规避。他们尽力找出现行案例与以前判例的区别，哪怕只是微小的差别，以证明该案例与以前的判例不一样，并进而以此为理由进行改判，从而避免了先例的束缚。

---

① ［英］丹宁勋爵：《法律的训诫》，刘庸安等译，法律出版社1999年版，第335~336页。

② ［美］卡多佐：《司法过程的性质》，苏力译，商务印书馆1998年版，第10页。

这就导致先例中的法的效力与权威虽然在表面上没有被否认，但事实上对当下判决不再有拘束力。

除了借助于对案例的区别做法外，法官也可以通过有意搁置先例或漠视先例的做法来规避先例。如在 1975 年"施科奇股份有限公司诉亨宁"（Schorsch GmbH v. Henin）案中，英国上诉法院本应当遵循上院在 1961 年哈瓦那联合铁路公司案这一先例，作出用英国货币支付货款的判决，驳回德国公司根据合同要求英国商行按马克支付货款的诉讼请求。但当时上诉法院假装不知道哈瓦那判例，作出了按合同规定用马克支付的有利于那家德国公司的判决。① 当然，这种有意漠视先例的做法通常被视为是违反法律程序的，上诉法院有关"施科奇股份有限公司诉亨宁"案一案的判决就是这样，该判决一年后被上院否决，认为判决无效。

三、遵循先例原则下的推翻先例方法

同一个法院或上级法院在遇到与以前的判决相同的法律问题时，也可以推翻先前判决，不再遵循先例中的判决理由，直接创造一个新的判决理由作为断案依据。

在英国，只有上级法院才可推翻下级法院的判决，除上议院自 1966 年以后有权推翻自己先前的判决外，其他法院不能推翻自己先前的判决。但上议院否决自身先例的例子十分少见，其中最有代表性的要数 1976 年的"米连格斯诉乔治·弗兰克有限公司"（Miliangos v. George Frank Ltd）案。在该案中，英国上院否决了自己在 1961 年"哈瓦那联合铁路公司"案中的判决，宣布在英国法院只能作出以英镑为货币单位的判决规则无效。

但在美国，联邦最高法院与州最高法院都有权推翻下级法院以及自身先前作出的判决，联邦上诉法院也有权推翻自己先前的判决。美国联邦最高法院否决自己先例的事例也不是太多，但比英国上院更为常见。如在 1941 年的"合众国诉达比木材公司"（United States v. Darby Lumber Co.）案中，联邦最高法院在国会对州际商贸权是否延伸到童工管理问题上，否决 1918 年"汉默尔诉达根哈特"（Hammer v. Dagenhart）案作出的童工不属于生产领域，因而国会无权通过贸易权管理童工的权利的判决，指出这一判决的价值已经穷尽，国会的州际贸易权能够延伸到童工管理。美国联邦上诉法院与英国上诉法院无权否决自身先例的情况不同，它有权推翻自己的先例。如在 20 世纪初一起有关汽车缺陷造成了伤害，制造者是否要对从销售商那里购车的车主承担责任问题

---

① ［英］丹宁勋爵：《法律的训诫》，刘庸安等译，法律出版社 1999 年版，第 346 页。

上，美国联邦第二巡回区上诉法院在 1915 年的"凯迪拉克汽车公司诉约翰逊"（Cadillac Motor Car Co. v. Johnson）一案判决中沿用了传统的缺陷制造者只对直接合同方负责的规则，判定汽车公司不必对间接购买人承担责任，对购买人的诉讼请求不予受理。但该上诉法院不久又推翻了这一判决。

下面再以 1954 年的"布朗诉教育委员会"（Brown v. Board of Education）案为例，说明联邦最高法院推翻 1896 年"普来西诉福格森"（Plessy v. Ferguson）这一先例的运作方式。

"普来西诉福格森"案情如下：1892 年 6 月 7 日，普莱西买了一张从新奥尔良去路易斯安娜州卡文顿的火车票。普莱西的血统中有八分之一是黑人的、八分之七是白人的，按照路易斯安娜州法律，他算一个黑人，应坐"仅供黑人"的火车车厢。普莱西因太累坐在了"仅供白人"的车厢，于是马上被捕并关进新奥尔良监狱。1896 年 5 月 18 日，联邦最高法院发布了有利于路易斯安娜州法律的判决。联邦最高法院认为黑白分厢，两种车厢的设备及条件实体相当，并不构成差别待遇，也无不平等可言；反之，州政府为维持治安及秩序，得行使其警察权，规定黑白分厢。"法律仅仅暗示了白人与有色人种之间在法律上的区别——基于两个种族肤色而形成的区别，这将伴随着白人与其他种族的人肤色差异而长期存在——并没有破坏两个人种之间法律平等的意向。"①联邦最高法院这一判决，建立了一项原则，即所谓"分离而平等"原则。这里必须指出，联邦最高法院所称的平等，并非指设备条件的绝对平等，而是指相对的或实体上的平等，故依此解释，白人有火车坐，黑人也有火车坐，虽然黑人所坐的是木板椅，白人所坐的是沙发椅，也不失为实体上的平等。

自 1896 年确立"分离而平等"的原则之后，这一原则就成为联邦最高法院以下各级法院处理类似案件的最高准则。这一原则不仅用于公共交通工具，同样也适用于公立学校。所以，如果白人子弟有学校，黑人子弟也有学校，虽然两校设备及师资各不相等，仍然解释为并无差别待遇。

"布朗诉教育委员会"涉及的案情如下：琳达·布朗是一位住在堪萨斯州托皮卡的学生，她要到最近的黑人小学要有五英里多距离，很不方便。为此，琳达·布朗尝试取得离她家较近的萨姆纳小学的入学许可（该学校离家里只有几个街区的距离），但遭到托皮卡教育局案的驳回，理由是萨姆纳小学是一个只给白人小孩子读的学校。这一案件上诉到联邦最高法院后，以沃伦为首席

---

① ［美］托马斯·帕克：《开庭：影响人类进程的 115 件世纪大案》，刘璐等译，海潮出版社 2000 年版，第 30 页。

法官的联邦最高法院为推翻这一先例做了如下工作：

第一，因要推翻一个先例，一般需要所有法官意见全体一致，而不是多数一致。所以，沃伦法官积极协调另外八名大法官之间的意见，最后形成了全体一致意见，使得联邦最高法院在本案及其牵涉的法律原则上具有绝对的拘束力。

第二，因遵循先例不需要论证，但不遵循先例则必须提供充分的论证，所以沃伦为首的联邦最高法院为论证方面做了很多工作。鉴于对第 14 条修正案进行目的解释，阐明立法者的原意，或论证"隔离而平等"这一原则本身违反宪法平等保护条款，联邦最高法院很难占据上风。所以，联邦最高法院并未为直接挑战"隔离而平等"原则，而是重点论证"隔离而平等原则"不适用于当下这一涉及公共教育领域的案件。沃伦在判决书中这样写道："因为种族的缘故把儿童与其他同样年龄和同样条件的人隔离开，将会使他们产生一种在团体中地位低下的感觉，这将影响他们的心灵和思想，在某种程度上永远也无法抹去。我们的结论是，'隔离而平等'原则在公共教育领域不应有其位置。隔离教育设施本质上是不平等的。"[①]

在整个的判决书中，联邦最高法院始终未提及"隔离而平等"是否适用于铁路等公共交通领域，而只是论证不适用于该案中的公共教育领域。所以，推翻先例并不是简单地宣布先例的判决理由违法，而是通过确立公共教育领域不适用"隔离而平等"这一判决，改变了先例的发展方向。

四、遵循先例中的发展变通方法

美国法院所遵循的先例最初很多源自英国法，但遵循英国先例的找法方法并不是刚性的。美国法院在司法判决过程中，经常根据本国的地理、经济和其他社会状况，对英国先例中的很多判决理由作出了修订和发展。

例如，英国普通法先例中奉行"先占即先有权"原则，土地占有者对其所占土地和流经其土地内的河流拥有绝对处置权，其他人不能对其加以侵害。而在美国，由于独立后人口的大幅增加和社会商业化程度的迅速提高，"先占即先有权"原则逐渐被修正。1783 年，马萨诸塞州法院在审理"肖里诉戈里尔"一案时，判决除非土地占有者因长期使用土地而确立了土地所有权，否则他不得妨碍新到者为商业目的在流经其土地的河流上修建拦河水坝。纽约州法院在 1805 年的"帕尔默诉马利根"和 1818 年的"普拉特诉约翰逊"案中，

---

① ［美］托马斯·帕克：《开庭：影响人类进程的 115 件世纪大案》，刘璐等译，海潮出版社 2000 年版，第 37 页。

也作了类似判决。

又如关于牲畜损毁农田的归责原则，根据英国普通法先例做法，牧场主必须用围栏圈起他们的牛群，否则，他们必须赔偿牛群给他们邻居的农田所造成的损失。英国这一牛群损害农田责任在其主人的归责原则，是与种植业为主和人口密集的英国地理条件相适应的。但由于美国中西部和西南部以牧业为主的地理条件，却将牛群损害农田责任归于农田的主人，"用围栏圈起"的规则变成了它的反面，即"用围栏挡住"。堪萨斯州最高法院1869年解释说："不动产的所有者，除非他以合法的围栏圈起自己的土地，否则他无法以合理和通常的小心和努力保护自己的财产不受漫游的牛群闯入。"①

再如有关地面贮水侵权的归责原则，英国根据1868年的"赖兰兹诉弗莱彻"案确立了土地所有人要对土地上贮水造成的损害承担严格责任的原则。但在美国得克萨斯州，对于贮水造成的损害，法院拒绝采用英国普通法上所确立的严格责任原则。得克萨斯州最高法院在1936年主张的理由如下：在英国赖兰兹起诉弗莱彻案中确立的原则是，地表贮水是对土地的一种"不自然"使用，因为英国是一个多雨的国家，其间常存的河水和丰富的降水使为正常或一般目的而蓄水变得不必要，在土地上贮水不是一种自然使用，因此，贮水人要对外溢邻地所造成的损害负责。但得克萨斯州的情况与英国是完全不同的，在土地上贮水是一种自然的使用，其原因有二：一是得克萨斯州大部分地区是干旱或半干旱地区，降水量少，特别是西部地区，年降水量仅为25厘米。该地牲畜饮水全靠湖泊、池塘的贮水，如果让贮水人对水的外溢所造成的损害负有严格责任，该州西部的畜牧业便会受到致命的打击。因此，对于干旱少雨的得克萨斯州来说，贮水是一种自然的使用，这不像多雨的英国那样，贮水是一种非自然使用。二是石油是得克萨斯州的支柱产业，得克萨斯州有很多大油田，采油的一个副产品是地下咸水，地下咸水被抽上来后全靠风吹日晒来蒸发，以使其不污染河流。因此，建造水塘或水池来保留咸水是石油产业的一个必要组成部分，是一种自然使用，这种情况也与缺少石油的英国是不同的。所以，为了石油业的顺利发展，不宜让这些贮水者负有严格责任。②

可见，遵循先例并不是意味着严格恪守先例，遵循先例也不是绝对刚性的找法方法。当一个法律规则与社会正义或与社会福利不一致时，高级法院的法官坚持发展的原则，背离先例的束缚去作出一个新的判例也同样是十分必要

---

① ［德］伯恩哈德·格罗斯菲尔德：《比较法的力量与弱点》，孙世彦等译，清华大学出版社2002年版，第128~129页。

② ［德］伯恩哈德·格罗斯菲尔德：《比较法的力量与弱点》，孙世彦等译，清华大学出版社2002年版，第125~126页。

的。"司法过程的最高境界并不是发现法律，而是创造法律"，卡多佐对发展先例的重要性这样写道。"如果一个不合时宜的规则仅仅是因为是先例所确定的而一成不变地恪守，无所作为地表示屈从，那么，法官就实际上是放弃了自己作为法官的责任，是将手捆在了先辈的手上，这样无疑要导致判例法僵化，使先前的判例变成"死人的专制"。①

五、遵循先例中的先例取舍方法

遵循先例过程中除会遇到先例不合理的情况外，有时还会遇到存在两个矛盾的先例情形。在存在两个相互矛盾的"先例"情况下，根据逻辑上的矛盾律要求，只能从两个相互冲突的先例中选择一个作为法律依据，要么遵循时间较早的一个先例，要么遵循时间较近的一个先例。

但到底遵循较早的先例还是最近的先例，法院内部也有一些要求。目前，美国上诉法院"绝大部分上诉法院的规定是，按照遵循先例的原则，取较早的一个（或最早的一个，如果有两个以上矛盾的先例"。但美国各州的规定又有不同。新泽西州上诉法院的规定与联邦上诉法院规定"正好上反，较新的判例法具有强势，压倒较早的判例法，因为较近的判例更能反映时代的变化。"②

六、遵循先例与遵循制定法的融合方法

遵循先例是英美法系国家传统的基本找法方法，除此之外，英美法系国家也从制定法中找法。长期以来，从先例中找法是第一位的，从制定法中找法是第二位的，但进入 20 世纪以后这种情况正在改观。英美法系国家自 20 世纪以来的制定法数量急速增长。在英国，除议会的立法数量不断增加外，委托立法的数量也是剧增，平均每年都超过上千件。在美国现在的很多法律领域中，如税法、社会福利法、环保法、金融证券法和银行法等，制定法已成为一种主要的法律形态。现在在美国一个州制定的法规就与欧洲大陆国家平均制定的法规数量相等，再加上国会制定的联邦法律，其成文法的普及性已相当高。所以，在承认英美法系与大陆法系的找法方法存在明显差异的同时，也必须放眼未来，看到二者差异不断缩小这一时代发展走向。

在从制定法找法变得越来越重要的情况下，英美法系国家也出现了一种将其与从先例中找法融合的案例分析方法，即"IRAC"四步法。"IRAC"四步

---

① ［美］卡多佐：《司法过程的性质》，苏力译，商务印书馆 1998 年版，第 105 页。
② 方鲲鹏：《美国打官司实录》，学林出版社 2010 年版，第 165 页。

法最初由美国的布兰德（Brand）和怀特（White）于 1976 年在法律文书写作中使用，之后的便在英美法系国家得到越来越多的使用。"IRAC"的全称是"Issue，Rule，Application，Conclusion"，是这四个单词缩写首字母的集合。其中"Issue"这一步骤是确定法律问题（Identify Legal Issues）。在之后的"Rule"环节，则是找出相关的法律规则（Find Out the Relevant Rules）。而在这一找法环节，制定法与先例被并列为两个选项。所以，通过"IRAC"四步法的兴起，可以集中反映从制定法中找法与从先例中找法的融合。

第五章

类比推理的方法

英美法系国家长期偏爱类比推理，至今也没有像大陆法系国家那样广泛地适用演绎推理。类比推理是英美法系国家特有的法律推理方式，它体现着英美法系国家法律推理的特色，与大陆法系国家采用的演绎推理存在着巨大差异。

第一节 英美偏爱类比推理的由来

英美法系国家长期偏爱类比推理，根源于法官在普通法的形成和发展过程中发挥了重要作用，是英美司法实践的产物。

在普通法确立之前，英国与欧洲大陆国家适用的主要是日耳曼习惯法，在推理方式上更类似于演绎推理。13 世纪普通法在形成过程中，法官发挥了重大作用，在司法判决中倾向选择先例，这是英美偏重类比推理的历史根源。

类比推理最初是作为遵循先例原则的一个组成部分，随着遵循先例原则与判例汇编制度一起发展起来的。

类比推理与遵循先例原则和判例汇编制度三者在形成时间上难分先后，而是在相互依存中共同发展起来。如果没有判例汇编，判例可能只存在于法官或律师的个人回忆中，带有很大的不确定性，不能构成一个切实可行的判例引用制度的基础。而如果没有遵循先例原则，即便有判例汇编中的大量案例可引，也因其缺乏法律效力而可能被搁置或废弃。而在选择遵循判例汇编中的某一先例作为判决当下案件的依据时，从个案到个案的类比推理就发展起来了。早在 13 世纪普通法确立之初，布雷克顿在《论英格兰的法律与习惯》一书中就这样写道："如果出现任何新的和不寻常的情况，而且以前出现过与之相似的事情，就以同样的方式来裁判该案件"。[①] 这可以作为类比推理较早出现的一个标志。

---

① ［英］鲁伯特·克罗斯，J·W. 哈里斯：《英国法中的先例》，苗文龙译，北京大学出版社2011 年版，第 31 页。

类比推理的实践虽然很早就有，但长期以来，类比推理在司法实务中"有实无名"，一直作为遵循先例原则的组成部分，掩盖在遵循先例的外衣之下，不存在专门的类比推理概念与相关研究。这种情况一直持续到20世纪初。

20世纪美国法学家艾德华·H.列维是较早对类比推理形式作出系统论述的学者，他将类比推理过程分为三步：（1）"提炼出个案之间的相似之处"，（2）"总结出先例中蕴含的相关法则"，（3）"将此相关法则运用于当下的个案之中"。① 美国法学家史蒂文森·J.伯顿也将类比推理分为三个步骤："（1）识别一个权威性的基点或判例；（2）在判例和一个问题案件间识别事实上的相同点和不同点；以及（3）判断是事实上的相同点还是不同点更为重要，并因此决定是依照判例还是区别判例。"② 而美国法学家凯斯·R.孙斯坦则将这一过程分为五个步骤："（1）某种事实模式A（即'源'案例）有某些特征；我们可以把这些特征称作X，Y和Z。（2）事实模式B（即'目标'案例）有特征经X，Y和A或者X，Y，Z和A。（3）A在法律中是以某种方式处理的。（4）在思考A、B及其之间相互关系的过程中建立或发现了一些能够解释为什么那样处理A的原则。（5）因为B与A具有共同之处，B也应当得到同样的处理。③

第二节　类比推理的过程结构

类比推理的过程，大致分为如下两个环节：（1）类比环节。选择与当下案件相似的先例进行比较，确定当下案件与先例是同类还是异类；（2）类推环节。当下案件与先例类同，就将先例的判决理由或附带意见推导到当下案件，当下案件与先例异类，就需要重新寻找先例或创造一个新的先例。

一、比较与归类环节

选择与当下案件相似的先例进行比较，确定是否同类，这是类比推理过程

① ［美］艾德华·H.列维：《法律推理引论》，庄重译，中国政法大学出版社2001年版，第3页。

② ［美］史蒂文森·J.伯顿：《法律和法律推理导论》，张志铭，解兴权译，中国政法大学出版社1998年版，第49页。

③ ［美］凯斯·R.孙斯坦：《法律推理与政治冲突》，金朝武等译，法律出版社2003年版，第77页。

必经的第一步。布莱克斯通做法官时"所做的第一件事就是将他眼前的案件同一些先例加以比较，无论这些先例是贮藏在他的心中还是躲藏在书本中。"①这点也正如美国著名大法官卡多佐所说："这是一个寻求和比较的过程，很少有其他的工作。有些法官甚至在任何案件中都很少超出这一过程。他们对自身职责的理解就是，将自己手上的案件的色彩与摊在他们桌上的样品案件的色彩加以对比。"②

寻找先例和与先例进行比较是一个来回对照的探索过程。在这个过程中，选择当下案件的案情属性不同，最终找到的先例种类和数量就会不同。因为任何当下案件的案情都是独一无二的，与其案情完全相同的先例是不存在的，所谓世界上没有完全相同的两片树叶。对当下案例案情描绘的越丰富越具体，越难据此找到案情相同或相似的先例，可类比的潜在先例就越少；反之，对当下案例事实属性归纳的越单一越抽象，就越容易据此找到相同或相似的先例，可类比的潜在先例就越多。

下面以卡多佐 1916 年审理的"麦克弗森诉别克汽车公司"（Macpherson v. Buick Motor Company）案为例，对先例的数量与种类随着所选比较标准的不同而变化予以简单说明。该案件的案情是别克公司卖了一辆汽车给某个零售商，该零售商又转手卖给了麦克弗森，结果麦克弗森驾车时因一个车轮有质量缺陷而甩出车外受伤。该车轮不是被告别克公司生产的，而是从其他生产厂购入的。但有证据显示，车轮缺陷本可以通过适当的检测发现的，但是别克公司没有检测。③

1. 以别克汽车公司对没有合同关系的第三人造成的损害要不要承担赔偿责任来寻找相同或相似先例，明显找不到直接相关的相似先例。

2. 以汽车公司对没有合同关系的第三人造成的损害要不要承担赔偿责任来寻找相同或相似先例，可以找到 1915 年的相似案例"凯迪拉克汽车公司诉约翰逊"（Cadillac Motor Car Co. v. Johnson）案。

3. 以存在迫在眉睫危险的产品制造商对没有合同关系的第三人造成的损害要不要承担赔偿责任来寻找相同或相似先例，可以找到的先例则有 1905 年的"卡哈纳诉奥迪司电梯公司"（Kahner v. Otis Elevator Co.）等 16 个先例。

至于选择当下案件事实的什么属性与先例进行比较，取决于法官的价值判断。以"麦克弗森诉别克汽车公司"案为例，卡多佐最简单的做法是把别克汽车公司作为一家汽车公司，寻找有无这种汽车公司对没有合同关系的第三人

---

① ［美］卡多佐：《司法过程的性质》，苏力译，商务印书馆 1998 年版，第 7～8 页。

② ［美］卡多佐：《司法过程的性质》，苏力译，商务印书馆 1998 年版，第 8 页。

③ ［美］考夫曼：《卡多佐》，张守东译，法律出版社 2001 年版，第 276 页。

造成的损害要不要承担赔偿责任的相似先例，据此可类比 1915 年的相似案例"凯迪拉克汽车公司诉约翰逊"案。但由于这一先例的判决结果是汽车公司不承担责任，这点并不为卡多佐所认可。所以，卡多佐最终从别克汽车公司案提取了其产品存在迫在眉睫危险这一特征，以存在迫在眉睫危险的产品制造商对没有合同关系的第三人造成的损害要不要承担赔偿责任来寻找相同或相似先例。

律师在案件中选择什么属性去寻找先例进行比较，更能典型地反映价值判断的重要性。律师为了更好地服务于当事人，总是选择对当事人有利的先例进行比较。以 1945 年的"汉娜诉皮尔"（Hannah v. Peel）案为例，在该案中，被告拥有一处房产，但他从未在这所房屋中居住过，军队暂时征用了被告的这所房子，原告作为部队的军官居住在里面。一天在打扫卫生时，原告偶然从窗帘盒的顶端摸到了一个金胸针，于是原告作为财物的捡拾者，被告作为房主就这一胸针的归属问题发生了争议。由于这一案件中同时涉及捡拾者的权利和土地所有人的权利问题，所以原告方与被告方基于价值判断的不同，所主张的先例是不同的。原告方认为该案是一个关于捡拾者的权利优先的案件，跟 1722年的"阿莫里诉德拉米尔"案和 1851 的"布里格斯诉霍克沃斯"案是同类案件。被告方则认为该案是一个关于土地所有人权利优先的案件，跟 1896 年的"南斯塔福德郡水厂诉莎曼"案是同类案件。

可见，在比较与归类环节，具体作出怎样的归类决定，这有待法官、律师的个人判断和论证，取决于他们选择案件事实方面的哪些属性进行类比。类比结果的灵活性和多样性就由此而来。所以，有时看似与当下案件差别很大的先例在司法过程中被看成是相似案件，而有时看似表面相似的案件又可以视为不同案件。

比较与归类环节是类比推理的关键一环，归类结果决定着法律的推理方向与法律的发展方向。选择与哪一先例进行归类，就是选择了哪一先例中的法律，选择了不同的先例，就是选择了不同的法律。英美的判例法就在这种灵活的比较与归类过程中不断向前发展。

二、先例推导环节

当下案件与某一先例被归于同类案件之后，就进入先例推导环节，即将先例的判决理由或附带意见推导到当下案件中，实现同案同法。

（一）同案推导

下面通过英美动产法中有关捡拾权利的两个案例说明同案类推的过程。有关捡拾者的优先权利，最早的和最著名的一个先例是 1722 年的"阿莫里诉德拉米尔"（Armoury v. Delamirie）案。在这起案例中，原告阿莫里是一个清扫烟囱的少年，有一天捡到了一个宝石，拿到被告德拉米尔的金店去鉴定。金店学徒在假装称重量时将宝石取下，告诉他拿来鉴定的东西值 3 个便士，并提出以这一价格收购。阿莫里不同意，要求取回珠宝，金店学徒就把没有宝石的底座还给了他，拒绝归还宝石。原告于是起诉，要求金店赔偿损失。法官在这起案件中判决原告胜诉。法官认为宝石的发现者，虽然没有因为发现就获得对于宝石的绝对财产权，但对于真正所有者以外的任何人都对持有该宝石具有优先权。在真正的所有人无法找到的情况下，原告有权保留此物。可见，在这起案例中，法官确立的判决理由是捡拾者的权利可对抗除所有人之处的其他任何人。

在之后 1851 的"布里格斯诉霍克沃斯"（Bridges v. Hawkesworth）一案，也是一起关系到捡拾者权利的案例。在该案中，原告在被告开的商店里捡到了一个别人丢失的钱包，内有 55 英镑现金。原告将此钱包交给被告，被告为此专门在报纸上登了寻物广告。然而三年过去了，仍然无人认领此钱包。原告这时要求从被告处取回钱包，遭到被告拒绝，原告于是对被告提起诉讼。此案的争议点在于，如果一件财物是在商店里被捡到的，那么是否商店主人的权利应当优于捡拾者的权利？也就是说，这一起案件跟"阿莫里诉德拉米尔"案是不是相同案件？

法院经过类比认为，这两起案件虽然捡拾场所不一样，但都属于公共场所，被告开的商店并不归个人私有，因而这两起案件是相同案件。在确定是相同案件后，法院就把"阿莫里诉德拉米尔"这一先例所确立的判决理由（捡拾者的权利可以对抗除真正的所有权人之外的任何人）推导适用于当下案件中。法院认为，仅仅是财物掉在商店的地面上这一事实不能给予店主任何权利。在捡拾者与店主之间，捡拾者享有优先权，判决原告胜诉。

（二）异案重新归类或另判

如果当下案件与先例被归于异类案件，那就不能将先例中的判决理由适用到当下案例中，而是需要重新寻找先例或创造一个新的先例。

在 1896 年的"南斯塔福德郡水厂诉莎曼"（South Staffordshire Water Company v. Sharman）案中，也涉及捡拾者的权利问题。该案中的被告是一位清洁工，在被原告雇来打扫游泳池时在游泳池底部发现两枚金戒指，这两枚戒指并不为原告所有。被告将这两枚戒指交给警察查找，警察在没找到真正的所有人后又将戒指返还被告。原告对被告持有戒指提出异议，并提起诉讼。被告在庭审中拒绝返还，认为自己作为检拾人，跟 1722 年的"阿莫里诉德拉米尔"案和 1851 年的"布里格斯诉霍克沃斯"案中的捡拾人一样，有权保留这两枚戒指。

对于"南斯塔福德郡水厂诉莎曼"案跟之前两个案件是不是同类案件，法院经过类比后作出了否定性地回答。法院认为，前两起案件捡拾人是在公共场所捡拾到遗失物，但在该案中被告则是在私人拥有和占有的土地上捡拾到的，因而这起案件跟前两起案件不是同类案件，不能将前两起案件中的判决理由适用到该起案件中，不能判决被告胜诉。

最终，法院确立了一个新的判决理由。法院认为，原告私人拥有和占有土地，就可以推出占有土地上的任何附属物品，原告在这里知不知道其土地上有此金戒指并不影响其对戒指的"推定占有"。捡拾者的权利不能对抗土地的所有人与实际占有人。

再如在 1945 年的"汉娜诉皮尔"（Hannah v. Peel）案中，法院经过类比后认为，该案跟"南斯塔福德郡水厂诉莎曼"案虽然表面相似，但因房屋的所有人不是实际占有人，所以是这一先例的一种例外情况，二者实质并不相同，属于异案，所以不能套用土地所有人优先的判决理由。

法院认为，如果土地所有人并不实际占有土地，那么就不能对遗失物的发现者主张优先权。相反，该案跟"阿莫里诉德拉米尔"案和"布里格斯诉霍克沃斯"是同类案件，对于在一个房主从未入住过的房产中捡到的财物，捡拾者享有优先于房主的权利。所以，"阿莫里诉德拉米尔"案和"布里格斯诉霍克沃斯"所确立的捡拾人权利优先这一判决理由又被适用到这起案件中。

三、类比推理与归纳推理的结合

当可供类比的先例不只一个，且存在表面相似与实质相似案例同时存在的复杂情况时，类比推理也经常借助于列举归纳，这在卡多佐 1916 年审理的"麦克弗森诉别克汽车公司"（Macpherson v. Buick Motor Company）案中有典型地体现。

该案件的争议焦点是被告对于无合同关系的第三人的安全是否负有注意责任。在麦克弗森案宣判前，有两类完全不同的归责先例可供类比。一类是制造商不承担责任，除非产品对人身具有"迫在眉睫的危险"。这类案例最近有 1915 年"凯迪拉克汽车公司诉约翰逊"案，最早的有英国 1842 年的"巴特博顿诉赖特"案。另一类是制造商要承担责任。这类案例有 1852 年制造商错贴有毒标识案，1874 年和 1882 年两个脚手架瑕疵案例，1908 年的汽水瓶爆炸案和 1909 年的咖啡壶爆炸案。除了上述两类案件外，还有一些可以类比的相似案件。

为此，卡多佐引述了十六起先例来进行类比分析：

案件一　伟恩贾斯特：制造商错贴有毒标识。

判决：制造商有责任。

案件二　由于制造商的原因造成环型锯中的小平衡轮的缺陷。轮子使用五年后缺陷才出现。

判决：制造商无责任。

案件三　气锅经厂商和物主测试后爆炸。

判决：制造商有责任。

案件四　建造商为油漆商建造应架。应架倒塌时，一名工人受伤。

判决：建造商有责任。

案件五　安装于餐馆的大型咖啡壶爆炸，一名顾客受伤。

判决：制造商有责任。

案件六　汽水瓶爆炸。

判决：制造商有责任。

案件七　建筑商建造了有缺陷的建筑物。

判决：建筑商有责任。

案件八　奥迪斯（Otis）制造了有缺陷的电梯。

判决：制造商有责任。

案件九　建造商安装了有缺陷的绳子。

判决：建造商有责任。

案件十　凯迪拉克生产了一辆有缺陷的汽车。该汽车发生了车祸。

判决：制造商无责任。

案件十一　（重要的英国案件）邮递汽车驾驶员诉承包商。该承包商向邮政局长承诺在一条指定运送皇家邮件的路线上提供良好的维修服务。汽车故障致使驾驶员受伤。

判决：承包商无责任。

案件十二　码头业主在一条船外放置一梯子。船东的仆人受伤。

判决：码头业主有责任。

案件十三　辩方用有缺陷的卡车运送已出售的满车货物。买主的仆人受伤。

判决：卖主有责任。

案件十四　辩方签定维修好一辆敞篷车的合同。

判决：修理人员无责任。

案件十五　车马出租所租出一匹劣马。顾客的一名客人受伤。

判决：马房业主有责任。

案件十六　主人购买一件工具给仆人使用。仆人因有缺陷的工具受伤。

判决：主人无责任。①

经过归纳分析，案件一、五、六、八，都牵涉制造商且制造商承担责任。案件二、三、十牵涉制造商但制造商没有责任。案件四、七、九、十三、十五，有人承担责任但没有牵涉到制造商。案件十一、十四、十六，没有责任也没有牵涉制造商。

卡多佐在列举和归纳了大量相关案例后，经过相关度的论证分析，最后选择与制造商承担责任的一类案例进行类比，并以此作出了别克公司要对合同以外的第三人承担责任的判决。鉴于"麦克弗森诉别克汽车公司"案推理过程中列举和类比同时并用，所以判决结论更富有说服力。

四、类比推理与演绎推理的结合

类比推理与演绎推理需要结合的必要性在于：在类比推理中，随着判例数量的增加，类比的方法会变得越来越不方便；而在演绎推理中，有时也会遇到缺乏一个当下案件法律归类难以判断的问题。所以，有时类比推理也会与演绎推理结合起来使用。

例如在"麦克博伊尔诉合众国"（Mcboyle v. United States）一案中，麦克博伊尔将一架他知道是被人偷来的飞机从伊利诺伊州运到俄克拉荷马州，根据1919 年的一项联邦法律，故意将盗窃的机动车运过州界违法，麦克博伊尔据此受到指控。控辩双方的争议焦点是飞机算不算机动车。根据联邦法律的界定：

> "机动车"一词包括汽车、卡车、运货车、摩托车或其他任何不是设计用来在轨道上运行的、自动推进的车辆。

控方作出了飞机应该归于"机动车"的类比。因为就这项法律的目的而言，它们在法律上与汽车和卡车相同。

在给联邦最高法院的报告中，霍姆斯大法官承认了这一类比的效力。然而，他拒绝维持对麦克博伊尔的有罪判决：

> 仅仅因为我们在表面上可能看似应该适用一种类似的政策，或者推究认为，假如立法机关想到了的话，就很可能使用更广泛的词语，这些并不

---

① ［美］鲁格罗·亚狄瑟：《法律的逻辑》，唐欣伟译，法律出版社 2007 年版，第 121～123 页。

应该使这项法律扩大适用于飞行器。①

最终，霍姆斯拒绝把这项法律的适用扩大到它明显的含义之外，没有通过类比加以扩大。

在之后的"合众国诉理查德·里德"（United States v. Richard C. Reid）案中，也出现了类似飞机是不是机动车辆的问题。

2001年12月22日，美利坚航空公司063航班载着182名乘客和12名机组成员从法国巴黎飞往美国迈阿密。一名叫理查德·里德的恐怖分子试图引爆藏匿在鞋子中的炸弹，与大家同归于尽。由于机组人员和乘客奋不顾身地与歹徒搏斗，才避免了一场巨大悲剧的发生。

美国1993年美国法典第19条有这样的规定："任何人故意……对公共交通、机动车辆进行破坏、使脱轨、点火或使之瘫痪，将被处以20年以内的监禁。"

但对这一规定的内容，里德在辩护中认为，飞机不是公共交通，飞机不是机动车辆。其中，对于飞机是不是机动车辆的问题，由于法律本身没有明确规定，所以里德一方引用《布莱克法律辞典》等几部词典，指出其中有关机动车辆的解释并不包括飞机。除此之外，里德一方还援引了"麦克博伊尔诉合众国"一案中霍姆斯大法官的判决先例，主张机动车辆并不包括飞机。

所以，最终法院判决虽然对里德予以严惩，但其中他主张的飞机不属于机动车辆的主张还是被法庭采纳，没有依据1993年美国法典第19条予以惩处。

五、同一案件中的类比推理

类比推理除了存在于当下案件与先例之间的事实类比与法律类推外，也存在于同一起案件中对事实的类比与法律后果的推导。

下面以1733年的"斯科特诉莎泊德"案（Scott v. Shepherd）为例，说明在同一起案件中，同样是对行为人导致的间接损害后要不要承担侵权责任，司法过程中也会出现不同的事实类比与法律后果类推。

"斯科特诉莎泊德"案情如下：被告莎泊德在1770年10月28日晚点燃了一根由火药制成的爆竹，从街角扔进了一间营业房。那个爆竹先是掉在了叶慈的摊位处，这时旁边站着的威利斯为避免自己与摊主受损，捡起点燃的爆竹扔了出去。扔出去的爆竹又落到瑞奥尔的摊位处，摊主为避免货物受损，又捡起

---

① ［美］史蒂文森·J.伯顿：《法律和法律推理导论》，张志铭，解兴权译，中国政法大学出版社1998年版，第91页。

点燃的爆竹扔到营业房的另一端。在扔的过程中打到了原告斯科特的脸上，并烧伤了原告的一只眼睛。

本案审理法官之一的布莱克斯通在这起案件中作了两种类比：

一是被告的行为不同于"释放一头野兽或者一个疯子之类的案件"，也不同于"引开一头公牛，扔一块石头，或者射向一棵树的箭"，因为在这些情况中，最初的行为尽管改变了方向，但它的危害性是持续的，而本案中爆竹在被两个有理性的行为者改变方向之前，并未造成任何损害。

二是被告的行为类似于"一个人将一个足球踢到了街上，然后经过一个百多人的踢动之后，最后打坏了一个商人的玻璃窗"，第一个踢球人只是给了足球一个错误的方向而已，不应当由第一个踢球人承担后续损失。①

但首席法官戴格雷不同意对扔爆竹这一案例与踢足球进行类比，他认为爆竹的损害是直接的，更像是放开一头野兽使其冲进市场。从而作出被告要承担责任的判决。

再如有关"轮船主对乘客和旅馆主人对旅客"是否负有同样注意义务的问题，在1875年马萨诸塞州的"克拉克诉伯恩"（Clark v. Burns）案中，法官对二者作了义务不同的类比：

"运输业者和旅馆主人的责任尽管相似，却还是有区别的。没有人对同一财产要同时承担两种责任。旅馆主人的责任仅及于保管旅客置于其旅馆的物品，不像运输业者，他们没有房子且仅从事运输商务。作为受雇运送旅客及其财产的被告（轮船主），并不是旅馆主人。运输业者有责任照顾乘客行李，也许还有责任照顾乘客锁在他车厢里的手表。但是如果手表白天戴在乘客手上，晚上放在旅客够得到的地方，无论他是放在身上，放在枕头底下，还是放在他旁边的衣服口袋里，这些并不在运输业者的监管和控制范围内，因此，运输业者没有责任"。

但在1896年纽约州的"亚当斯诉新泽西轮船公司"（Adams v. New Jersey Steamboat Co.）案中，法官因不必遵循马萨诸塞州的先例，所以根据自己的价值判断对二者作了义务相同的类比，适用了相同的责任规则：

"轮船公司和乘客（乘客为了旅行舒适已经购买了特等客舱票）之间的关系同旅馆主人和旅客之间的关系并没有本质的区别。乘客得到房间，并且为此付钱，就如同旅客基于同样的原因付钱给旅馆。运输业者也有同

---

① ［美］乔治·弗莱彻，史蒂夫·谢泼德：《美国法律基础解读》，李燕译，法律出版社2008年版，第19页。

样的欺诈诱惑及抢劫的危险，就像房东一样。轮船在水面上运载乘客，为乘客提供住房及娱乐，从实际用途来讲，这就是个流动的旅馆。因此轮船主对乘客的责任应与旅馆主人相同。没有很好的理由要放弃这个普通法的规则，该规则适用于旅馆主人和乘客之间的关系，公共政策的同样考虑也使这条规则适用于船东和乘客的关系。即使这两种关系并不等同，但是存在着很接近的类比，而必须适用相同的责任规则"。[①]

第三节　类比推理的特点与价值评析

一、类比推理的特点

类比推理不同于归纳推理是从个别到一般，也不同于演绎推理是从一般到个别，类比推理的思维进程方向是由个别到个别。演绎推理与归纳推理是建立在事物之间的类属包含关系上。演绎推理的前提是类，结论是属，前提包含结论。归纳推理的前提是属，结论是类，结论包含前提。但类比推理不是建立在事物之间的类属包含关系基础上，而是基于事物之间的类同对应关系。任何两个案例只要有些共同属性就可以归于一类，就可以把先例中的法律推导到另一案例。借助类比推理，英美判例法被从一个先例推导到下一个先例，从一项特定规则推导到下一项具体规则，不断向前发展。

二、类比推理的价值评析

类比推理是一种相对灵活的推理形式，有助于实现法律发展的灵活性。在演绎推理过程中，一旦案件事实超出了法条所涵盖的范围，有关法律就不能适用到新的案件上。这种灵活性的不足在社会急剧变革的过程中因成文法或法典法的凝结化、结晶化特点而表现得尤其突出。但在类比过程中，基于案件事实的不同属性就可与不同的先例进行类比，并由此获取不同的法律后果，所以从比较意义上更有助于实现法的灵活性。

我国作为制定法国家，司法中适用的都是演绎推理，但借助类比推理可以帮助我们发现目前法律中存在的一些问题与不足。据报道，2005 年 12 月 15 日，一场车祸让年仅 14 岁的重庆江北区某中学女生何源和另外两个同伴离开了人世。一辆大货车将一辆三轮车压在了下面，车上坐着的农村户口的女孩何

---

① 　[美] 鲁格罗·亚狄瑟：《法律的逻辑》，唐欣伟译，法律出版社 2007 年版，第 129 ~ 131 页。

源和另外两个好朋友鲁静莹和邓荞丹被当场轧死。在这起车祸后，是城镇户口的两名女孩家人可以得到 20 万元赔偿，农村户口的女孩家人却被告知只能得到 7 万元的赔偿。这起报道立刻引起了当地对"同命不同价、城乡差别大"的激烈争论。从演绎推理的角度看，三位女孩的赔偿金是完全依据法律规定推出来的，是完全合法的。依据最高人民法院《关于审理人身损害赔偿案件适用法律若干问题的解释》的规定，"死亡赔偿金按照受诉法院所在地上一年度城镇居民人均可支配收入或者农村居民人均纯收入标准，按 20 年计算"为赔偿标准，所以，城镇居民赔的多，农村居民赔的少，具有充分的合法性。但从类比推理的角度看，三个人同一起车祸中被轧死是不容置疑的相同案件，理应在法律上得到相同对待，获得相同的赔款。在出现"同命不同价，同案不同判"的情况下，原有的法律规定是否合理就值得反思。尤其是考虑到随着城市化的推进，大量农村人口进城，原有的城乡分别对待的法律是否需要修正就是一个问题。所以，通过个案比较，借助类比推理，可以帮助我们发现现行法律规定在演绎推理后所带来的一些问题。

借鉴英美类比推理的长处，有助于在司法中更好地实现公平公正。我国目前采用的案例指导制度，就是借鉴英美类比推理长处的典范。案例指导制度的成功之处在于，它是在保留演绎推理的框架下发挥了类比推理的长处。一方面，在案例指导制度之下，指导性案例并不能单独作为判决依据，还需同法条合在一起才能充当裁决的法律依据，这样就保留了我国传统的演绎推理传统。另一方面，在案例指导制度之下，指导性案例作为类比目标，有助于实现同案同判。但我国目前的案例指导制度在借鉴类比推理过程中也出现了一些潜在的问题，亟须关注和提前解决。其中之一是随着目前指导性案例发布的数量不断增多，由此导致的找法成本也会逐渐凸显。在英美以判例作为主要法源的国家，已有成熟的判例汇编制度在控制先例的增量，不仅大量的基层法院判例未被收入判例汇编，即便是像美国联邦上诉法院与州上诉法院的判例汇编，也只是收录了上诉案件的十分之一，其余都被剔除了。因此，我国作为非判例法国家，适当控制指导性案例的增量，探索指导性案例的退出机制也十分必要。

第六章
法律解释与法律拟制的方法

在司法领域，英美法系国家因为悠久的判例法传统，通过类比不司的先例就能实现某种判决结果。因此，英美法官长期不重视对制定法的解释，在法律解释方面通常都严格限定在法规函括的范围以内，一般不采用大陆法系那种宽泛的解释方式。英美法官在法律解释方面表现消极的同时，在法律拟制方面则比较活跃，在 20 世纪之前的司法实践过程中一直把法律拟制当作一种重要的司法方法来用。与此相反，大陆法系国家除罗马时代外主要将法律拟制作为一种立法方法来用。

第一节　法律解释的方法

英美法系国家不仅在制定法的表现形式上与大陆法系国家明显不同，在对制定法的解释方面也存在重大差异。英美法系国家对制定法的解释方式非常狭隘，通常都严格地限定在法规函括的范围以内，一般不采用大陆法系那种宽泛的解释方式，从法典等基础法中衍生出特定法规，或以类推的方式将现有法规适用于未函括的情况。

一、字面解释方法的兴盛与成因

字面解释是指严格按照法律条文字面的通常含义解释法律，既不缩小也不扩大。在 19 世纪，严格的字面解释在英美法律界占据统治地位。法官们仅仅局限在阅读成文法本身中，一字一句地读，一字一句地赋予他们语法上的解释，并仅此而已。法院在法案清晰没有模棱两可时，断定立法者的意图从法律字面上就很清楚，只需按字面解释即可。[①] 一直到 20 世纪 50 年代和 20 世纪早期的美国，这种字面解释还一直盛行。这种狭隘的字面解释的依据在于，解释

---

① James R. Richardson, "Judicial Law Making: Intent of Legislature vs. Literal Interpretation", *Kentucky Law Journal*, vol. 39, 1950, p. 80.

者的职责是使立法者制定的文字内容生效，而不是解释制定者当时的实际意图是什么，所以，即便严格按字面解释的意思正好与法案制定者的本意正好相反也要如此。字面解释方法的长期存在典型地反映了英美法官长期倾向于对制定法作狭隘解释。

英美法系国家所以会采用一种狭隘的制定法解释方式，其根本原因在于英美法系国家的法律渊源是判例法居第一位，制定法居第二位。在英美法系的大部分历史发展时期中，判例法一直处于一种主导地位，是解决法律问题的基本依据，只有在判例法没有涉及或无法有效解决的领域，才通过制定一部法规予以弥补或解决。因此，在相当长的历史时期内，判例法充当了基本法，制定法扮演了补充法角色，法律原则基本都从判例法中发展而来。在英美法系国家，"制定法规就像是在一桶水里放置石头：石头只排除相当于石头重量的水，但是水会立即填满未被石头占据的空间。"① 在这样一种判例法主导的背景下，普通法法官习惯和倾向于从先例中寻找法律规则，他们可以用类推的方式来适用先例，也可用概括的原则从先例中衍生出特殊规定，而一般不会像大陆法系国家那样对制定法进行类推或从基本法中衍生出特定规定。

当然，在普通法发展的早期，也曾有过对制定法进行宽泛解释的做法，频繁地将法规适用于它们不曾明确规定的情形。但随着议会主权的确立，这种宽泛的解释方法被视为一种越权行为。普通法法官认为，如果立法者有意涵括某些规定，就会在制定法中作出明确规定，如果法官有权诉诸宽泛的解释来否弃一项法规，那就会把司法权力置于立法权之上，所以除非极为特殊的情形，英国法官总是倾向于对制定法作狭隘的解释。

二、目的解释方法的兴起

英国在进入 20 世纪后也一直朝着目的解释的方向发展，但直到上诉法院在 1949 年"西福德·考特不动产有限公司诉阿舍尔"（Seaford Court Estates Ltd v. Asher）一案中涉及如何解释《1920 年租赁法》时，从字面解释走向目的解释才迈出了关键一步。

"西福德·考特不动产有限公司诉阿舍尔"一案的案情如下：原告出租一套房间给被告，因为又同意提供热水，所以年租金已从 175 英镑增加到 250 英镑。被告先表示同意支付 250 英镑，后来又想让房租减回到 175 磅。被告无视房东临时提供热水是一种特殊情况，严格按照字面去解释《1920 年出租法》中所规定的房东"责任"，拒绝支付年租金 250 英镑。

---

① ［美］伯纳姆：《英美法导论》，林利芝译，中国政法大学出版社 2003 年版，第 44 页。

主审法官在该案判决中第一次采用了目的解释的方法，开始从议会立法的意图而非字面去解释《1920 年租赁法》，并作出了有利于原告的体现目的解释的如下判决：

为作出判决，本案所提出的问题是：我们是否有权扩大解释"责任"一词的一般含义，以便把我以上所表述的那种可能的责任也包括进去。现在本院已经认为，应该对这一小节不拘字面地进行解释，以便使在立法中形成的带有指导性的原则得以实施。……我认为我们应该这样做。

必须记住，无论一项法律什么时候被提出来考虑，人们都没有能力预见到在实际生活中可能出现的多种多样的情况。即使人们有这种预见能力，也不可能用没有任何歧义的措辞把这些情况都包括进去。英语不是精确的数学工具，如果是的话，我们的文化就太可怜了。正是在这一点上，议会的法律起草人经常受到不公正的批评。一个认为自己要受"只应该注意法律的语言，而不要管别的东西"这种假想的规则约束的法官，往往抱怨起草人没有为这种或那种情况作出相应的规定；或者认为起草人写了某些可以作多种解释的话是有罪的。如果现有的法律暴露了缺点，法官不能又起手来责备起草人，他必须开始完成找出议会意图的建设性的任务。他不仅必须从成文法的语言方面去做这项工作，而且要从考虑产生它的社会条件和通过它要去除的危害方面去做这项工作。然后，他必须对法律的文字进行补充，以便给立法机构的意图以"力量和生命"。以上这些，已经在海顿案例中十分清楚地被法官的判决确立起来了，在今天，这些也是最可靠的指导。……我想做个简单的比喻，就是，法官应该向自己提出这么个问题：如果立法者自己偶然遇到法律织物上的这种皱折，他们会怎样把它弄平呢？很简单，法官必须像立法者们那样去做。一个法官绝不可以改变法律织物的编织材料，但是他可以，也应该把皱褶熨平。

用这种方法处理这个案件，我不禁感到立法机构还没有专门想到我们在这里已经想到了的可能的责任问题。如果立法机构想到了，它会不把可能的责任与实际的责任放到同等地位吗？我认为，它会把它们同等看待。在房屋条件发生了变化，致使房东增加了实际的法律责任时，它会允许增加租金。①

该判决之后有关目的解释的运用虽然在法院还遭受过阻碍，但朝向目的解释的发展方向已无法阻止了。20 世纪 70 年代之后，目的解释已开始取代字面

---

① ［英］丹宁勋爵：《法律的训诫》，刘庸安等译，法律出版社 1999 年版，第 12～14 页。

解释成为对制定法解释的主流。上诉法院法官丹宁勋爵的下面一段论述可清晰地反映这一点：

> "这种从字面上解释法律的方法现在完全过时了，它已经被迪普洛克勋爵所说的'探求意图的方法'取代……现在在所有的案件中，在解释法律时，我们采用会'促使立法的总目的的实现'的方法，而立法的总目的是构成法律条文的基础。法官们再也不用绞着手指说：'对此我们毫无办法'了。不管对法律进行严格的解释在什么时候造成了荒谬和不公正的情况，法官们可以、也应该以他们的善意去弥补它，如果需要，就在法律的文句中加进公正的解释，去做议会本来去做的事，想到他们本来要想到的情况。"①

美国历史上有一段时期也像英国一样，对制定法的解释十分严格，过分拘泥于字面解释。但严格按照字面来解释法律有时的确会带来十分荒谬的后果，跟法律制定者的本意背道而驰。这在 1934 年的"哥耶"案（State v. Goyette）中就有典型体现。在该案中，堪萨斯州试图没收一辆被偷来运营的运酒车辆，车辆主人是完全无辜的。但根据州法，"任何机动车辆在州内运酒可由此公示为一种妨碍公共利益行为，州可根据制定的程序予以没收"，严格遵循字面解释就意味着无辜车主的汽车将被没收，这明显与立法意图是相悖的。

现在，美国已经采取了一种比较自由和开明的解释态度，比英国宽松了许多，可以不必完全拘泥于字面含义，更多地按制定法的目的进行解释。在一项制定法原文含义含糊的地方，通过查阅当年国会在各个阶段议事录，如议员的辩论，来断定该项立法的实际意图。如果立法意图在记录中表达得相当清楚，能够很明确地辨别出来，法官就可以此作指导来适用法律。②

由于美国制定法的解释方法近一个世纪以来一直朝着侧重目的解释方向发展，所以越来越呈现出一种类似于欧洲大陆国家对制定法进行宽泛解释的趋势。美国著名法学家庞德甚至早在 20 世纪初就勇敢地预言，美国最终会采纳类似大陆法系国家的法律解释方法。③ 但就目前而言，美国法院通常禁止对制定法作出类推，其法律解释方法依然带有显著的狭隘解释特征。

---

① ［英］丹宁勋爵：《法律的训诫》，刘庸安等译，法律出版社 1999 年版，第 18～19 页。

② James R. Richardson, "Judicial Law Making: Intent of Legislature vs. Literal Interpretation", *Kentucky Law Journal*, vol. 39, 1950, p. 81.

③ ［美］博登海默：《法理学：法律哲学与法律方法》，邓正来译，中国政法大学出版社 1999 年版，第 533 页。

第二节　法律拟制的方法

法律拟制（legal fiction）是司法或立法领域中的一种法律方法，它是为了实现某一法律目的，明确地将一个事实假定为另一个事实，却不容许任何人加以反驳的法律方法。司法拟制在人类社会早期曾普遍存在，英美法系国家与大陆法系国家概不例外，但进入 19 世纪以后，这些司法拟制基本成为历史遗迹。现在，大陆法系国家只是偶尔把拟制作为立法的辅助方法来用，但英美法系国家的司法实践中仍能发现拟制的存在。

一、法律拟制的含义

法律拟制的英文是"legal fiction"，其中"fiction"在拉丁文中为"fictio"，汉语译作"拟制"。法律拟制的运用历史悠久，但直到 18 世纪后期才出现理论上的论述。其中，19 世纪与 20 世纪早期，法律拟制受到的关注和探讨最多，一度成为一个热点话题。这些理论论述是理解和把握法律拟制含义的重要基础，现就一些重要的论述分别予以介绍。

英国法学家布莱克斯通是较早对法律拟制进行阐述的法学家，他在《英国法释义》第三册中有多处对法律拟制做过论述。布莱克斯通认为法律拟制属于过去，是一种重要的法律变革工具，并为此做过这样一个比喻："我们继承了一座古老的建造于骑士时代的哥特式城堡，要把它装修成为现代的居所。这种护城河式的壕沟，边缘呈锥形的塔楼以及用战利品装饰的大厅，虽壮丽庄严却一无所用。这种差强人意的房子现在改装成便利房间，虽方法曲折和困难却令人愉快和敞亮。"①

英国功利主义学说创始人边沁在 1928 年为《政府片论》写的第二篇序言中，对法律拟制作了一个比较明确的界定。他说："法律拟制可以界定为——一种故意的谎言，目标是窃取立法权力，通过各种不能和不敢公开声明的手段——而且这种欺骗要不这样设置，就不能实施。"② 这样，正是通过这种谎言对立法的篡夺，法律拟制每次就建立、实施和确立起来了。

英国历史法学派代表人物梅因在《古代法》第二章中对法律拟制进行了

---

① W. Blackstone, *Commentaries on the laws of England*, vol Ⅲ, University Of Chicago Press, 1979, p. 268.

② Jeremy Bentham, *The Works of Jeremy Bentham*, vol. 1, John Bowring ed. , William Tait, 1843, p. 243.

专门集中的论述。梅因对拟制的很多观点与布莱克斯通非常接近。布莱克斯通曾提出过法律拟制属于过去，梅因在这一点上也持有相同的观点。对于法律拟制的含义，梅因是这样说的："我在应用'拟制'这个字时，其含意比英国法学家习用的意义要广泛一些，比罗马的'拟制'（fictiones）则要广泛得多。'拟制'（fictio）在旧罗马法中，恰当地讲，是一个辩诉的名词，表示原告一方的虚伪证言是不准被告反驳的；例如原告实际上是一个外国人而提出他是一个罗马公民的证言。这种"拟制"的目的，当然是为了给予审判权……但我现在应用'法律拟制'这一个用语，是要用以表示掩盖、或目的在掩盖一条法律规定已经发生变化这事实的任何假定，其时法律的文字并没有被改变，但其运用则已发生了变化。"①

20 世纪以来其他学者也对法律拟制做过零散论述。美国法学家庞德将法律拟制作了一种非常广义的解释，认为法律拟制是由立法中的拟制、衡平法中的拟制与自然法中的拟制组成。在 1907 年的《虚假解释》一文中，他借用奥斯丁对解释的分类，认为法律拟制是有别于"真正解释"的"虚假解释"，它的动机是高尚的，是为了发现立法试图制定的规则，制定规则时的意图，但实际目标却不仅是发现，而是制订或不制订或重新制订法律，所以本质上"是一种立法过程"。② 庞德在该文中还把法律拟制分为"一般拟制"与"特别拟制"。他说：如果我们通过法律从过去成长起来的方式狭义地去看拟制，可以把它分为一般拟制或狭义拟制，一般拟制是能使一般程序或一般原则得以成长起来的拟制，特别拟制或特殊拟制是一种能使新的规则从某些特定案例中成长起来的拟制。③

美国法学家格雷在《法律的性质和渊源》一书中，借用耶林的分类体系把法律拟制划分为"历史拟制"和"独断拟制"。"历史拟制是在不改变旧法形式的情况下，为其增添新法的方式。"独断拟制并非像历史拟制那般在旧法的掩饰下大兴新法，而是在最为常见的形式中安插已经建立并获得认可的原理"。④

20 世纪对法律拟制作出最全面深入论述的当属美国法学家富勒。在 1930～1931 年，他先后写了三篇论文，题目就叫《法律拟制》，而后在 1967 年由斯坦福大学以书的形式出版，这是到目前为止有关法律拟制最为翔实的论

---

① ［英］梅因：《古代法》，沈景一译，商务印书馆 1959 年版，第 12 页。

② Roscoe Pound, "Spurious Interpretation", *Columbia Law Review*, vol. 7, 1907, pp. 381—382.

③ Roscoe Pound, "Spurious Interpretation", *Columbia Law Review*, vol. 7, 1907, p. 383.

④ ［美］约翰·奇普曼·格雷：《法律的性质与渊源》，马驰译，中国政法大学出版社 2012 年版，第 27、32 页。

述。其中，在第一篇论文中，富勒详细论述与界定了什么是拟制。

富勒在对拟制进行正面界定之前，首先从反面界定了拟制不是什么。他对此先后提出了三点：其一，"拟制不同于慌言"。拟制和谎言都是虚假事实，区别在于"拟制无意欺骗，且不欺骗任何人"①。其二，"拟制不同于错误的结论"。拟制和错误的结论比较，"拟制者知悉在运用错误，拟制是一种权宜之计，是一种明知的虚假的假定"。② 其三，"拟制不同于真理"，拟制只是在某种程度上非常像是朴素的真理。基于以上两点，富勒从正面对拟制作出初步界定：拟制"要么是提出一项完全或部分意识到其虚假的声明，要么是基于功用而承认的一项虚假声明。"③ 基于第三点，富勒认为拟制经常是表达真理的比喻方式。④ 在对拟制作了上述三点界定后，富勒又对拟制作了第四点界定，"拟制是一种语言现象"。富勒认为，拟制是一种被忽视了的"语言疾病"。一个被其作者与听众都不能相信的声明能有一些重要价值，这足以证明名称和符号能够带来不可思议的影响。从此意义上讲，"拟制是一种语言现象"。⑤ 从语言现象上去界定拟制，这是富勒对拟制最为独到的看法。

20 世纪以来大陆法系国家也对法律拟制有一些论述。德国法学家拉伦茨认为，法学上的拟制，是"有意地将明知为不同者，等同视之"，其目标在于"将针对一构成要件（T1）所作的规定，适用于另一构成要件（T2）"。⑤ 德国法学家考夫曼认为："拟制的本质是一种类推：在一个已证明为重要的观点之下，对不同事物相同处理，或者我们也可以说，是在一个以某种关系为标准的相同性中（关系相同性，关系统一性），对不同事物相同处理。"⑦ 日本法学家筛仓秀夫认为："所谓拟制，虽然 B 实际上不同于 A，但二者之间具有许多方面的类似性（本质的类似性），而将 B 等同于 A。因而，在拟制中存在着，A与 B 相异的意识以及 A 与 B 之间的本质的类似性是非常重要的意识。"⑧

我国对法律拟制有较全面研究的的是卢鹏。他认为拟制是指一种法律上的不容反驳的推定或假定，是一个"不可推翻的推定""一个善意的错误""一个法律的假定""一个超现实的虚构"。这种超现实的虚构主要发生在以下三个层面：第一，拟制是法律实现层面的一种决断性虚构；第二，拟制是法律制

---

① L. Fuller, "legal fictions", *Illinols Law Review*, vol. 25, 1930, pp. 366 – 367.
② L. Fuller, "legal fictions", *Illinols Law Review*, vol. 25, 1930, p. 368.
③ L. Fuller, "legal fictions", *Illinols Law Review*, vol. 25, 1930, p. 369.
④ L. Fuller, "legal fictions", *Illinols Law Review*, vol. 25, 1930, p. 370.
⑤ L. Fuller, "legal fictions", *Illinols Law Review*, vol. 25, 1930, p. 371.
⑥ ［德］卡尔·拉伦茨:《法学方法论》，陈爱娥译，商务印书馆 2003 年版，第 142 页。
⑦ ［德］考夫曼:《类推与事物本质》，吴从周译，学林文化事业有限公司 1999 年版，第 59 页。
⑧ ［日］筛仓秀夫:《法哲学讲义》，东京大学出版社 2002 年版，第 419 页。

度形成层面的一种决断性虚构；第三，拟制是制度解释层面的一种决断性虚构。[①]

通过分析以上学者对法律拟制的理论论述，可以看出对于什么是拟制各法学家在整体上并没有达成一致，但在有些方面则存在共识。这正如一国外学者所总结的，他们"在'程序上的'法律拟制方面没有争议"。"程序上的法律拟制是一种事实上的错误假定，它不容置疑，通常被用于扩大司法权"，这是对法律拟制的"狭义上的和经典的界定"。[②] 我们如果再结合法律拟制的目的，则可以对其含义作出如下界定：法律拟制是为了实现某一法律目的，明确地将一个事实假定为另一个事实，却不容许任何人加以反驳的法律方法。

二、法律拟制方法的司法运用

（一）具体运用案例

法律拟制在司法中的运用有悠久的历史，早在罗马法时代就开始大量运用，拟诉弃权就是其中比较典型的法律拟制运用。后来，随着罗马法的复兴和法典体系的确立，大陆法系国家在司法中的拟制运用就极为少见了。但在英美法系国家，由于长期以来法官在法律发展中发挥着重要作用，所以，在司法中运用法律拟制的做法一直存在，只是19世纪以后相关的拟制做法越来越少，以致都很难发现它的存在。

英国早期的几个重要法律拟制是与司法管辖权的争夺联系在一起的，这集中体现在王座法院创制的米德尔塞克斯令（Bill of Middlesex）和财政法院创制的克敏诺斯令状（Writ of Quominus）。

1066年诺曼征服后，英国建立了前所未有的中央集权制度，作为这种集权的副产品，英国的司法管辖权从地方法院向国王法院转移。随着国王司法管辖权的扩大，国王法院分化为三个专职中央法院：普通诉讼法院（Court of Common Pleas）、王座法院（Court of King's Bench）和财政法院（Court of Exchequer）。普通诉讼法院主要审理普通人之间的民事诉讼，通过令状制度从封建地方法院获取了绝大多数民事案件的管辖权，是三个专职法院中最繁忙、管辖范围最广和最重要的中央法院。王座法院所管辖的主要是刑事案件和与国王利益有关的民事案件。财政法院主要受理财务纠纷案件。

王座法院在中央法院中的地位最高，但民事案件的管辖权范围却极为有限。王座法院所能受理的人身损害赔偿案件最初只限于这种情况：被告正好被

---

① 卢鹏：《拟制问题研究》，上海人民出版社2009年版，第21～24页。

② Louise Harmon, "Falling off the vine: legal fictions and the doctrine of substituted judgment", *Yale Law Journal*, Vol. 100, 1990, p. 2.

王座法院监禁在米德尔塞克斯郡的马沙尔斯候审。这时原告无需大法官令状就可在王座法院向被告起诉，因为被告是处在王座法院的控制之下。为了从普通诉讼法院中争夺普通民事案件的管辖权，王座法院创制了米德尔塞克斯令。米德尔塞克斯令实质上是一种司法令状，它是由法官向司法行政官（郡长）发出，指令后者执行某种命令，并在完成后向法官汇报。米德尔塞克斯令上一般只盖法院印章，不同于大法官（Chancery）发出的盖有国玺的起始令状（original writ）。米德尔塞克斯令由法院的院长发出，只适用于法院所在郡的居民，只能对抗或起诉在本郡监押的嫌疑犯。王座法院所在的威斯敏斯特地区属于米德尔塞克斯郡，因而米德尔塞克斯令就是王座法院院长向米德尔塞克斯郡长发出的司法令。米德尔塞克斯令相对于一般令状对当事人有四个方面优点：一是可以加快诉讼进程；二是不用花钱购买；三是使用更加灵活；四是不像令状那样需要高级律师方可出庭辩护，节省了高额的律师费用。

王座法院利用米德尔塞克斯令进行了如下拟制：对于原告和被告之间的人身损害纠纷，为了能在王座法院审理，首先假定被告在米德尔塞克斯郡有非法侵害行为（trespass），指令米德尔塞克斯郡长逮捕被告，监禁在马沙尔斯；如果被告实际在另外一个郡，法院然后又假定被告从米德尔塞克斯郡逃到该郡，可指令被告实际所在郡的郡长逮捕他，收监于马沙尔斯。通过米德尔塞克斯令的拟制，原告就可以以任何人身损害为由来起诉被告了。随着时间的推移，王座法院借助这种拟制获得了所有这种针对人身的诉讼案件管辖权，并一直持续了好多世纪。[①]

三大中央法院中的财政法院对普通债务的管辖权同样也是通过法律拟制实现的。财政法院的前身是财务署，后来在分化后的"上财务署"基础上发展而来。财政法院审理的案件最初仅限于国王政府与纳税人、债权人、债务人之间，国王与政府财政管理人员之间的财政纠纷案件，不能审理普通人之间的债务纠纷案件。

为了扩大司法管辖权，财政法院通过克敏诺斯令状进行了法律拟制：根据这一令状，原告声称他是国王的承租人或债务人，因被告对他的损害，使他没有足够的能力交付国王租金或归还国王债务，由此，被告可能被逮捕。[②] 通过这样一种将原告作为国王承租人或债务人的拟制，原被告之间的诉讼纠纷就可被纳入财政法院审理范围之内。

---

① W. Blackstone, *Commentaries on the laws of England*, vol. Ⅲ, University of Chicago Press, 1979, p. 42.

② W. Blackstone, *Commentaries on the laws of England*, vol. Ⅲ, University of Chicago Press, 1979, p. 268.

在土地法领域，英国历史上也存在大量对拟制的使用，其中最典型的就是"侵占承租地令状"适用中的各种拟制，被广泛用于解决土地保有权的纠纷。

普通法早期对土地制度的保护主要是不动产诉讼程序，当时这种诉讼程序只适用于自由保有制地产，大量的不自由保有制和短期租赁保有制被排除在外。当时租赁关系中的承租人唯一的救济手段就是依据"违约令状"（writ of convenant）起诉出租人，承租人对土地的占有事实没有得到法律的认可，这种基于契约关系的权利无法对抗第三人。1235 年，布拉克顿的管家威廉·拉尔夫（William Raleigh）借鉴监护人保护制度设计发明了"租期内逐出承租人令状"（quare eiecit terminum）。依据此令状，承租人可以起诉侵占土地的人，请求返还土地。爱德华二世在位期间（1307—1327），为了规范不断发展的土地租赁关系，普通法法院借鉴当时广泛应用的直接侵害之诉，扩大"租期内逐出承租人令状"的适用范围，创制了"侵占承租地令状"（trepass de ejectione firmae）。① 到 16 世纪，王座法院在"热内斯诉史密斯"（Gernes v. Smyth）一案中首次判定以"侵占承租地令状"起诉的承租人不仅可以获得损害赔偿，而且可以请求返还土地，从而使它具有类似传统不动产诉讼程序的功能。

"侵占承租地令状"起初只适用于租赁关系中的当事人，并不能直接适用于土地保有人之间的土地纠纷。但对于自由保有人而言，相比于旧的不动产诉讼程序给他们带来的不便，在他们寻求实际恢复土地时，承租人的法律地位无疑让他们羡慕。他们很快就在自己和承租人之间进行比较。在此后的两个世纪里，他们便借助这一程序用于自己的土地诉讼。早在 16 世纪 60 年代，土地自由保有人为了利用这种诉讼，设计将土地出租给自己的朋友或律师，由后者以承租人身份提起"侵占承租地令状"，胜诉后再将土地交给自由保有人。到 16 世纪 70 年代，这种做法已经十分普遍。克伦威尔父子统治时期，前身是王座法院的高等法院首席大法官罗利（Rolle）为了扩大"侵占承租地令状"的适用范围，拟制了两个事实上并不存在的承租人土地诉讼，即"Doe v. Roe"程序。

这一拟制的具体过程如下：在实际的 A 诉 B 占有自己的自由保有土地诉讼中，先假定 A 将土地出租给了"John Doe"（虚拟原告），再假称"John Doe"依照租约进占土地时却遭到另一个承租人"Richard Roe"（虚拟被告）的驱逐，最后假定"Doe v. Roe"（虚拟诉讼）。真实的被告 B 为防止"Roe"败诉影响到自己的土地权益，便愿意承担承租人"Roe"的诉讼费用和代为出庭答辩。这样，整个案件就实际变成了承租人"Doe"根据原告 A 的出租起诉

① 咸鸿昌：《英国土地法律史——以保有权为视角的考察》，北京大学出版社 2009 年版，第 257 页。

"Roe"的出租人 B。

通过对"侵占承租地令状"的这种"Doe v. Roe"程序拟制，原告只需要安排两个实际上根本就不存在的名义原告"Doe"和名义被告"Roe"，就可以发起对真实被告的起诉。这种拟制程序看似十分复杂，但"像操纵木偶的魔术师，通过一系列的虚拟设计安排诉讼的各个角色，避免了采取实际行为的麻烦，无疑节省了大量时间"。① 相比不动产诉讼程序的拖沓和复杂，"侵占承租地令状"已经十分简捷和便利。这种程序兴起后，迅速取代了不动产诉讼程序，在此后三百年的时间内成为解决土地保有权争端的主要诉讼形式。

在英国刑法领域，对世俗人士的"教士特惠权"拟制也是一个典型的法律拟制事例。

"教士特惠权"最初是王权与教权斗争的产物。诺曼征服前，英国没有建立独立的教会法院。威廉一世当政期间，禁止百户区法院受理宗教案件，独立的教会法院才得以产生。1164 年亨利二世颁布的《克拉灵顿诏令》规定教会的民事案件和重罪案件均由世俗法院审理，遭到了时任坎特伯雷大主教贝克特的极力反对。后来贝克特被亨利二世手下的武士杀害，英国王权和罗马教廷之间的矛盾十分激烈。亨利二世为了缓和矛盾，主动让步，同意犯重罪的教士只能由教会法院审判，这就是"教士特惠权"的起源。"教士特惠权"规定犯有重罪的教士必须先移交到教会法院审理，即使教会法院认定有罪，也只是开除教籍。只有被开除教籍后再次犯罪，才会受到世俗法院的审理。判断教士的标准起初十分严格，教士要削发，穿着教士服饰。

18 世纪英国的刑法十分严厉，以当时的《狩猎法》为例，法律对偷猎行为规定了严厉的刑罚措施，甚至等同叛国罪。有偷猎者只是射杀了一头鹿而被依法处以死刑。为了缓和刑罚的严酷性，使部分世俗民众摆脱严厉的刑罚处罚，法官把拟制用到教士身份的认定中来。法院采用读写能力检测法，即让嫌犯朗诵一段圣经中的赞美诗，通常是圣经诗篇第 51 章：Miserere mei, Deus, secundum misericordiam tuam（O God, have mercy upon me, according to thine heartfelt mercifulness）。这种只有几个简单单词组成的赞美诗，不识字的人也能事先背会。标准的降低使得世俗人士也可以享受到这种特惠，许多犯重罪的世俗人士转投到教会法院，背诵一段圣经赞美诗，通过被认定为教士而逃避世俗法院严酷的刑罚。

在英美民事实体权利领域，源自英国的"代替判断原则"（doctrine of

---

① 咸鸿昌：《英国土地法律史——以保有权为视角的考察》，北京大学出版社 2009 年版，第 276 页。

substituted judgement）也是一个重要的法律拟制事例。这一拟制是指在案件中涉及无民事行为能力人或限制民事行为能力人利益时，由法官代替他作出判断决定，并宣称这是当事人的意图。

根据中世纪的普通法，精神上无行为能力的人分为两类：白痴（idiot）和精神病人（lunatic）。白痴是指天生精神缺陷；精神病人是指曾经是正常人后来丧失了行为能力。早期普通法是将国王视为白痴土地财产的看管人，国王可以收取土地产生的收益，但要保证土地财产不被遗弃和破坏。等白痴死亡后，负责将财产归还其继承人。但国王却不能用这样的方式来对待精神病人，因为英国法律认为精神病人总是有恢复为正常人的可能。国王不仅要保证精神病人财产不被遗弃和破坏，还要帮其打理土地财产，保证财产增值或至少不会贬值。财产或收益还要作为家庭供养和生活费用发放给精神病人。如果精神病人恢复为正常人，那么土地还要返还给他；如果精神病人死亡，那么要将其财产返还给其继承人。

后来随着衡平法院的兴起，国王将这一权力授权给了衡平法院，负责保管全国精神缺陷人的财产。1816年埃尔登大法官（Lord Eldon）在位时，他命令助理（Master）调查一位叫黑英德（Hinde）精神病人的土地财产和家庭直系亲属关系，以决定是否要增加生活费用。经过调查，助理在报告中认为应将费用从1200英镑提高到2000英镑，同时建议将财产的部分收益分发给黑英德的直系亲属（实际并未查出有哪些亲属）。在埃尔登准备草拟命令时，一位声称是精神病人的侄女提交了一份请愿书，认为助理的分配不公平，实际上是想多索取钱财。虽然大法官授权管理精神病人的土地财产，但他并无权处分这些财产。因为依据当时的法律规定，财产所有权是属个人自由拥有，公权力机关无权干涉。衡平法院对精神病人财产仅是一种管理和分发生活费用的行为，无权处分财产收益。

为了解决这一问题，大法官在审判过程中使用了法律拟制。埃尔登宣称将钱分给侄女可能也是精神病人正想要做的，因为他肯定不愿意看到自己的亲属沦为乞丐而让自己蒙羞。在判决书中，大法官这样写道："我们发现并非因为当事人是精神病人的亲属而有权利得到分配额，而是因为法院为了精神病人的利益将无法拒绝，法院的做法很有可能是精神病人自己将会那么做的。"① 在这一案例中，大法官为了满足精神病人亲属的需求，通过法律拟制代替精神病人作出价值判断，将精神病人无法预知的行为假定为法官代替其作出的行为，

---

① Louise Harmon，"Falling off the vine：legal fictions and the doctrine of substituted judgment"，*Yale Law Journal*，Vol. 100，1990，p. 22.

从而实现期望的法律效果。这一案件就是"代替判断原则"的起源。

1844 年，这种"代替判断原则"的拟制做法传到美国，并在之后将拟制范围不断拓展。在 1939 年的"沈曼诉曼宁"（Sheneman v. Manring）一案中，一位独自生活的 88 岁高龄老人虽拥有 45000 美元的家产，但其护工拒绝支付老人女儿每月 50 美元作为对其的扶持。法院在判决中进一步发展了这一"代替判断原则"，认为老人应当是一个"正常父亲"（normal father），应该会爱护自己的女儿，最后判决护工要从老人财产中拿出部分给予他女儿用。通过这一案例，"代替判断原则"的拟制将适用范围从精神病人扩展至高龄老人。①

在 1969 年的"斯特伦克诉斯特伦克"（Strunk v. Strunk）一案中，汤米·斯特伦克（Tommy Strun）是杰里·斯特伦克（Jerry Strunk）的哥哥，因患病需要换肾，弟弟经医院检查与哥哥的肾刚好配对。但弟弟是名白痴，智商仅有35，所以作为监护人的妈妈向地方郡法院提出申请，要求授权从汤米·斯特伦克身上取肾。

法院认为，"在这一案例这种特殊情况下，取肾不仅对汤米有益，对杰里也有益。因为无论是在感情上还是心理上杰里对汤米都有很大的依赖，失去汤米比取掉一个肾会更危及杰里的身体健康"②。经过"代替判断原则"这种法律拟制，这种原本用于精神病人的法律拟制，现在又拓展到无民事行为能力的白痴上面。

在美国侵权法领域，也还存在一个比较有名的"充满诱惑力的滋扰"（attractive nuisance）的法律拟制。这一拟制假定当儿童进入存在危险状况的场所时，他并不是非法入侵者，而是被邀请者。最早采用这一法律拟制的司法案例是 1875 年的"凯啡诉密尔沃基与圣保罗铁路公司"（Keffe v. Milwaukee & St. Paul R. Co.）案。

在该案中，原告是一名仅有 7 岁的小男孩，他被被告铁路公司设在铁路上的转车台吸引而进入转台所存放的地方玩耍。由于被告的转台未加任何安全防范措施，原告在玩耍时，其脚被转台夹住，受到伤害，最后不得不截肢。原告为此向法院起诉，要求被告承担侵权责任。

对于如何判定铁路公司对那些出于好奇或好玩而进入铁路公司区域而受伤的小孩是否负责，法院面临着如下困境：一方面，孩子在没有得到主人允许下进入私有地产属于非法入侵者，铁路公司不需要承担任何责任。另一方面，这

---

① Louise Harmon, "Falling off the vine: legal fictions and the doctrine of substituted judgment", *Yale Law Journal*, Vol. 100, 1990, pp. 30 - 31.

② Louise Harmon, "Falling off the vine: legal fictions and the doctrine of substituted judgment", *Yale Law Journal*, Vol. 100, 1990, p. 33.

起事故并非个案。在当时美国铁路扩张所处的时代，这样的案件非常见，被统称为"转车台案件"。在这些案件中，受伤的多是年幼的儿童，受伤原因都是因为玩耍。如果在这类案件中不赋予铁路公司更多的注意义务，类似案件还会越来越多。但要赋予铁路公司更高的注意义务，没有先例可循。

在这种社会需要赋予土地所有人更高注意义务的背景下，法院通过法律拟制很好地解决了这一难题。法院认为，"一件有吸引力的玩具对一个年幼孩童的诱惑，就如同对一个成年人的明示性邀请。"① 由此，法院判决被告承担侵权责任。

在之后的一些案例中，"充满诱惑力的滋扰"法律拟制又被从铁路转车台拓展到游泳池、通风井等其他有吸引力的场所。而在 1958 年"齐美尔诉新泽西库柏公司"（Simmel v. New Jersey Coop Co.）案中则有更进一步的拓展。在该案中，只有 4 岁的原告被被告不动产上存在的火苗烧伤。被告认为，虽然他最近才刚刚取得不动产权证书，但他并没有留下吸引小孩进入其不动产之内的火苗。因此，其他经常经过自己土地上学的小孩以及在自己土地上堆放垃圾的公共工程部门应当就其土地上的垃圾引起的火苗承担责任。法院认为，被告可以合理预见到未成年人由于其天性使然而会被吸引到自己的土地上。因此，被告应当对原告承担侵权责任。

（二）运用原因

英美法律拟制运用实例集中表明，法律拟制方法被运用的根本原因在于解决法律规则与社会现实之间的脱节问题，满足社会的需要。

首先，由于法律规则和社会的发展总是存在一定的距离，当社会发展遇到新情况，新问题，法律规则没有相关规定或有规定但法律后果不符合当时社会潮流时，拟制就成为解决这一问题的重要方式。例如在教士特惠权拟制中，对非教士人员的犯罪并非没有相关法律规定，而是依据这种规定所带来的刑罚过于严酷，在社会中造成较大的负面影响，也不符合当时的社会需要。法律拟制的出现就很合理地解决了这种问题，将非教士人员通过很低的标准就转变成教士人员，使得人们得以逃避严酷的刑罚，符合整个社会的需求。法律拟制解决这种矛盾的优点在于既能满足社会需要，解决社会新问题，又能保持法律的稳定性。

其次，由于立法技术在相当长的时期内一直不完备，早期的法律人知识储备和技术无法和现代相比，经常会遇到法律没有规定的情况。当法官面对越来越多的现实问题时，法律拟制可以为古老的法律增加新的形式，解决亟待解决

---

① ［美］桑福德·尚恩：《语言与法律》，沙丽金等译，知识产权出版社 2016 年版，第 47 页。

的问题。现在随着立法技术的不断完备，很多问题通过立法就可以解决了，法律拟制的适用才越来越低。

三、法律拟制方法的特点与价值评析

（一）法律拟制方法的特点

1. 法律拟制是"善意和有意识"的事实虚假认定

法律拟制是对事实的一种主观拟制，是一种"善意的谎言"。这种虚构是"明目张胆"的，并不畏惧别人发现它虚假的一面。拟制不仅不怕人们发现它的虚假性，还要求人们承认这种虚假。这种对案件事实的虚构是建立在当事人知晓且毫无异议的基础上的，是一种"阳光"下的"歪曲"事实。富勒对法律拟制的界定中就明确指出，法律拟制"是一项完全或部分意识到其虚假的声明"① 紧接着他又指出"使用拟制只有在运用者完全意识到它的虚假时才是最安全的"。② 如果法官私下歪曲事实或人们将拟制的事实相信为实际事实，那这就不是拟制，是一种赤裸裸的徇私枉法。

2. 法律拟制具有"隐性的"立法功能

法律拟制在虚构一个事实的同时，也把这一事实纳入某法律适用范围之内，间接地扩大了该法律的适用范围，从而改变了法律本身。跟法律解释相比，法律解释可以通过扩大解释，增加法律的适用范围，将原来不适用于该法的事实纳入本法的管辖范围。但法律拟制正好与此相反，它不是通过直接扩大法律的适用范围，而是将原来不适用于某法律的案件事实通过拟制纳入该法调整的范围之内。所以，就实际效果而言，法律拟制跟对法律的扩大解释有相同之处。但法律拟制跟对法律的扩大解释又有明显不同。法律解释对法律的改变是公开和明示的，但法律拟制在改变法律方面则十分隐蔽，因为它在表面上只触及事实，并未涉及法律。所以梅因就曾明确指出，法律拟制"一方面实际上改变了法律，另一方面又掩盖了这种改变"。③ 可见，法律拟制表面不改变法律，但实际上已改变了法律，它是"制定或不制定或重新制定法律"，④ 具有"隐性的"立法功能。

法律拟制的这种隐性立法功能在客观上有助于实现法律的稳定性与发展性的平稳。对于实现法律的稳定性与发展性的重要性，庞德曾有这样的名言，

---

① L. Fuller, "legal fictions", *Illinols Law Review*, vol. 25, 1930, p. 368.

② L. Fuller, "legal fictions", *Illinols Law Review*, vol. 25, 1930, p. 370.

③ ［英］梅因：《古代法》，沈景一译，商务印书馆 1959 年版，第 10 页。

④ Roscoe Pound, "Spurious Interpretation", *Columbia Law Review*, vol. 7, 1907, pp. 381 – 382.

"法律必须稳定，但又不能静止不变"。① 但在立法技术并不发达或立法面临风险的背景下如何实现法律的平稳性发展，无疑是一个难以两全的问题。而具有隐性立法功能的法律拟制则提供了一个可资利用的破解方案。法律拟制能在墨守成规的外表下实现法律的与时俱进，在披着法律保守主义的外衣下实现法律的不断更新，这无疑如梅因所说，"是克服法律严格性最有价值的权宜办法"。②

3. 法律拟制是一种主观色彩极为鲜明的"法律推理策略"

法律拟制作为一种法律方法，是通过将一事实假定为另一事实，使前者适用后者的法律，这一过程与法律推理非常相似，所以有学者称其为是一种"奇异的法律推理策略"（a curious artifice of legal reasoning）③。

法律推理是指在法律适用过程中通过已知命题推知未知命题的思维活动过程。根据推理形式的不同，法律推理可分为演绎推理、归纳推理、类推推理。大陆法系国家以成文法为传统，从规范出发的诉讼机制和工具性的司法程序决定了它主要使用演绎推理。而普通法系是以判例法为主要法律渊源，则以使用从个案到个案的类比推理为主。

类比推理是根据两个对象在某些方面有相同或相似性，而推断出这两个对象在另外一些方面也可能存在相同或相似性。在提炼个案之间是否相似时，如果用 A 与 B 分别代表当前案件与先例，用 a、b、c、d……分别代表不同的属性，且 A 有 a、b、c、属性，B 有 a、b、c、d 属性，法官就要断定 A 与先例 B 是否是相似案件。如果是，则 A 就适用先例 B 中的法则。具体怎样断定当下案件 A 与先例 B 相似，既要取决于相似特点的多少，又要看相似点是否是实质上与关键点同类，有时有几个特征相似未必是相似案件，而有时一个特征相似也可以认定为相似案件。在选择当下案件与哪一先例进行类比时，其中一直是伴随着价值判断，但价值判断必须以先例与当下案件之间的客观相似为基础，不能以主观取代客观。

法律拟制形式上与类比推理非常相似，也是将事实 A 等同于事实 B，然后由 A 适用 B 的法律。但在确定事实 A 是否等同于事实 B 时，法律拟制采用的不是客观标准，而是主观标准，价值判决发挥着决定性作用，可以主观取代客观。如在世俗人士的教士特惠权拟制过程中，世俗人士只凭背诵圣经中的几句话就可以认定为教士，这样松的客观标准导致几乎每个世俗人士都可认定为教士。

---

① ［美］罗斯科·庞德：《法律史解释》，邓正来译，中国法制出版社 2002 年版，第 1 页。
② ［英］梅因：《古代法》，沈景一译，商务印书馆 1959 年版，第 10 页。
③ Nancy J. Knauer，"Legal Fictions and Juristic Truth"，*St. Thomas Law Review*，Vol. 3，2010，p. 1.

演绎推理是由一般性前提推出特殊性结论的推理，在司法活动中是从一般的法律规范到个别的特殊行为的推理，这种推理的基本形式是演绎三段论：法律的规则为大前提，法庭认定的事实为小前提，推理的结论便是判决。这一模式可将其刻画为：

$$R——法律规定$$

$$F——确认的案件事实$$

$$D——裁决、判处结论$$

台湾地区民法学者王泽鉴先生对上述演绎推理做了更为具体的刻画，将法律规定分解成事实构成要件与法律效果两块，他所刻画的推理模式为：

$$T \to R（具备 T 构成要件者适用 R 法律效果）$$

$$S = T（待决案件事实符合 T 构成要件）$$

$$S \to R（该待决案件事实适用 R 法律效果）①$$

在演绎推理的过程中，关键一步是确定待决案件事实是否符合规则中的一般事实构成要件，即符合 T 构成要件，这是待决案件事实是否适用这一法律规则的关键。在这一过程中，确定待决案件事实是否符合规则中的一般事实构成要件的标准主要是客观标准，不能凭主观标准将一种犯罪事实套用到适用于另一犯罪事实的法律中。如果是主观推理，就属于推理不当，实践中应予以改正。例如，在这样一个案例中，某甲控告某乙，请求法院判令某乙归还其借款10 万元；但某甲既没有人证，也没有书证（如借据等）。在此种情况下法官能支持某甲的请求吗？肯定不能。即使某甲在"客观"上确实借给某乙 10 万元，法官也不能判令某乙还款。法官认定案件事实的过程，实际上就是听取当事人举证、质证和发现、收集、审查、判断证据资料的过程。这个过程依据的是诉讼法中已经规定好的客观标准，法官不能事先介入，更不能事后凭空推断。

但在法律拟制过程中，在将一个事实等同于另一个事实时，采月的主要是主观标准。主观标准就意味着在拟制的过程中要掺杂着法官的价值判断因素，并不需要遵循客观标准。如血亲拟制，父母收养的子女本无血缘关系，但法律赋予其和婚生子女相同的权利义务。再如教士特惠权拟制，对本不是教士的普通人拟制为教士，使其在法律上可享有教士的普通法法院刑事豁免权。

---

① 王泽鉴：《民法实例研习·基础理论》，转引自梁慧星著：《民法解释学》，中国政法大学出版社 1995 年版，第 191 页。

可见，无论是类比推理还是演绎推理，在事实认定过程中主要采用的是客观标准，但法律拟制则主要是主观标准。这点决定了法律拟制不同于法律推理。虽然从运作过程上看，法律拟制与类比推理非常相似，称其为一种"奇异的法律推理策略"也有一定道理。鉴于法律拟制极强的主观色彩，虽不能和不宜将其归入法律推理，但称其为一种主观色彩极为鲜明的"法律推理策略"还是可行的。

4. 法律拟制是"仿佛"（as if）这种认知思维方式在法律中的运用

德国 19 世纪末 20 世纪初的哲学家汉斯·费英格（Hans Vaihinger）在《仿佛哲学》一书中曾这样描述过法律拟制：法律在它的规则范围内不能包括所有特例，某些有不同寻常性质的特别事例被当作"就像"（as if）属于他们一样。① 在法律拟制过程中，总是直接或间接地体现着"仿佛"（as if）这种认知思维方式。根据格雷对罗马法律拟制与英国法律拟制的比较分析，罗马人的法律拟制中充满了这种"仿佛"（as if）思路。② 如罗马人在将异邦人拟制为罗马市民时，没有直截了当地宣布异邦人是市民，而是由裁判官向审判案件的法官发出如下格式的指令："如果奥鲁斯是罗马公民，就应该作出此一判决，那么就请作出这一判决。"③ 而英格兰的拟制方法中没有"仿佛"（as if）术语来宣称某个情况是虚假的。

费英格在《仿佛哲学》一书中曾有这样一个重要发问："用有意识的错误观念是如何能够得出正确结论的"?④ 他的回答是我们的思维不是对现实的一种消极的反映和镜面反射，而是根据我们的需要对反映的现实进行了加工与改变。这种加工改变包括两个过程：一是简单化与组织化的过程；二是将新的经验纳入熟悉的术语中的过程。⑤ 人们在遇到一个新事物时，先把这种事物的特征和属性抽象出来，然后和意识中已存在的概念作比对，并把它归入这一概念。富勒在对法律拟制的研究过程中，继续探讨了费英格的发问。他认为"拟制的真正奥秘不在于它能从错误的观念得出正确的结论，而在于人类思维在处理现实问题时能够实现远超它分析自我处理过程的能力"。⑥ 他认为法律

---

① H. Vaihinger, *The Philosophy of 'As if'*, Translated by C. K. Ogden, Routledge & Kegan Paul Ltd, 1933, p. 33.

② Louise Harmon, "Falling off the vine: legal fictions and the doctrine of substituted judgment", *Yale Law Journal*, Vol. 100, 1990, p. 13.

③ ［美］约翰·奇普曼·格雷：《法律的性质与渊源》，马驰译，中国政法大学出版社 2012 年版，第 28 页。

④ L. Fuller, "legal fictions", *Illinols Law Review*, vol. 25, 1930, pp. 880, 884.

⑤ L. Fuller, "legal fictions", *Illinols Law Review*, vol. 25, 1930, p. 887.

⑥ L. Fuller, "legal fictions", *Illinols Law Review*, vol. 25, 1930, p. 901.

拟制是"仿佛"（as if）这种认知思维方式在法律中的具体运用，认为只要法官与法学家的这种拟制思维一直存在，拟制就不可能完全退出历史舞台。

（二）法律拟制方法的价值评析

对于法律拟制这一方法本身，尚未有法学家表示完全支持与充分肯定。这点正如戴雪所说，"即便连最狂热的布莱克斯通乐观主义者都无法对它们加以辩护"。① 但对于这一拟制方法的历史存在价值，不少法学家还是给予了一定认可。但对于法律拟制的现实价值，大多数法学家是予以否定的。对于法律拟制的未来运用价值，持乐观态度的主要是富勒。

布莱克斯通与梅因主要站在历史的角度，认为法律拟制可以弥补没有立法或法律过分严格所带来的问题与不足，曾起到过良性作用。

布莱克斯通作为较早涉及法律拟制话题的法学家，对法律拟制基本持宽容立场。他称法律拟制"虽然一开始可能让学生吃惊"，"但经过深入考虑就会发现"，法律拟制"非常有益和有用"，"对拟制的恰当运用能够防止法律规则在适用过程中所带来的某种损害或为某种不便提供救济"。② 布莱克斯认为法律拟制是一种良性的、无害的早期历史的遗迹。通过法律拟制，法官们利用法律拟制这种工具来绕过迟钝而过时的诉讼形式，王座法院财政法院得以把司法管辖权扩展至普通民事案件领域，给当事人更多的诉讼选择并防止司法的拖延。法律拟制促使保守的英国法律不断更新和完善。

布莱克斯通在认可法律拟制的同时，也对法律拟制的问题与局限有清醒的认识。布莱克斯通认为法律拟制这种"任意的拟制和权宜之计"会带来"错综复杂的法律程序"，它是一个"麻烦"，但不"危险"。③ 他认为拟制应当谨慎地使用，这样才不会因为滥用而导致伤害的发生。

梅因作为 19 世纪历史法学派的代表人物，充分认可了法律拟制在历史上发挥的作用。他认为拟制是在早期社会发展的特殊阶段，为了克服法律的僵化采取的有价值的权宜之计，满足了进步社会的需求。梅因将拟制、衡平与立法并列，认为他们是三种能使法律和不断变化的进步社会保持一致的手段。他认为在早期社会，法律拟制使得法律上没有规定的事实也能适用法律，同时实际上法律自身也在发展，这种发展是法律适用层面上的，也是法律发展层面上

---

① ［英］A. V. 戴雪：《公共舆论的力量：19 世纪英国的法律与公共舆论》，戴鹏飞译，上海人民出版社 2013 年版，第 100 页。.

② W. Blackstone, *Commentaries on the laws of England*, vol. Ⅲ, University of Chicago Press, 1979, p. 43.

③ W. Blackstone, *Commentaries on the laws of England*, vol. Ⅲ, University of Chicago Press, 1979, p. 267

的。梅因在认可拟制价值方面还直接批评了边沁。他说："我们不必总是受到边沁一遇到法律拟制就嘲笑的影响，斥责它是种欺骗就是辜负了它们在法律发展历史中所发挥的特殊作用。"① 梅因认为拟制和立法并不存在着冲突，法律拟制只是按照事物发展的历史顺序先于立法。

当然，梅因在充分认可了法律拟制在早期历史的作用时，也对拟制在后来的社会作用有所否定。他说"它们的时代早已过去了，我们现在已不值得要去用像法律拟制这样一种粗糙的方式以求达到一个公认为有益的目的"。②

庞德最初对法律拟制的否定成分偏多。他认为拟制在普通法发展的早期还发挥了些作用，但在立法的时代则是不合时宜的。但到 1923 年《法律史解释》出版之际，庞德对法律拟制的态度发生重大转变。他以美国联邦程序之拟制的历史说明，法律拟制是法官在按照法律规定无法实现保护特定社会利益时所进行的"创造性活动"，是"具有深远影响的创造性设计"，"它们并不是自生自发演生而成的，而是著名人士为了满足具体案件中的明确要求而刻意创制的"。法律拟制是"立法中的创造性力量"。③

边沁与布莱克斯通的立场相反，他主要站在现实立法的角度，反对各种来自自然法与普通法上的拟制，认为法律拟制是对立法的篡夺，是恶性的。

边沁首先批判了来自自然法学家的各种拟制，如"原始契约""社会契约"，认为这种拟制是麻醉药。他说："在同律师们交谈中，我发现他们身上充满原始契约的优点……他们让我服用他们这种药，以打消我的疑虑。但是，我那没有实际经验的胃却抵制了他们的麻醉品。我请他们为我翻开史书，看哪一页记载了签订这个契约的隆重仪式。他们在我这一挑战面前退缩了；在这种压力下，他们不能不像我们的作者（布莱克斯通）所做过的那样，承认所有这些不过是个拟制。"④

边沁不只批判自然法上的拟制，还批判英国普通法上的各种拟制是"病毒"。边沁认为以拟制名义的慌言在法律中无处不在。在源自罗马的法律当中，尤其是苏格兰法中，拟制就是"肉赘"，零散地丑化着司法脸面。在普通法中，"拟制就是在每一根血管中运行的一个病毒"，带入普通法体系每一块肌体中，根基都烂了。⑤ 边沁倡导推行英国法律法典化，认为普通法对普通民众来说难以理解，只有制定一部易于理解且整体如一的法典，才能打破律师对

① ［英］梅因：《古代法》，沈景一译，商务印书馆 1959 年版，第 11 页

② ［英］梅因：《古代法》，沈景一译，商务印书馆 1959 年版，第 12 页

③ ［美］罗斯科·庞德：《法律史解释》，邓正来译，中国法制出版社 2002 年版，第 192～193 页。

④ ［英］边沁：《政府片论》，沈叔平译，商务印书馆 1995 年版，第 149～150 页。

⑤ Jeremy Bentham, *The Works of Jeremy Bentham*, vol. 5, John Bowring ed. , William Tait, 1843, p. 92.

法律语言的垄断。他认为法律拟制是对立法的篡夺，是窃取了立法权力。

当然，我们也应该看到，边沁否定的主要是拟制的现实价值，它对拟制的历史作用还是有一定程度认可的。他说："关于原始契约其他的拟制，也许在过去有过一段时期，它们有它们的用途。我并不否认，借助这种性质的工具，某些政治工作可能已经完成了；这种有用的工作，在当时的情况下，是不可能用其他工具完成的。但是拟制的理由现在已经过时了：以前在这个名义下，也许得到容忍和赞许；如果现在仍试图使用的话，它就会在更严重的伪造或欺骗的罪名下，受到谴责和批评。"①

美国法学家格雷在否定法律拟制的现实作用上与边沁是一致的。他否定了"历史拟制"的现实存在价值。他说："由于法律体系已经变得更加完善……更加完善的定义与规则的发布使得我们摒弃了那些曾经被创制出来的拟制。此类拟制不过是我们建筑高楼时所用的脚手架，有用，而且几乎是必须的——可是，一旦高楼已经建成，它便要归隐了。"② 格雷也否定了"独断拟制"的现实价值。他说："独断拟制虽说便利，却也是一种危险的工具。它不应该像历史拟制那样被用来改变法律"。③

与多数法学家将法律拟制视为历史遗迹不同，富勒认为"法律拟制的时代并没有结束"④，他对法律拟制在未来的运用不持排斥态度。富勒借鉴德国哲学家费英格的"仿佛哲学"，认为拟制是人类的一种思维方式，在物理学、政治学、经济学等领域都有广泛运用。法律拟制只不过是这种拟制思维方法在法律学科上的运用。他认为我们不可能一下改变法官的思维方式，"如果法官与法学家过去在用拟制，且现在也用，那么他们将来很可能继续运用"。⑤

---

① ［英］边沁：《政府片论》，沈叔平译，商务印书馆 1995 年版，第 150 页。
② ［美］约翰·奇普曼·格雷：《法律的性质与渊源》，马驰译，中国政法大学出版社 2012 年版，第 31 页。
③ ［美］约翰·奇普曼·格雷：《法律的性质与渊源》，马驰译，中国政法大学出版社 2012 年版，第 33 页。
④ L. Fuller, "legal fictions", *Illinois Law Review*, vol. 25, 1930, p. 878.
⑤ L. Fuller, "legal fictions", *Illinois Law Review*, vol. 25, 1930, p. 877.

下　编
基于对抗制的司法方法

第七章

辩诉交易与 ADR 方法

英美在庭审中确立对抗制后，由于过于强调程序，在司法中也造成了一些问题，如耗费时间，缺少效率，而且有时也会牺牲实体公正等。在解决对抗制过于强调程序所带来的问题过程中，英美又发展出了两种非常灵活的司法方法，分别是刑事案件中的辩诉交易（plea bargaining）与民事案件中的 ADR（Alternative Dispute Resolution）。辩诉交易与 ADR 最初都产生于美国，后又传入英国及世界上其他部分国家。辩诉交易与 ADR 虽不是英美国家的专利，但在对抗制庭审框架下，当代英美大部分刑事与民事案件却是通过这两种司法方法解决的，这么高的比重无疑是英美国家所特有的，其他国家无法比拟。

第一节　对抗制对程序公正的偏重及问题

对抗制是指诉讼双方当事人及其律师通过平等地对抗式法庭辩论来揭示案件真相的审判制度。对抗制在英国的建立过程历时四个世纪之久，它首先出现于民事审判领域，然后陆续扩大到轻罪、叛国罪和重罪等各个刑事审判领域。到 18 世纪后期，对抗制全面确立起来。差不多与英国同时，美国在司法审判领域也全面确立了对抗制。美国对抗制的雏形一开始源自对英国的移植，从殖民地时期，审判中的对抗因素就从英国传到美洲大陆。但美国的对抗制不是对英国成形的对抗制的照搬，而是在英国对抗制雏形的基础上按照自己的路线发展，因此，美国对抗制的确立时间并不比英国晚。国外有的学者甚至认为，就对抗制的全面确立时间而言，美国还要早于英国。[①]

一、对抗制偏重程序公正

对抗制特别强调程序公正，认为公平的程序是保证最大数目的案件获得实

---

① Randolph N. Jonakait, "The Rise of the American Adversary System: America Before England", *Widener Law Review*, Vol. 14, 2008, p. 323.

体公正的最好途径。它有三个特点：第一，纠纷双方负责证据的搜集与出示。在刑事诉讼中，检察官与辩护律师代表抗辩双方。双方都竭力向法院出示能证明事实的证据，都希望己方的证人和证据更可靠、更真实。抗辩双方都努力运用法律，尤其是证据规则，防止不利的或破坏性的信息材料被对方发现。第二，法官或陪审团作为案件裁决者不参加案件侦查或证据出示，是中立的被动的事实认定者，在证据出示或询问证人过程中均不起主导作用。第三，抗辩双方受一套详细的程序所约束。法官担任裁判员，负责对一方是否违反程序作出裁决。①

与采用纠问制的大陆法系法官在庭审前就通过阅读案卷已熟知案情和预知审理结果，并在法庭上可以自由提问的情形不同，对抗制庭审中的法官充当的是一种消极的中立裁决人角色。美国著名法学家庞德曾把对抗制庭审中的法官形象地比喻为体育比赛中的裁判员，他认为，裁判员要负责维护"比赛"规则和"赛场"秩序，以确保公平竞争，并最后决定和宣布胜利者是谁；裁判员必须超然于运动员之外才能确保裁判公正。英国格林勋爵也说过，假如一名法官亲自检验证人的证词，"那就是说，他自甘介入争论，从而有可能被甚嚣尘上的争吵遮住明断的视线"，②作出不公正的判断。因为在这种情况下，法官"就会在早期形成初步的却又难以改变的思考倾向，并可能成为其最终的判决。他可能会倾向于一方当事人而反对另一方，甚至可能在所有证据呈示之前就已经开始对争点作出判断。他也有可能会自觉或不自觉地对某些与个人最初印象和认识不相符合的信息资料打下折扣，而又自觉或不自觉地找寻能够支持自己最初印象和认识的信息资料。因此，较好的选择方案是……裁判案件的法官和陪审团被设定为在当事人自己呈示和整理案情之前对案情一无所知。"③这就是说，就法官而言，对于程序和证据规则了解得越多越好，但对于案件事实在诉讼前则了解得越少越好。法国观察家科图在1820年时评论道："英国的法官对于法庭上进行的事始终是一个局外人。"④

当然，法官在事实调查过程中的消极化并非意味着法官是无足轻重的，更不是说法官地位降低了，相反，法官从此以后才真正提升到诉讼双方之上。假如在庭审过程中法官不安于消极旁观，而是积极主动地参与对证人的询问，就

---

① ［美］爱伦·豪切斯泰勒·斯戴丽，南希·弗兰克：《美国刑事法院诉讼程序》，陈卫东，徐美君译，中国人民大学出版社2002年版，第60～61页。

② ［英］丹宁勋爵：《法律的正当程序》，李克强等译，法律出版社1999年版，第65页。

③ ［美］史蒂文·苏本，玛格瑞特·伍：《美国民事诉讼的真谛》，蔡彦敏等译，法律出版社2002年版，第29～30页。

④ R. H. Helmholz, *The Privilege Against Self - Incrimination*, Chicago：The University of Chicago Press, 1997, p. 99.

会干扰平等对抗规则，侵犯律师和当事人的权利。1826 年《爱丁堡评论》刊文写道："法官不能担任犯罪嫌疑人的律师，也不应该担任，永远不得担任。"① 如果法官压制当事人和律师的意见，将使整个审判无效，并会因此而受到起诉。英国有一位著名的法官哈利特爵士，就因在案件审理中讲话太多而受到了起诉。1957 年，在《琼斯诉全国煤炭管理局》一案中，哈利特担任主审法官。该案案情是有座煤矿塌方，砸死了一名矿工，矿工的遗孀琼斯要求赔偿，法庭最终驳回了琼斯的要求。在该案审理过程中，哈利特喋喋不休，亲自询问了很多问题，他提的问题比其他所有人的提问加在一起还要多。琼斯不服判决，以法官的干预使她的律师不能正常进行辩护为由提出上诉。煤管局则提出一个反上诉，理由之一也是法官的干预妨碍了煤管局合法权利的实现。受理这起上诉案的丹宁勋爵在法庭讲话中首先肯定了哈利特提问的动机都是"最佳的"和"可取的"，然后明确而肯定地指出：若把哈利特的所有干预加在一起确实已经"超过了限度"，因为审判规则严格规定，法官只能传唤双方请来的证人，而且只能由律师轮流质询证人，法官应做的事情就是听取证词，他不能粗暴地打断律师的话头。"假如他超越此限，就等于自卸法官责任，改演律师角色。"② 最后，丹宁勋爵判决该案重新审理，而那位除了热心提问之外没有任何过错的哈利特法官也由于此案而结束了他的法官生涯。

对抗制偏重于程序有如下优点：第一，对抗制提供了明确的劳动分工。对抗制所表达的裁判哲学在于，一方面把律师与法官的任务分开，另一方面把法官和陪审员的任务分开。律师、检察官、法官和陪审团在诉讼过程中对各自的任务有清楚的理解。律师、检察官的任务是出示最可能赢取案件的证据；法官的任务是监督程序的合法性和审判的公平性。事实认定者，即法官或陪审团的任务则是仔细听取出示的每个证据，就有罪无罪问题作出裁决。第二，对抗制比非对抗式诉讼程序能更广泛的搜寻证据和发现事实。对抗制度给予双方同等的地位，双方为了各自的利益将会尽一切努力把所有有关证据找出来。不言而喻，双方要找的都是对自己有利而对对方不利的证据。当双方的证据都摆在法官或陪审团面前时，这个整体的证据就必然是最完整的。它包括全部有利于被告的证据，也包括全面不利于被告的证据。对此，英国学者迈克·麦考韦利说，"对质和争斗是发现真相的最好方法"，他引用英国著名法官戴维林男爵的话说："获得真相的最好方法是让各方寻找能够证实真相的各种事实，然后双方展示他们所得的所有材料。……两个带有偏见的寻找者从田地的两端开始

---

① J. Langbein, *The Origins of Adversary Criminal Trial*, Oxford: Oxford University Press, 2003, p. 312.
② ［英］丹宁勋爵：《法律的正当程序》，李克强等译，法律出版社 1999 年版，第 64～67 页。

寻找，他们漏掉的东西要比一个公正无私的寻找者从地中间开始寻找所漏掉的东西少得多。"① 美国学者乔恩·华尔兹看法如出一辙："对抗似乎是迄今发明出来的迫使真相大白的最好方法。"② 对抗制的第三项优点是促进了司法制度程序上的公正性。凭借熟悉的经验对自己尚未完全清楚的事物作出过分轻率的结论，是人性的一种自然倾向，而对抗制似乎是防止这一人类弱点影响司法审判的一个有效对策。法官的超然和中立有助于程度公平，避免法官在有罪认定方面先入为主，从而有利于保护被告的合法权益。

二、对抗制偏重程序公正带来的问题

但对抗制过于强调程序也带来了一些问题，存在一些不足。

第一，对抗制耗费时间，影响审判效率。对抗制程序要求双方证人和律师以口头方式陈述和答辩，赋予双方以反驳对方诉讼主张的平等机会，致使每一个争议问题都需要传唤多名证人和反复问答才能澄清。如 1995 年美国辛普森案的审理过程中共传唤证人 126 人，从初审到结案，费时 460 天。所以，对抗制下案件的审判往往旷日持久，以至于"时间是最好的辩护老人"。

第二，对抗制过分强调程序上的中立，通常无法保护公民免受不合理诉讼的困扰。在对抗制下，法官不能积极主动地控制每个案件中的诉讼行为，不能阻止那些极端的诉讼请求。当一方当事人遭遇明显不合理的诉讼时，法官也要经历长达数年的法律拉锯战后才能予以驳回。对于遭受不合理诉讼的当事人而言，走完对抗制程序是一场噩梦，他们要有"几年的时间都生活在充斥着夸张与指控的阴霾之下"。2007 年，华盛顿特区一家干洗店因弄丢了客户的一条裤子，遭到了客户起诉，诉请求竟是让人难以置信的赔偿 5400 万美元。对于如此荒唐的诉讼请求，干洗店主还是在法院经历了长达两年的审理才最终胜出。但全家为此支出了超过 10 万美元的诉讼费，家人在煎熬中"瘦掉了四个衣服尺码"，"生命中的一段美好时光被人硬生生地偷走了"。所以，看似中立的对抗制程序，经常让当事人"精疲力竭和恐惧"。③

第三，对抗制强调诉讼双方在程序上的平等，而忽视程序面前事实上的不平等。西方学者罗伯特·埃杰顿曾指出，衡量一套司法制度是否完善，可以从以下三个方面进行考察：一是法院的裁决是否公允，是否排除了一切偏见；二是法院适用的法律是否公正合理；三是司法制度是否是向所有公民平等开放

---

① 英国文化委员会编：《英国法律周专辑》，法律出版社 1999 年版，第 120 页。

② [美] 乔恩·R. 华尔兹：《刑事证据大全》，中国人民公安大学出版社 1993 年版，第 7 页。

③ [美] 菲利普·K. 霍华德：《无法生活：将美国人民从法律丛林中解放出来》，林彦等译，法律出版社 2010 年版，第 94～98 页。

的，是否能保证每一个人都能接近。① 根据上述标准来考察对抗制度，那它在第三个方面还是不够完善的。对抗制的运作需要成本，对抗制要求当事人自己承担取证、举证责任，富人因有足够的财力支撑，可以对案件进行彻底调查，可以出高价聘请优秀律师，而穷人经常请不起律师。所以，现实社会普遍存在的贫富差别，必然使贫穷当事人处于不利地位。18 世纪末，聘请出庭律师的被告仅占 1/4 ~ 1/3，聘请出庭律师的原告仅占 1/20。② 所以，1757 年一位被指控犯有伪造合同罪的贫穷妇女无奈地说："如果我难免一死，那是因为我太穷了。我无力（即无钱）改变它。"同一年，英国"老贝利"法院的一名被告抱怨说："我无钱请律师，因为我一无所有，无钱支付律师的正常费用。"③ 这也正如一位英国律师对其贫穷的当事人所说："你有法律权利，但事实上你什么也做不了，因为你没钱。"④ 所以，无论对抗制在程序上多么平等，如果当事人因经济上的弱势而无法充分适用这套程序，那么这种平等程序充其量只能称作形式上的平等。贫富不平等造成程序上的不平等问题直到 20 世纪建立法律援助制度后才有所改变，但即使到这时，昂贵的调查费用仍然使穷人处于弱势地位。

第四，对抗制强调程序上的公正，有时会牺牲实体公正。在对抗制下，法官总是把程序规则是否恰当地被遵守放在第一位，有时甚至为了维护程序的严格性而置实体上的公正性于不顾，所以在对抗制下，不管信息材料多么有用和重要，如果它违反了证据规则，就不被考虑。这就是说，在对抗制下，事实只有被允许作为证据而进入审判程序才能成为事实，才能被用作审判的依据。否则，即便是千真万确的事实，也不能用作用于审判的依据。这可在著名的"布鲁尔诉威廉姆斯"（Brewer v. Williams）案中得以印证。

这个案子事实清楚，证据确凿，判罪是自然的事，但被告在上诉中提出，警察当时在车里对威廉姆斯所说的一番话，实际上是讯问，而讯问前警察并没有给威廉姆斯"米兰达警告"，因此，讯问是违法的，而由此所得的证据也是违法的，不应当被允许进入审判程序。也就是说，法庭在审判时，不应允许警察就那天在押解过程中所发生的事情作证。联邦最高法院同意被告这一观点，因此以 5:4 的微弱多数推翻了谋杀审判结果。

对于对抗制偏重程序所带来的问题与不足，英美国家也一直通过司法改革来予以完善。如引进大陆国家的某些纠问制因素，让法官在审判中扮演更积极

① Robert Egerton, *Legal Aid*, Kegan Paul, Trench, Trubner & Co. Ltd. , 1946, p. 1.
② J. Langbein, *The Origins of Adversary Criminal Trial*, Oxford University Press, 2003, p. 314.
③ J. Langbein, *The Origins of Adversary Criminal Trial*, Oxford University Press, 2003, p. 317.
④ Robert Egerton, *Legal Aid*, Kegan Paul, Trench, Trubner & Co. Ltd. , 1946, p. 4.

的角色；在特殊案件中允许证人保持匿名，以免遭到报复等等。但弥补对抗制庭审模式不足的最重要举措却是广泛使用的辩诉交易与蓬勃兴起的 ADR。辩诉交易与 ADR 不仅弥补了对抗制的不足，而且也发展成为两种重要的独立司法方法。

第二节　辩诉交易方法

辩诉交易（plea bargaining），又称辩诉协商（plea negotiation）或辩诉协议（plea agreement），是一种简易速决刑事诉讼制度。它是指检察官和辩护律师在法院开庭审判之前，对被告人的定罪和量刑问题进行协商和讨价还价，检察官通过降格指控或者向法官提出减轻量刑的建议来换取被告人作有罪答辩的一种制度。美国联邦最高法院把辩诉交易描述为"不仅是（刑事司法）程序的主要部分，而且还是非常必要的部分"。①

辩诉交易产生于 19 世纪的美国，在澳大利亚、加拿大、英国和南非等国家流行，与英美法系联系密切。目前，辩诉交易也已为德国、意大利和波兰等传统采用纠问制的大陆法系国家所采用，成为该国刑事司法制度的重要组成部分。辩诉交易不仅在低级法院处理不严重的犯罪时被采用，而且在高级法院处理严重的刑事犯罪时被采用，在司法实践中的运用十分广泛。

一、辩诉交易方法的历史由来

辩诉交易产生于 19 世纪三四十年代的美国，美国南北内战后变得越来越常见。但在很长一段时间内，辩诉交易都是偷偷摸摸进行的，缺少合法性。辩诉交易不被记录在法院文件中，得不到法院的正式认可，检察官、辩护律师和法官都假装不承认辩诉交易的存在。根据美国 20 世纪 20 年代的犯罪调查，当时美国大部分案件不是由陪审团审理而是通过辩诉交易私下解决的。第二次世界大战以后，辩诉交易成为学者讨论和考察的主题，初级上诉法院渐渐面对辩诉交易的现实。他们认为已不可能消除辩诉交易，公开接受辩诉交易并进行规范比假装认为它不存在要好的多。

1970 年，在"布兰迪诉美国"（Brady v. United States）一案中，美国联邦最高法院作出了两个重要的决定：第一，它裁决接受依据辩诉交易进行的有罪

---

① ［美］约克亚·德雷斯勒，艾伦·C. 迈克尔斯：《美国刑事法院诉讼程序》第二卷，魏晓娜译，北京大学出版社 2009 年版，第 188 页。

答辩标准跟其他案件一样，也就是答辩必须是"自愿"的和"理智"的。第二，它裁决确定辩诉交易情况下的自愿性标准不必遵循自白情况下的标准。[①] 辩诉交易由此获得了合法性的地位。1971 年，在"斯坦特贝罗诉纽约"（stantobello v. New York）案中，美国联邦最高法院批准了辩诉交易的做法，并将它称之为"司法的重要组成部分"。[②]

二、辩诉交易方法的运作形式

辩诉交易主要有三种运作形式：

一是"罪名的交易"。为了换取被告人作有罪答辩，检察官允诺以降格的罪名提起指控。例如，检察官对被告人提出的最初起诉为一级杀人罪，在辩诉交易中可将一级杀人罪降为二级杀人罪，条件是被告必须放弃要求审判并对二级杀人罪作出有罪答辩。二级杀人罪的刑罚比一级杀人罪要轻，被告人为得到较轻的刑罚，就可能同意与检察官达成辩诉交易。罪名的交易还包括当被告人犯有某些在社会上影响更为恶劣的犯罪（如猥亵儿童罪）并害怕影响其今后的名声时，检察官允诺以其他罪名（如轻伤罪）起诉而换取被告人认罪。

二是"罪数的交易"。当被告人犯有数罪时，检察官为争取犯罪嫌疑人承认有罪，允诺将本应指控的数个罪行改为仅指控其中的一个罪行。例如，检察官可以抢劫罪、伤害罪、强奸罪三种犯罪对被告人提出指控。为换取被告人不要求审判而自己认罪，检察官可以提出，被告人如对抢劫罪作出有罪答辩，他即不再以伤害罪和强奸罪对他提出起诉。被告人因抢劫罪所判的刑罚肯定要低于因三种犯罪同时被起诉所判的刑罚，因而为能得到较轻的刑罚便可能与检察官达成辩诉交易。

三是"量刑的交易"。检察官允诺向法官建议对被告人适用较低幅度量刑，以换取被告人认罪。例如被告人被指控犯有抢劫罪，法定刑为 3 年到 20 年监禁。为使被告人放弃审判主动认罪，检察官提出可以向量刑法官建议对他从轻处罚，如建议只判处他 3 年监禁。又如，当被告人所犯罪行的法定刑罚可以是监禁，也可以是缓刑时，检察官提出被告如做有罪答辩，可以向法官建议对他处以缓刑。

法官、检察官、辩护律师和被告人在辩诉协议中均扮演着重要的角色。如果没有他们之间的互相支持，辩诉交易就会灭亡。

---

① ［美］菲尼，岳礼玲：《美国刑事诉讼法经典文选与判例》，中国法制出版社 2006 年版，第 262 页。

② ［美］爱伦·豪切斯泰勒·斯戴丽，南希·弗兰克：《美国刑事法院诉讼程序》，陈卫东，徐美君译，中国人民大学出版社 2002 年版，第 413 页。

法官在辩诉交易中积极参与的程度差别很大。许多州禁止法官积极地涉入辩诉交易。约翰·保罗·赖恩和詹姆斯·阿尔非尼对法官参与辩诉交易的情况作过一项调查。他们将法官参与辩诉交易的情况分为四个层次：一是积极参与促成辩诉交易；二是出席谈判但只是审查协议；三是参加辩诉交易但不作任何评论；四是不出席交易谈判，只是在开庭时根据协议表示接受或拒绝答辩。根据法官的自我陈报，被调查的法官中有 2/3 以上认为他们是被动地参与，即第四类别的司法介入；1/5 报告他们是非直接地介入辩诉交易，通过审查抗辩双方达成的协议和在开庭宣布有罪答辩之前向他们建议协议的可接受性；只有一小部分法官（7%）报告他们是积极地参与公平交换的辩诉交易。可见，法官一般在辩诉交易中采取被动的姿态，但有一些法官确实积极地参与了大多数案件的辩诉交易。

因为大多数法官对辩诉交易都采取消极姿态，所以在明示辩诉交易中检察官经常是州的唯一代表。指控决定取决于检察官本人，检察官能不依靠法官批准协议的合作而进行指控交易。认为检察官在指控决定中太宽恕的法官，除了努力说服检察官重新考虑之外几乎不能再做什么。与指控交易相比，检察官在量刑建议中处于相对较弱的地位，对法官没有任何约束力。量刑是法官专有的权力，法官可以在任何时候或任何案件中拒绝检察官的建议，尽管法官通常会跟检察官合作。

被告人在辩诉交易中处于十分弱势的地位。他与检察官讨价还价的唯一筹码就是要求审判。但检察官并不害怕被告人要求审判。被告人如果拒绝与检察官合作，执意要求审判，检察官就会以尽可能多的罪名对他提出指控，并要求法院对他适用最严厉的刑罚。除了一些简单案件外，大多数被告人对法律都了解甚少，以致不能评估检察官的要约价值。所以，尽管有罪答辩的决定由被告人作出，但在这个决定过程中律师的建议起着举足轻重的作用。辩护律师有义务给被告人提出一些建议，帮助他们衡量作出有罪答辩的利弊。

为了规范辩诉交易程序，英美法院都通过一些具体案件作出明确规定。以英国为例，上诉法院在 1970 年特尼尔上诉案中以陈述意见的方式作了"特尼尔规则"，其主要内容是：（1）律师可以就辩诉交易完全自由地向被告人提出自己的建议；（2）被告人听取律师建议后，对作有罪答辩还是无罪答辩有完全的选择自由；（3）律师有与法官进行沟通和讨论的自由；（4）辩护律师应当把自己与法官进行的任何有关量刑的讨论及相关内容通知被告人。

三、辩诉交易方法评析

（一）辩诉交易的效力

辩护交易达成后，对检察官与被告人都有约束力。美国联邦最高法院裁定，检察官一旦与被告人达成交易，或向被告人作出了承诺，他就必须信守承诺，不得反悔。联邦最高法院1971年作出的"斯坦特贝罗诉纽约"一案充分说明了这一点。在这一案件中，被告人与检察官达成辩诉交易。被告人对检察官提出的赌博罪作出有罪答辩；检察官许诺不向量刑法官提出量刑意见。但在辩诉交易协议提交法庭批准时，案件由另一名检察官接手。新的检察官不愿接受前任检察官的承诺，执意要求量刑时对被告人处以最高刑。被告人律师提出异议，要求检察官信守承诺。但量刑法官拒绝了辩护律师的请求，按照检察官的建议对被告人处以法定最高刑。被告人不服判决，将案件上诉到联邦最高法院。联邦最高法院在此案中作出了有利于斯坦特贝罗的判决。联邦最高法院裁定，检察官在辩诉交易中必须信守承诺，不得出尔反尔。

联邦最高法院不仅要求检察官信守承诺，也要求被告人信守承诺。联邦最高法院裁定，被告人如果首先违反与检察官达成的交易，检察官则不必再维持该交易。在一项辩诉交易中，检察官同意以较轻的罪名对被告人提出起诉，交换条件是被告人在另一名犯罪嫌疑人的审判中为检察官作证。但被告人后来拒绝出庭为检察官作证。联邦最高法院裁定，由于被告人毁约在先，检察官不再受辩诉交易协议的约束，可以对被告人提出新的起诉。

但检察官与被告人达成的辩诉交易对法官是否具有约束力取决于辩诉交易的内容。检察官如在辩诉交易中同意以较轻的罪名提出起诉，或在多种罪名中只对其中几项提出起诉，这种辩诉交易对法庭具有约束力，法庭不得以不喜欢双方达成的协议为由拒绝批准交易。这是因为，对被告人以何种罪名提出起诉属于检察官的职权，法院无权干涉。但检察官在辩诉交易中如就如何量刑对被告人作出承诺，法官则可以量刑协议不妥为由拒绝批准协议。法官可以这样做的原因是，如何量刑属于法官职权，检察官不能在量刑幅度上达成对法官具有约束力的协议。检察官在辩诉交易中只能向被告人承诺他将向法官提出何种量刑建议，他不能向被告人保证法官一定会采纳他的建议。

检察官的量刑建议对法官虽然没有约束力，但在实际庭审过程中，法官在多数情况下仍会按照检察官的建议为被告人量刑。法官这样做是为了维护检察官的信誉。法官如果任意拒绝检察官的量刑建议，势必会使检察官在被告人面前显得言而无信。检察官如果不能在被告人面前保持信誉，他将很难在以后的案子中继续与被告人谈判交易。有鉴于此，法院在大多数案件中都会按照检察官向被告人许诺的建议给被告人量刑。法官即便不按检察官的建议量刑，他的量刑也不会与检察官的建议相去太远。一般来说，法官即使认为检察的量刑建议不妥，他也仍会基本上执照检察官的建议量刑。但在结案后，法官会告知检察官这样的量刑建议不妥，以后不要再做类似量刑建议。检察官与法官长期相处，久而久之，他们自己了解什么样的量刑建议会被法官接受。

（二）辩诉交易的正当性

辩诉交易是英美刑事司法程序非常必要的组成部分。对于辩诉交易，英国皇家刑事司法委员会给予了充分肯定，认为它"所能带来的资源节约是巨大的"，而且，"公共开支的节约和英国刑事法庭压力的减轻都是与公共利益密切相关的"。① 美国首席大法官沃伦·伯格也曾这样说过："如果有罪答辩案件占所有刑事案件的比例从现在的 90% 下降到 80%，那么将需要配备双倍的人力和物力——法官、书记员、执行官、书记官、陪审员和评议室——用于审判。"②

多数辩诉交易参与者，即检察官、辩护律师和法官都支持这一程序。支持意见认为，辩诉交易可以节约司法成本，提高诉讼效率。这是辩诉交易的最大优点。被告人如果要求审判，审判时间少则一天两天，多可拖上几个星期甚至几个月。被告人如果主动认罪，法院在几十分钟内就可了结案件。辩诉交易对刑事司法程序中的各方都有好处。辩诉交易可使被告人得到较轻的刑罚，可以减轻法院压力，可以使检察官尽快处理案件。在刑事程序中，大部分被告人是贫困被告人，需要由政府提供法律援助。由政府资助的辩护律师工作量都很大，辩诉交易可以使律师处理更多的案件。辩诉交易也为警察省去许多麻烦。被告人如果要求审判，警察在许多案件中都要出庭作证。警察在侦查取证时是否有违法行为，他们所取得的证据能否用作合法证据也要受到法庭检验。但被告人如果不要求审判，这一切程序都可以免除。与普通的刑事诉讼程序相比，辩诉交易大大提高了诉讼效率，对缓解案件积压起了很大的作用。如果不允许辩诉交易，有罪答辩率会大幅度下降，由此导致审判数量会剧增，这会给已经不堪重负的刑事司法制度以重创。

支持意见还认为，辩诉交易降低了对犯罪者判决无罪的风险，"获得半个面包比没有面包强"③。也就是说，得到一些指控的有罪判决比冒险让一些具有严重罪行的人被判无罪要好。一个人事实有罪和法律有罪是有区别的。由于证据或法律问题，一个人即便确定无疑的事实有罪，也不一定能证实法律有罪。物证可能丢失，证人可能丧失兴趣，程序错误可能造成关键的证据不被采

---

① ［英］麦高伟等：《英国刑事司法程序》，姚永吉等译，北京：法律出版社 2003 年版，第 335 页。

② ［美］菲尼，岳礼玲：《美国刑事诉讼法经典文选与判例》，中国法制出版社 2006 年版，第 266 页。

③ ［美］爱伦·豪切斯泰勒·斯戴丽，南希·弗兰克：《美国刑事法院诉讼程序》，陈卫东，徐美君译，中国人民大学出版社 2002 年版，第 432 页。

纳，在这些情况下，检察机关与其冒被告人逃脱法律裁决的风险，还不如进行交易，放弃一部分指控或降低量刑，让被告人最终获得一个有罪判决。获得半个面包总比没有面包强，辩诉交易经常是宣告被告有罪唯一能行得通的方式。例如，被告人被指控持有毒品罪。毒品是警察进行非法搜查时查获的，这些毒品不能用作给被告人定罪的证据。被告人如坚持要求审判，法院在排除非法证据后将不能给被告人定罪。但被告人必须在看守所中被关上数月才能等到法院开庭。检察官这时提出愿意与被告人做交易。检察官提出，如被告人主动认罪，同意交易，他将建议对他适用缓刑，很快获释。在此情况下，被告人虽有很好的辩护理由，他也可能接受检察官的条件，主动认罪。研究结果表明，检察官在证据不充足的案件中一般较愿意与被告人做交易。在这样的案件中，检察官没有把握通过证据给被告人定罪，但被告人如果同意与检察官做交易，检察官却可轻易地给他定罪。

但反对意见认为，辩诉交易允许有罪的被告人逃脱对罪行的全部责任和惩罚，在量刑上存在不适当的打折问题。一般说来，作有罪答辩的被告比起审判后所接受的刑罚通常要低 30% ～ 40%，也就是有大约 1/3 的折扣。[①] "打折"原则与现代刑法中罪刑法定和罪刑相当的公正原则不符；让被告人减轻应有的惩罚，削弱了刑罚的威慑价值，对被害人来说显然不公平。

反对意见还认为，辩诉交易会造成无罪被告人被迫认罪的结果。假设被告人根本没犯被指控的罪行，他完全是无辜的。但他因无力筹得保释金，在审判前被羁押。法院由于案件积压不能及时审理案件。被告人必须在看守所中等待3 个月，法庭才能审判他的案件。这时，检察官提出愿意与被告人做交易。检察官提出，被告人如对被指控犯罪做有罪答辩，他即可向法庭建议对他处以缓刑。被告人如同意与检察官交易，他很快就可被释放，到社区去服缓刑。但他如果不同意与检察官做交易，坚持自己是无辜的，他就不得不在看守所中再等三个月。被告人显然面临十分困难的选择。他如违心地认罪，就可马上获释，回家与家人团聚。他如坚持他是无辜的，则要再被关上三个月，等到审判时才能向法官申明自己是清白的。面对这种困难选择，有些被告人很可能会被迫认罪。

尽管对辩诉交易还存在争议，但不容争议的是，辩诉交易作为英美国家的一种重要刑事司法方法已成为一个客观存在，并呈现出不可逆转之势。辩诉交易在英美对抗制庭审背景下，在案件无法达到兼顾公正与效率的最优目标的情

---

① ［美］约克亚·德雷斯勒，艾伦·C. 迈克尔斯：《美国刑事法院诉讼程序》第二卷，魏晓娜译，北京大学出版社 2009 年版，第 190 页。

况下是一种理性选择，它一方面使案件得到了及时处理，保证了效率，另一方面也满足了基本的公正要求。虽说这不是最理想的诉讼解决方式，但却是特定情况下唯一现实的最佳方式。只要英美的庭审制度继续保持对抗制，辩诉交易存在的必要性就会一直会持续下去。

（三）辩诉交易与我国"坦白从宽"

中国目前虽然不存在正式的辩诉交易方法，但是在我国实行多年的"坦白从宽"的刑事政策与其具有相似的效果，即都可以降低刑事司法的成本，提高司法的效率。

当然，我国的坦白从宽政策与辩诉交易方法也有差异。第一，我国的坦白从宽一般发生在犯罪侦查阶段，是犯罪嫌疑人面对侦查人员作出的认罪行为；而辩诉交易一般是在侦查结束之后的起诉阶段，而且被告人的对手是检察官。第二，虽然在坦白从宽与辩诉交易中，犯罪嫌疑人或被告人都有主动认罪的行为，但二者行为的性质并不完全相同。在辩诉交易中，被告人与检察官是谈判的对手，二者在形式上是平等的主体；但是坦白从宽中，犯罪嫌疑人与侦查人员是不平等的主体。第三，至少从形式上看，辩诉交易是一种双向的妥协，而坦白从宽则是一种单向的妥协。在辩诉交易中，被告人和检察官都要作出让步。被告人不认罪，检察官就不让步；而检察官若不让步，被告人就不认罪。换言之，检察官的让步是被告人认罪的前提条件。但是，坦白从宽是单向的政策，是侦查机关给予认罪的犯罪嫌疑人的奖励。尽管犯罪嫌疑人在心里一般都是为了从宽才坦白的，但是他并不能以从宽作为坦白的先决条件。他不能对侦查人员说，你从宽了我才坦白。因此，中国的坦白从宽不能等同于辩诉交易。

第三节　ADR 方法

ADR（Alternative Dispute Resolution）通常被翻译为"替代性纠纷解决式"或者是"选择性纠纷解决"，是指通过调解、调停或其他类似途径，使诉讼双方达成和解以解决纠纷的方法。ADR 的具体实践有比较悠久的历史，但长期以来有实无名，直到1976年美国庞德会议上由桑德教授首先提出这一术语后，美国的 ADR 才在司法实践中得到广泛运用，成为替代对抗制庭审的民事纠纷解决方法，并迅速从美国传入英国及世界上其他国家。

一、ADR 方法的兴起

（一）兴起背景

美国20世纪以来就出现了非诉讼的纠纷解决方法，但在70年代之前，这些非诉讼的纠纷解决方法主要集中于劳动争议、婚姻家庭领域，应用范围十分有限。而且这些非诉讼的纠纷解决主体多为民间的自治性的非营利性组织，尚未在司法领域获得律师与法官的运用与推广，更没有 ADR 这一明确的提法。但早期的这些非诉讼的纠纷解决方法无疑为 ADR 的兴起奠定了坚实的历史基础。

早期的非诉讼的纠纷解决实践已展现出这一方法比对抗制庭审所具有的优势。非诉讼的纠纷解决方法有很大的灵活性，当事人可以自由地选择调解人、仲裁人和 法官，也可以自由选择纠纷解决的方式和结果。非诉讼的纠纷解决方法也有成本低的优势，其费用通常是诉讼费用的 10% ~15% 。非诉讼的纠纷解决方法也更有利于维护双方当事人的友好关系，它强调相互妥协和让步以及和平地解决纠纷，这在一些商业纠纷中为以后双方的继续合作提供了可能。

进入 20 世纪 60 年代之后，随着诉讼纠纷的增加和"诉讼爆炸"现象的频频出现，美国法院的案件积压日趋严重，传统对抗制庭审模式变得难以承受，不堪重负。与此同时，美国对抗制庭审所存在的问题与不足则变得日趋加重。在对抗制庭审过程中，延迟是一个严重问题。每一个联邦法院和州法院都经历了审理前诉讼的延迟。延迟连续 3 年的情况对于许多类型的民事案件来说并非鲜见。对抗制庭审过程中的另一弊端是高昂的诉讼费用，这很容易对经济实力不对等的当事人造成在司法资源利用上的不平等，而对于标的不大的一些纠纷，当事人诉诸诉讼解决往往得不偿失。在国际市场竞争中，许多美国公司的高级主管都认为美国公司的一个竞争弱势就是民事诉讼制度的费钱费时。对抗制庭审过程中的最后一个弊端是过于强调公开，这使当事人的个人隐私和商业秘密难以得到全面保护。

在对抗制庭审无力应对不断增加的诉讼背景下，法官律师等整个司法职业都在纷纷寻找更为有效的纠纷解决途径，以化解社会对司法的不满。在这种解决对抗制庭审问题的过程中，非诉讼纠纷解决方法进入了司法界的视野。

（二）兴起标志——庞德会议

1976 年 4 月 7 日至 19 日，美国联邦最高法院在明尼苏达州的明尼阿波利斯组织召开了一次全国会议，参会人员有 200 多名，其中包括联邦最高法院首席大法官沃伦·伯格和美国著名法官、法学家及律师协会领导。这次会议主要探讨了民事诉讼的问题以及如何用替代性纠纷解决机制予以化解。因这次会议以纪念著名法学家罗斯科·庞德在 70 年前年发表《关于公众对于司法行政不满的原因》演说为引题，所以这次会议也被称为"庞德会议"（Pound Conference）。

在会上，首席大法官伯格作了重要发言，指出"我们所要寻找的是在纠纷解决方面的最令人满意、最快速的并且最便宜的并满足合法要求的解决方式"①。伯格同时倡导对于非正式纠纷解决方式进行探索，在法庭之外消灭部分诉讼。哈佛大学法学院名誉退休教授弗兰克·桑德在会上发表了题为《庞德会议：未来司法的展望》的发言，号召成立"多门法院"，一扇门通向调解，另一扇门通向法官的正式程审判，还有一扇门留给仲裁。他指出"到了2000 年，人们在处理纠纷时不单单可以寄希望于法院这种机制，还可以冀望于纠纷解决中心，这一中心主要在于寻求纠纷解决的人们首先由书记员来引导他选择最适合的他的纠纷解决的程序"②。尤其需要提及的是，桑德教授在会议上第一次使用了 ADR（Alternative Dispute Resolution）概念，从此 ADR 就成为包括调解、仲裁等所有非诉讼的纠纷解决方法的代名词。在"庞德会议"上，与会者也都赞成桑德教授大力运用 ADR 的倡议，表示努力将大部分诉讼在法院审判前就予以解决。

庞德会议之后，ADR 在美国全国范围内得到了蓬勃的发展。庞德会议被公认为是现代 ADR 运动开始的标志。

（三）兴起表现

在庞德会议的影响下，国会于 1978 年通过了《公务员制度改革法》，紧接着又于 1980 年通过了《纠纷解决法》，联邦政府在这两部法律中鼓励联邦政府以及各州的各级政府在处理与职工的劳动纠纷时，可以多使用调解、仲裁或其他 ADR 方法。1990 年，美国通过了《民事司法改革法》，使得 ADR 程序在全美的联邦地区法院得到了法律上的认可。1998 年，美国国会通过《ADR法》，将 1990 年的《民事司法改革法》中的 ADR 计划予以具体化，是世界上第一部专门的 ADR 立法。除了美国联邦立法支持 ADR 外，美国各州的立法也给予了大力支持。单在 1989 年，与 ADR 有关的立法就有 34 个，而提出的有关法案已超过了 146 件。

作为对庞德会议的回应，1978 年有三个联邦地区法院启动了预备强制仲裁项目，该项目要求当事人应该在起诉前进行仲裁，除非他们能证明仲裁是不合适的。1979 年，华盛顿州的东部地区法院启动了调解项目。联邦最高法院于 1983 年决定仲裁解决优先于判决。1985 年，加利福尼亚北部地区法院建立了早期中立评估项目。从联邦上诉法院角度看，ADR 的迅速发展始于 20 世纪90 年代以后。据统计，1991—1996 年就有 7 个联邦上诉法院正式采纳 ADR，

①　Warren E. Burger, "A Need for Systematic Anticipation", *Vital Speeches of the Day*, vol. 42, 1976, p. 454.

②　西蒙·罗伯茨，彭文浩：《纠纷解决过程：ADR 与形成决定的主要形式》，刘哲玮等译，北京大学出版社 2011 年版，第 65 页。

而 70 年代、80 年代这个数字分别仅为 1 个和 5 个。

70 年代中期以后，美国开始出现了解决商业争议的营利性 ADR 机构，其在 80 年代发展迅猛，其中既有全国性的机构，如 1979 年的"司法仲裁调解机构"，也有州一级的机构如加利福尼亚州的"公共援助中心"。1979 年，司法仲裁和调解服务中心（JAMS）成立。这是一家旨在专门提供纠纷解决服务的公司，由退休法官沃伦·奈特设立，公司有 200 多名退休法官或律师担任专职的纠纷解决人员，开展的服务项目类型广泛，包括调解、仲裁、中立案件评估、和解会议、小型审判、简易陪审团、中立专家事实认定以及私人裁判等，每年平均处理的案件总数达一万多件。同年，"公共资源中心"由一些财富 500 强企业和大的律师事务所联合发起设立，其使命旨在向律师事务所和大企业推广调解等 ADR 机制，其要求在于加入该中心的会员单位必须以律师事务所和企业的名义宣誓，在对其他会员单位提起诉讼之前尽量先使用 ADR 机制解决纠纷。联邦和各州还设有专门的 ADR 委员会，如美国律师协会（ABA）设有争议解决特别委员会，这些机构为当事人提供 ADR 的示范条款、中立者、法律顾问等。

作为庞德会议的回应，在亚特兰大、堪萨斯市、洛杉矶、华盛顿特区、休斯顿和火奴鲁鲁等几个主要城市由美国司法部负责出资设立了社区司法中心。它作为联邦司法部下属的执法协助局资助施行的一个试点项目，其主要负责用调解方式解决社区内发生的小纠纷，包括租房保证金纠纷、家庭邻里纠纷以及打架等轻微刑事案件。此后 30 多年，社区司法中心迅速发展，州、地方或者专门领域都有司法中心在建立。1996 年，美国律师协会（ABA）成立了纠纷解决处，这是美国律师协会新设的第一个部门，目前拥有的成员已经超过 6000 名。

二、ADR 方法的具体形式与运作

ADR 是一个统称，它实际包括调解、仲裁、协商、和解等多种形式。虽然，ADR 作为一个非诉讼的纠纷解决方法的整体，它有自己的一般运作方法与要求，但基于不同的 ADR 形式，具体的运作方法也不一样。

根据 1988 年美国《ADR 法》的相关规定，在民事案件的审理过程中，各法院都应该考虑使用各种 ADR 来处理案件，同时也要当事人提出相应请求。案件进入 ADR 的方式有两种：一种是自愿的，即必须经双方当事人的同意，法官才能将案件移交 ADR 处理；另一种是强制的，可由法官根据法院规则，确定某些类型的案件起诉之后先自动进入 ADR 程序。当事人在收到强制 ADR 决定以后，也可以要求将案件撤出 ADR 而进入正式庭审。

　　ADR 的具体应用形式依赖于案件的具体情况。在庭审之前的各种准备会议上，法院都可以对案件是否可以适用 ADR 来进行解决进行评测，同时也可以向双方当事人提出建议。当已决定适用 ADR 后，双方当事人可以自由选择使用哪一个 ADR 形式，法院也凭着自己的专业和经验向当事人提供建议。

　　下面就各种具体的 ADR 形式的运作方法予以介绍：

　　（一）调解

　　在调解中，当事人双方可以在一个中立第三方的帮助下来解决他们之间的纠纷。调解的基础是纠纷的双方当事人自愿采用此种方式来解决纠纷。调解员的工作就是促使双方保持交流，并且推动双方达成一致意见。美国 ADR 方面的研究学者克丽斯蒂娜·沃波鲁格认为，调解员通常采用五个步骤来进行调解，以实现双方的协商一致：（1）调解员促使当事人双方对一些程序性事项达成一致，诸如双方自愿参加调解，将来谈判的时间和地点的安排，以及签订正式的且带有保密性的协议等。这个阶段的意义主要在于双方可以比较容易地达成一致，为进一步沟通打好基础。（2）第二步是双方交换基本的观点。在这个阶段，调解员不发表任何意见，而是由双方进行面对面意见交换。在这个过程中，双方当事人通常都是第一次听到对方完全的、不被人打断的观点陈述，双方当事人开始看到事物的两个方面，并且开始感觉到对他们最初的观点做一些退让并不是不合理的。（3）如果当事人双方完成第一步协商，同意进行会议程序，那么调解员就以私人会议方式秘密地与各方进行会见，分别谈论解决纠纷的方式。期间也可以检测当事人的基本观点。这种私人会议方式都留给了双方足够的时间和空间来进行纠纷的解决。（4）调解员带着双方的要求不断来往于彼此之间，交换着彼此对于纠纷解决的意见和建议，当效果很好时，调解员也可以组织一次双方会面，使当事人心平气和地坐在一起交换彼此的意见。（5）最后提出一个当事人双方都同意纠纷解决的草案，经双方正式重新确认后再完成一些细节，然后签订一个调解协议，此时调解也完成了①。

　　调解中有一种特别形式是"法院附设调解"。法院附设调解是指调解机关设立在法院的一种调解制度。法院附设调解在美国应用十分普遍，在地区法院中，有超过一半法院都提供这种调解方式。法院附设调解的启动一般由当事人申请，调解员除由法官充任外，往往还包括律师、社会工作者等其他人员，且担任调解员的法官一般不参与后续诉讼程序。调解协议在获得法院的确认后往往具有强制执行力。

　　（二）仲裁

　　仲裁与庭审更为接近。仲裁也有一个中立的第三方，该第三方听取双方的

---

　　① Jacqueline Nolan-Haley, *Alternative Dispute Resolution in a Nutshell*, Thomson West, 2008, p. 33.

陈述和辩论，作出一个对双方均有约束力的裁决。仲裁的一个特点是充分尊重当事人的意志，强调当事人的合意。仲裁的另一显著特点是裁决的终局约束性，仲裁当事人双方不能对仲裁裁决提出上诉。在美国，劳工纠纷和管理纠纷很早就长期运用了仲裁来解决争议。

近年来美国还出现了一种新的仲裁方式，被称为"法院附设仲裁"（Court - annexed Arbitration）。"法院附设仲裁"的特点是作为诉讼的前置程序，无须经过当事人的同意就可根据法律规定强制适用，跟基于双方合意的传统仲裁有明显区别，明显属于一种强制性的仲裁方法。"法院附设仲裁"兴起于美国20世纪50年代，最早采用这一仲裁的是宾夕法尼亚东部地区的法院和加利福尼亚北部地区的法院。在加利福尼亚州法院，标的在10万美元以下的民事案件需要强制仲裁，即必须经过附设在法院的仲裁程序。仲裁一般在律师事务所进行，有登记可以担任仲裁员的律师和退休法官的名册，仲裁进行时需要从其中选择一人到三人。仲裁裁决应当在审理终结后的10日到14日内作出，并报告给法庭。在仲裁作出后的30日内，如果当事人坚持要求开庭审理，那么仲裁就会无效；如果当事人没有提出开庭审理的要求，那么这个仲裁裁决与法院判决就具有同等的法律效力。宾夕法尼亚州的仲裁要在法庭进行，且在费用承担上与加利福尼亚州显著不同。根据宾夕法尼亚州的"法院附设仲裁"做法，如果申请开庭的一方当事人得到的判决结果没有比仲裁有利，那么这个当事人就要负担对方当事人的一切费用，其中也包括律师费。20世纪80年代以来，一些美国联邦法院进行了"法院附设仲裁"的试点。现在美国已有20多个州设立了这种仲裁方法，但迄今尚未发展成一种全国性通用的仲裁方法。

（三）协商

协商是一种古老纠纷解决方法。协商是双方之间的自由沟通，由双方当事人保持着控制权，在直接的协商交流过程中达成共同决定。协商不只是发生在纠纷双方之间，也同样包括当事各方内部的沟通协商。在实际生活中，即使是在只有双方当事人的场合，参加协商的各方也经常是组织松散的联盟。因此，在各个联盟内部的组成部分之间必然存在大量的协商。

很多学者和专家曾经试图设计出一种发展过程模型，以此确认理想中协商要达到一致同意的结果所要经历的各个阶段。其中英国社会人类学家格利佛提出的由八阶段组成的模型相对比较具体：平台；确定争点，形成议程；探寻界限；缩小分歧；初步谈判；最终谈判；确认仪式；执行。但格利佛所描述的仅仅是一种模型，在实际的协商中，各阶段可能会重叠与交错进行。

（四）和解

和解有当事人自行和解和法院主持的和解。对于当事人自行达成和解的，可以向法院提出双方当事人签署的撤回诉讼的书面协议书。在法官主持的和解中，"和解一般是在法官办公室中进行的。法官进行和解的方式也不是单一的，法官可以分别同当事人中的一方进行交谈，也可以组织双方当事人进行面对面的和解。法官在和解中主要评价当事人的请求，同时也帮助当事人了解如果诉讼会有哪些有利因素和不利因素。由于和解法官与法庭审判的法官不是同一个法官，所以对于不愿意进行和解的当事人，和解法官不可以明示或者暗示审判判决来迫使当事人进行和解"①。

和解方法是美国民事诉讼中正式确立的司法方法。美国联邦民事诉讼法规定，为了促进和解，法官享有自由裁量的权利，可以命令律师或者没有律师的当事人前来参加审前会议。审前会议可以进行一次或者多次。在美国的某些州还有这样的"和解要约"程序，依此程序，一方当事人在审理阶段提出载有明确数额的书面和解要约。如果该要约为对方当事人所接受，和解成立。如果未被接受，拒绝和解的当事人必须偿付提出要约方当事人继续进行诉讼的费用，包括律师费在内，除非拒绝和解方当事人在审理中获得更好的结果。美国联邦民事诉讼法还规定了"判决方案要约"程序，依此程序，在庭审前 10 日任何一方当事人都可向另一方当事人提出"判决方案要约"。"判决方案要约"的主要内容是提出一方当事人要求对自己那方作出不利的判决。在判决方案要约发出后的 10 日以内，如果对方当事人采用书面的方式来表示他已接受"判决方案要约"，那么任何一方当事人都可以将该要约提交给法院。法院的书记官将以该要约进行登记判决。判决方案要约提出的另一种情况是法庭已经作出了责任分担的裁决，但是具体的责任金额还没有确定。在此，对于诉讼费用有一个特别的规定。当要约是被告提出时，如果最终判决不比该要约有利，原告没有接受该要约的情况下，该要约提出后的诉讼费用将被判由原告来负担。这种做法的主要目的是为了加重原告想要继续进行诉讼的压力，从而促成双方达成和解。

（五）调解—仲裁

"调解—仲裁"是结合了调解与仲裁的一种纠纷解决方式，是存在于二者之间的一种方法。在这一过程中存在着一个中立的第三方，该第三方是这个案件的调解人。在适用"调解—仲裁"的案件中，大多数都是先进行调解的。在这个调解中，中立第三人主要来帮助双方当事人减少分歧并缩小彼此间的差距，以此来促成和解或者达成双方都可以接受的一致意见。当调解失败的时候，仲裁就登上了舞台。调解中的调解员可以担任仲裁中的仲裁员，也可以重

---

① Jacqueline Nolan – Haley, *Alternative Dispute Resolution in a Nutshell*, Thomson Wes, 2008, p.145.

新聘请新的中立者来担任仲裁员。在这个程序中，仲裁员所作出的裁决就是终局裁决。在实际案件操作中，由于仲裁被应用的十分顺畅，渐渐地弱化了调解在这个方式中的作用，因此这个模式在实际中已不是很重要了。

（六）早期中立评价

早期中立评价起源于 1985 年的加利福尼亚北部地区的联邦地区法院，其目的是帮助双方当事人来评价各自在案件中的立场，使双方熟识自己理由的强弱，以此来促成和解的达成，帮助当事人节省一些诉讼费用。这个方法要求中立第三人以评价人的身份来主持双方当事人之间面对面的会议，讨论双方的基本观点、评价当事人各方的优劣势以及有关协议的内容等等。

早期中立评价方法具有不同于其他方法的特点。首先，担任评价人的中立第三人来自法院所提供的人选，其中多数都是一些资深律师，他们主要作出一些带有强指导性且客观的评价。其次，中立评价人发挥着非常大的作用，公正且知识渊博的中立评价人可以使当事人产生依赖感，这样可以增加和解成功的可能性。最后，与调解方法相比，早期中立评价方法中，当事人主张的提出以及举证都更为正式。

（七）小型审判

小型审判，也被称为"改良型和解会议"。小型审判的主要目的是促进当事人双方达成和解。小型审判的形式多种多样，但是都没有多大的差异。该方法是从已经退休的法官和律师等人中选出作为主持者的中立建议者，由当事人双方进行选任并组成审判组来主持审判。

小型审判的主要程序是双方当事人应该在两天的听证日期内来陈述案件事实。在听证结束后，双方当事人应该主动且自觉地进行和谈，以期待可以寻求更好地纠纷解决方法。在此后，中立建议者可以对目前的情况提出建议，但是这个建议是不具有约束力的。双方当事人可以在这之后再次进行协商。如果当事人双方通过小型审判达成和解，而且和解的结果已经被写入了判决书中，那么这个和解结果就具有法律效力。但是如果双方当事人不能通过小型审判达成和解，那么这个纠纷就要按照程序进入诉讼程序中。

（八）简易陪审团审判

简易陪审团审判也是应用比较广泛的 ADR 之一，该方法系由俄亥俄州的北部地区的联邦法院法官朗布罗斯于 1981 年开创[1]。现在，美国许多联邦法院和州法院都已经采用了这个方法。主要适用范围是有多方当事人的诉讼、侵权

---

[1]　Slonim Scott，"One Judge's Invention：Summary Jury Trials"，*American Bar Association Journal*，vol. 67，1981，p. 24.

损害赔偿诉讼和反垄断诉讼。

简易陪审团审判由一名法官主持，参加的人员还有陪审员和法院的其他工作人员，一般情况下是不公开进行的，双方当事人和他们的代理律师必须强制到庭。简易陪审团审判的陪审员是从陪审团名单选出，所作出的评价仅作参考，不具有拘束力。进行简易陪审团审判的具体程序如下：一方当事人或者代理律师在证据开示后且审判前的3天内向法院提交有关问题的总结意见，指定陪审团，向陪审团进行证据出示。在律师的陈述和总结发言之后，陪审团退席去进行评议和作出裁决。陪审团裁决可以是合意裁决也可以是单独裁决。

（九）私人审判

私人审判是由法庭选出的法官主持审理，根据事实和法律作出判决。有时也被称为租借法官审判，因为法官虽是法庭从法律规定的名单中选出来的，但要收取审判报酬。

私人审判与小型审判相类似，当事人在庭审中也同样拥有举证机会。私人审判是双方当事人事前约定的，具有法律效力。如果当事人不服从私人审判结果，唯一推翻它的方法就是上诉。

（十）中立专家

中立专家是由法院选择一名中立者，作为该案件方面的专家，在对案件事实进行调查以及收集了证据后作出一份相应的专家意见报告，作为提供给双方当事人的客观的事实评价。意见报告的作用主要有两个：一是影响当事人和法院判断案件事实，二是在质证后可以被法院作为有效证据来使用。

中立专家方法主要适用于知识产权纠纷这一类涉及技术的、复杂的、专业的纠纷案件。该中立专家的聘请是在证据开示后，由法院来决定。中立专家的意见报告虽不具有约束力，但在必要的时候也可以以证人的身份来出庭作证。

三、ADR 方法的价值评析

ADR 作为连接民间纠纷解决方法与正式诉讼之间的一种中间方法，具有明显的"混血"优势。一方面，它可以弥补对抗制下诉讼解决方式耗时费钱的严重不足，缓解法院压力，提高纠纷解决效率。另一方面，它可以弥补传统的民间纠纷解决方式缺乏强制执行力的不足。

ADR 方法的"混血"优势在法院附设的 ADR（包括法院附设的调解、法院附设的仲裁）中体现得特别明显。法院附设的 ADR 虽然以法院为主持机构，并且在一定条件下与法院的诉讼程序相关联，一定程序上承担着解决纠纷的司法职能，但它本质上还属于合意解决纠纷的机制，不必绝对遵从法律规范，可根据双方意愿灵活地选择地方习惯和行业惯例。法院附设 ADR 程序中，法官通常不直接介入双方交涉的过程，而由来自法院之外的律师、退休法官、相关行业专家或法院的辅助人员来促进双方和解。通过法院附设 ADR 程序获得的调解结果、仲裁裁决只是作为一种评价性判断或参考意见，当事人可以拒绝接受并要求法院重新审理，但一旦双方当事人接受或经法院确认，就具有跟法院判决同等的法律效力。这种设计充分发挥了调解的功能和特长，又发挥了诉讼程序中特有的规范确认功能，具有很大的合理性。

正是得益于这种"混血"优势，ADR 在美国兴起后，迅速成为民事纠纷解决当中特别重要的一种方法，在纠纷解决的数量方面远远超出了正式的庭审诉讼。

也正是得益于这种"混血"优势，ADR 不仅在美国国内产生了巨大影响，而且还迅速影响到英国等世界其他国家，成为当代英美法系国家及部分大陆法系国家民事纠纷解决的主要方法之一。

第八章
警察偏重正当程序的侦查方法

英国学者赫伯特·帕克概括出两种警察的侦查模式："犯罪控制"模式和"正当程序"模式。① 前者立足于社会整体安全，以方便于警察证明犯罪嫌疑人有罪为首要价值目标，重点强调如何有效地打击犯罪和减少犯罪；后者立足于涉案人员的权利保障，主要关注如何保护犯罪嫌疑人的合法权益，突出强调侦查权行使的程序正当性，以期最大限度地降低警察滥用权力的潜在风险。

英美警察由于实行对抗制庭审制度和历史传统的影响，在执法过程中偏重于程序与证据，强调侦查权行使的程序正当性，侧重对犯罪嫌疑人的权利保护，不以打击犯罪和证明犯罪嫌疑人有罪为首要目标，在"犯罪控制"和"正当程序"两种侦查模式中明显偏重"正当程序"，侦查方法明显带有鲜明的重视"正当程序"特点。

第一节　英国偏重正当程序的侦查方法

英国由于素有程序中心主义的法律传统，加之创建警察之时皮尔等人就确定了温和低调的警务政策，规定了警察的基本行为准则，因此，与大陆法系国家相比，英国的警察侦查权基本上属于"正当程序"模式。尽管由于警察本能地更热衷于"犯罪控制"模式，因而随着社会复杂性的增长、犯罪率的上升和治安形势压力的不断加大，英国警察的侦查权呈现自发扩大之势，但是，由于英国的法律文化传统和对抗制的诉讼结构更倾向于"正当程序"模式，所以，规制侦查权运用的法律法规也在不断地趋于细化、明确和强硬。因此，就总体而言，英国警察侦查权的运行始终保持了重视程序正当性的特征。

一、历史成因

从历史上看，英国的普通法传统对国王犯罪侦查权的行使历来是有严格限

---

① ［英］迈克·马圭尔：《警察所的管理——〈1984 年警察与刑事证据法〉》，收录于麦高伟（主编）：《英国刑事司法程序》，姚永吉等译，法律出版社 2003 年版，第 68 页。

制的。除了在发生严重扰乱治安的现行犯罪时可以无证逮捕外，警官逮捕任何自由民，都必须预先经过司法官的审查，取得治安法官签发的逮捕令状后方能进行。这个传统是以普通法对抗式刑诉理论为根据的，即：任何公民在被证明有罪之前都是无辜的，因此，在作出有罪判决之前的任何阶段，都不应限制被追诉者的自由。

英国警察在组建后继承了这一历史传统。不过，在19世纪期间，随着工业化、城市化的步步深入，社会结构发生急剧变革，犯罪率扶摇直上，立法机关根据"犯罪控制"的现实需要，规定了大量可以基于"合理嫌疑"无须逮捕令就可实施逮捕、盘查的犯罪。尽管法律同时规定，逮捕的目的是为了防止犯罪嫌疑人潜逃，确保按时出庭受审，因此只要不存在犯罪嫌疑人潜逃危险，且犯罪嫌疑人承诺及时出庭时，就应准予保释。然而，警察机关却并非这样理解逮捕的意义。在他们看来，通过逮捕可以搜查被捕者，特殊情况下还可以搜查被捕者的住所；可以在拘留期间随时讯问被捕者，查明犯罪真相；如果是多人共同实施的犯罪，还可以通过背靠背的单独讯问，让犯罪同伙互相揭发，从而有利于发现有罪证据，甚至进而发现警察尚不知晓的其他犯罪，至少通过逮捕可以阻止犯罪嫌疑人报复告诉人或实施新的犯罪。因此，警察总是倾向于更自由、更积极主动地行使逮捕、搜查、拘留、讯问等侦查权。

最初，皮尔曾经试图建立一支预防性的警察队伍，不希望警察承担起诉职能，所以最早的警察主要担任街头巡逻任务。但实践很快就证明，皮尔的设想是不现实的。未出10年，伦敦刑事法庭受理的刑事诉讼中就有相当部分是由大都市警察厅提起的，"到1854年，全国各地的警察已担负着'绝大多数'的起诉任务。"[①] 在基层法院中，起诉甚至成了警察的专有权，并且一直保持到1985年皇家检察署的成立。

起诉权的取得进一步助长了警察积极行使侦查权的固有倾向。因为作为起诉人，警察本能地希望起诉能获得成功，即希望法庭对被起诉人作出有罪判决。为了提高有罪判决的机率，警察总是最大限度地运用自己的侦查权，甚至采用某些不正当、不合法的侦查手段，以求获得定罪所必需的充分证据。例如，滥用"合理嫌疑"原则，在不该采取强制措施的情况下逮捕、搜查犯罪嫌疑人；在讯问时向犯罪嫌疑人施加压力，甚至采用威胁利诱、欺骗恐吓、刑讯逼供来获取口供等。

警察为追求起诉成功而滥用侦查权的自发倾向，经常使犯罪嫌疑人的合法

---

① ［英］萨南特·丘恩："警察的侦查权"，收录于麦高伟主编：《英国刑事司法程序》，姚永吉等译，法律出版社2003年版，第40页。

权利受到侵害，导致冤假错案的增加。因此，法官、律师和部分政治家纷纷呼吁对警察的起诉权进行必要的限制。他们认为，"起诉权太过重要，因而不宜置于警察手中，警察是'一个最需要对其保持不间断警惕的群体，以防止其明目张胆和暴虐地滥用职权'。"① 有的法官则公开反对警察讯问权，要求把警察讯问取得的口供自动排除于合法证据之外。他们认为，"和法官无权交叉询问一样，警察也没有讯问权。"警察一旦"把某人带到警察所，并且在这样做之前他已经决定提出指控，他就不应该讯问被拘留者。治安法官或法官不能这样做，警察当然也无权这样做。"② 1893 年，卡维·J 法官宣称说："如果法律允许警察使被拘留者经受讯问，而且没有任何人在场目睹讯问行为的进程，然后得出反对他的讯问结果，这将是令人震惊的。……我一直对这些供述心存疑虑。"③

不过，多数法官认为，警察的讯问权以及其他侦查权只要遵循正当法律程序行使，对于查清犯罪事实不但是有帮助的，而且是不可缺少的。至于警察取得的证据，包括讯问犯罪嫌疑人取得的口供，只要获取的方式是正当合法的，或是被讯问者自愿提供的，法庭就应当采信。这样，人们关注和争论的焦点最后集中于警察侦查方式的合法性、正当性问题上。于是，如何规范警察侦查权的使用程序便提上了议事日程。

二、《法官规则》

20 世纪初，英国政府为规范警察侦查权的使用，制定了《法官规则》，这是英国规制警察侦查权的初步尝试。该法则是应内政部的请求由刑事上诉法院制定的，主要涉及警察的讯问权，于 1912 年颁布，后在 1918 年和 1930 年又分别作过补充。其大致内容包括：

1. 在警察试图查清犯罪分子的过程中，有权讯问他认为可以获取有用信息的任何个人，而不管被讯问人是否是犯罪嫌疑人。

2. 当警察决定起诉某人犯罪时，在讯问前首先应当对此人发出告诫，告诫事项有："你没有义务说出任何东西，除非你自愿那么做，但你所说的一切将被记录下来，并可能被用作证据"；"你有权会见和咨询律师"。在没有告知沉默权和律师咨询权之前，不能对他们进行讯问。

3. 对嫌犯的自愿供述不能进行交叉询问，除了澄清他们所说的模糊之处

---

① ［英］萨南特·丘恩："警察的侦查权"，收录于麦高伟主编：《英国刑事司法程序》，姚永吉等译，法律出版社 2003 年版，第 42 页。

② 同上书，第 43 页。

③ 同上书，第 43～44 页。

外，不能提问任何问题。

4. 当两个或更多的人因同一罪行被起诉时，应对他们的陈述分别作出笔录；警察应将笔录的副本给予每一个被起诉人，而不能只给予某一个人；如果被起诉人想作出答复，警察应当向他发出通常的告诫。

5. 所有依据上述规则作出的陈述，应尽可能完整地记录下来，并在读给当事人听后由他们签名，他们可以对笔录作出任何修正。[①]

《法官规则》一方面肯定了警察的讯问权，同时又从各个方面限制这种权力的滥用，其目的旨在实现犯罪嫌疑人权利和警察权利之间的平衡。但该法则的实施效果却不尽如人意。犯罪嫌疑人在被讯问前仍然常常得不到权利告知，他们会见律师的要求也经常遭到拒绝。出现这种情况的原因主要在于警察的抵制。多数警察认为，《法官规则》为警察履行职权设置了过多的限制，妨碍了对社会犯罪尤其是有组织犯罪的打击。它给予了犯罪嫌疑人可以不必回答讯问的权利，使罪犯可以名正言顺地隐瞒自己的罪行，而警察要想将罪犯绳之以法，却不得不将自己置身于被法律质疑和惩罚的危险境地，这是不公平的。大都市警务专员甚至指责《法官规则》"把所有好处都给了被告方"，认为这些规则"不适用于审判 20 世纪末能够熟练运用法律援助的犯罪老手。"[②] 所以，仍有不少警察违反《法官规则》，采用不当手段搜集犯罪证据。而在许多法官看来，《法官规则》只不过是一种指南，并没有成文法的强制效力，所以对警察通过不正当手段获取证据的行为通常采取听之任之的态度，并没有通过排除这些证据的方式来惩戒违规警察。所以，在 1912 年以后的半个多世纪内，如何限制警察的侦查权，保护犯罪嫌疑人的正当权利问题，依然受到英国人的普遍关注。

三、《警察与刑事证据法》

这一问题在 1984 年《警察与刑事证据法》的颁布后终于得以解决。促使政府制定《警察与刑事证据法》的直接动因是轰动一时的"马克思维尔·费肯特案"。在该案中，三名精神受损的十几岁少年在没有得到任何法律咨询或援助的情况下，遭到警察的严厉讯问，最后供认"有罪"。根据他们的口供，法庭判处他们犯有谋杀罪。不久，三名少年被证明无辜。此案立即引起强烈的社会批评，英国政府宣布成立专门的皇家刑事委员会进行调查。在西里尔·菲

---

① Sir Maurice Sheldon Amos, *British Justice: An Outline of the Administration of Criminal Justice in England and Wales*, London: Longmans Green & Co., 1940, pp. 21 – 22.

② ［英］萨南特·丘恩："警察的侦查权"，收录于麦高伟主编：《英国刑事司法程序》，姚永吉等译，法律出版社 2003 年版，第 44 页。

利浦斯爵士的领导下，皇家刑事委员会于 1981 年提交了一份调查报告。根据该报告，制定了 1984 年《警察与刑事证据法》。

《警察与刑事证据法》的宗旨在于力图"在个人权力和国家利益之间"达致"适度平衡"，[①] 就是说，既要捍卫控制犯罪这一社会公共利益，又要保护犯罪嫌疑人的个人权利。该法具体规定了警察可以运用强制权力的情形，后来增补的 5 部实施细则，又对阻留搜查、财产扣押、拘留、处置、讯问嫌疑人、辩论嫌疑人和讯问录音等规定了更为详尽的指南。

1. 在拦截、搜查方面。《警察与刑事证据法》规定，警察有权搜查、扣留任何人员和车辆；同时又规定，只有在警察有相当理由怀疑被盗或违禁物品将被发现时才可运用拦截搜查权。该法还规定，一个人的年龄、肤色、服式、发型或者前科都不是引起合理怀疑的充分条件；除外衣、夹克或手套外，不得命令嫌疑人当众脱掉任何东西；如果需要进一步搜查，必须将嫌疑人带到附近没有公众在场的地方；不事先告知警察的姓名及所属警察局、打算搜查的对象和根据以及如果要求则可以获得一份搜查笔录的副本，不能进行搜查。[②]

2. 在逮捕方面。《警察与刑事证据法》肯定了警察的逮捕权，但逮捕权的使用要受必要性标准的限制。警察必须在有"合理理由"相信犯罪嫌疑人已经实施、正在实施或者将要实施某一犯罪行为的情况下才能行使逮捕权。该法规定，只有满足下列情况之一的逮捕才能被认为是正当的：（a）逮捕人拒绝透露其身份，无法适用传票；（b）需要制止罪犯继续犯罪；（c）需要保护被逮捕人或其财产；（d）需要保全或保护证据；（e）嫌疑人有不能出席庭审应答传票的可能性。[③]

3. 在拘留方面。《警察与刑事证据法》规定，对犯罪嫌疑人的拘留权由专门的"拘留警察"行使。"拘留警察"由警佐级别以上的警察担任，扮演着拘留程序的独立看门人和被拘留者权利的保护人角色。"拘留警察"对被拘留者负有如下义务：决定是否有相当理由相信起诉前拘留是保全相关犯罪证据或通过讯问取证所"必需的"，只有在"必需的"情况下才可批准拘留，而且须在被拘留者在场时为作出决定的根据制作书面记录；决定是否有足够的证据以逮捕他的罪名起诉，如果有，就必须起诉，如果没有，就应立即释放，不得

---

① ［英］萨南特·丘恩："警察的侦查权"，收录于麦高伟主编：《英国刑事司法程序》，姚永吉等译，法律出版社 2003 年版，第 46 页。

② 同上书，第 47 页。

③ 同上书。

延误。①

关于拘留期限，《警察与刑事证据法》规定，"拘留警察"可以作出最长不超过 6 小时的拘留决定；更高级别的警官在审查案件后可再延长拘留期限，但任何人不得在未被起诉的情况下被拘留超过 24 小时，除非他们正因涉嫌"严重的可逮捕罪"被拘留。该法还规定，警察拘留权的绝对时限为 36 小时，经过治安法官"延长拘留令状"的批准，可再延长 60 个小时，因此，一般案件的最长拘留期限是 96 小时。恐怖犯罪案件不适用上述规定，此类案件经法官批准后，在起诉前可将犯罪嫌疑人拘留 7 天。②

4. 在讯问方面。《警察与刑事证据法》对警察讯问的条件和方式作了大量限定性规定。例如，警察有提供"温度、光照和通风适宜"的讯问室的义务；所有讯问都必须记录；讯问期间在场的所有人都应当能在录音带中甄别；不能要求犯罪嫌疑人站着接受讯问；应当"在公认的就餐时间"提供用餐的间隙；每隔 2 小时左右应为犯罪嫌疑人提供茶点一次，并作短暂休息；在 24 小时的时间内，必须给予犯罪嫌疑人至少 8 小时免遭讯问或移动的连续休息时间；讯问时应允许犯罪嫌疑人的律师在场；在涉及青少年以及"精神紊乱"或"精神障碍"的犯罪嫌疑人时，讯问过程中应当有"合适的成年人"在场。③

《警察与刑事证据法》第 43 条明确规定："严禁刑讯逼供和以威胁、引诱、欺骗以及其他非法的方法搜集证据。必须保护一切与案件有关或者了解案情的公民，有客观地充分地提供证据的条件。"第 76 条规定："如果向法庭提交的口供是通过使用压力等方法取得的，法庭将不承认该口供的合法性，除非检察官能够完全确定地证明是合法取得的。"④

5. 在记录保全方面。《警察与刑事证据法》规定，"拘留警察"有义务为每一个被拘留者制作全面的"拘留记录"，写明拘留期间被拘留者经历的所有事项，每一项都应签名并附上时间和日期。"拘留警察"必须对记录的准确性和完整性负责，如果被拘留者提出正式请求，可在解除拘留后获得"拘留记录"的副本。"拘留记录"必须包括的事项有：拘留的根据；犯罪嫌疑人在被告知有咨询律师等权利后的签名；犯罪嫌疑人对其咨询律师权的弃权声明；秘密搜查的细节、理由和结果；犯罪嫌疑人要求通知亲友其已被捕的请求以及对

① ［英］迈克·马圭尔："警察所的管理——《1984 年警察与刑事证据法》"，收录于麦高伟主编：《英国刑事司法程序》，姚永吉等译，法律出版社 2003 年版，第 74 页。
② 同上书，第 74～75 页。
③ 同上书，第 76 页。
④ ［英］迈克·麦考韦利："对抗制的价值和审前刑事诉讼程序"，收录于《英国法律周专辑》，第 128～129 页。

请求的回应；推迟提示或拖延批准法律咨询申请的理由；供应犯罪嫌疑人餐饮的详情；犯罪嫌疑人对其处遇进行的任何申诉的详情；医疗待遇的详情；告知犯罪嫌疑人其被起诉的时间以及犯罪嫌疑人所作的任何答复的详情等。《警察与刑事证据法》对"讯问记录"的要求尤为严格。它规定，"讯问记录"必须准确充分，最好将每个人所说的话都一字不差地记下来。还规定，制作"讯问记录"应和讯问过程"同步"进行，不得采用讯问后再整理成文的办法，以防警察进行篡改内容。[①]

6. 在犯罪嫌疑人的其他权利方面。《警察与刑事证据法》赋予被拘留者获取法律咨询的权利。除非犯罪嫌疑人愿意为自己选择的律师支付劳动报酬，法律咨询费由国家提供。被拘留者还被赋予了"揭示"权，即把他们被捕的消息和羁押场所告知他们认识的某个人。警察必须正式告知犯罪嫌疑人他们拥有这些权利，并让他们在记载已经被告知的笔录上签名。[②]

1984 年《警察与刑事证据法》是英国规范警察权力、保护犯罪嫌疑人权利的最重要的一部成文法律。它的实施降低了不正当或逼迫性警察讯问的发生率，减少了因"虚假供述"或其他不可靠讯问证据导致的不公判决数量，使得英国"正当程序"侦查模式的特征更加突出醒目。

四、《刑事审判与公共秩序法》

必须承认，1984 年《警察与刑事证据法》也在一定程度上削弱了警察对犯罪的控制能力，使他们无法在国内犯罪率居高不下的形势下大展身手。因此，几乎从这部法律生效之日起，一些警察就试图开历史的倒车。他们首先要求取消犯罪嫌疑人的诉前律师咨询权。由于这是英国法律中早已深入人心的一条传统原则，要想取消它绝无可能。于是，某些警察便把目光转向限制犯罪嫌疑人的沉默权。而当时的客观形势又适逢北爱尔兰恐怖犯罪猖獗，现实情况迫切需要加大对犯罪分子的打击力度。于是，英国在 1994 年制定了《刑事审判与公共秩序法》，该法从五个方面对犯罪嫌疑人的沉默权作了限制性规定，其中有助于间接提升警察权力的规定主要是如下三条：（1）当犯罪嫌疑人被讯问或指控时没有提及某些事实，而后又在法庭上作为辩护理由提出时，作为事实审判者的陪审团或治安法官可以作出不利于犯罪嫌疑人的推论，只要他们有充分理由认为犯罪嫌疑人应当在讯问时提及该事实，这种推论就被"视为适当"。（2）当犯罪嫌疑人被捕以后不能或拒绝解释在他身上、衣服里、鞋里或

---

① ［英］迈克·马圭尔："警察所的管理——《1984 年警察与刑事证据法》"，收录于麦高伟主编：《英国刑事司法程序》，姚永吉等译，法律出版社 2003 年版，第 76～77 页。

② 同上书，第 77 页。

在他被捕的任何地方出现的东西或痕迹，日后可以得出对其不利的推论。（3）当犯罪嫌疑人在被捕时不能或拒绝解释出现在某个场所或在犯罪的时间在场，而直到审判时才提出解释，这种解释可以被公正地认为是在临时编造。[①] 上述规定调整了警察权利与犯罪嫌疑人权利之间的关系格局，犯罪嫌疑人由原来在被讯问时可以保持绝对沉默而不承担任何对己不利的法律后果，改变为在某些法定情况下必须回答警察的提问，因为如果不这样做，将可能损害他们在法庭上提交的辩护理由。警察只要对犯罪嫌疑人反复强调这一风险，就足以迫使其开口。事实证明了这个推断，在《刑事审判与公共秩序法》实施以后，在警察讯问中保持沉默的比例的确出现了下滑趋势。

表面看来，1994 年以后英国警察侦查方式中的"犯罪控制"倾向有所强化，但这绝非意味着英国警察放弃了"正当程序"模式，而只是表明英国对社会大多数成员的权利保护更加关注，准确地说，更加注重犯罪嫌疑人利益与社会整体利益的平衡。就此而言，1994 年《刑事审判与公共秩序法》标志着英国警察"正当程序"侦查模式的进一步完善化。

纵观近 200 年的历史变迁，英国警察侦查模式在保持"正当程序"总体特征的前提下，因犯罪发案率居高不下，也不时出现倾向"犯罪控制"模式的诉求和迹象。正是在后者的推动下，英国政府才不断地对"正当程序"模式进行局部调整和修正，使之避免走向僵化，保持了旺盛的生命力。

第二节　美国偏重正当程序的侦查方法

美国警察继承了英国的重视"正当程序"传统，这表现在 1789 年通过的宪法第四条修正案中，即"人民的人身、住宅、文件和财产不受无理搜查和扣押的权利，不得侵犯。除依照相当理由，以宣誓或代誓宣言保证，并具体说明搜查地点和扣押的人或物，不得发出搜查和扣押状"。此外，由于司法审判中采用对抗制和对被告无罪推定的原则，这对警察的侦查活动产生了重大影响，表现在对警察的要求是要证明犯罪，又要公平地对待犯罪嫌疑人。为达到证明犯罪的目的，就要赋予警察一定的自由处置权，而要达到公平对待犯罪嫌疑人的目的，又要限制警察滥用职权。为此，从 19 世纪末开始，美国联邦最高法院根据美国宪法第四条修正案、第五条修正案的规定，通过发布案例的方

---

① 中国政法大学刑事法律研究中心组织编译：《英国刑事诉讼法》，中国政法大学出版社 2001 年版，第 50～52 页。

式，确立了一套规范警察逮捕、搜查、审讯等方面的详细规则，使美国警察的执法活动在"犯罪控制"和"正当程序"之间一直偏重"正当程序"。

一、搜查与扣押

在侦查阶段，警察通过需要对人身和财产进行搜查、扣押。根据美国宪法第四条修正案的规定和后来的司法解释，拦截和拘留某人，要求执法人员以超出单纯的怀疑和直觉的事实证明其拦截的正当性。除个别例外情形，没有法官签发的搜查令状，警察不得对财产进行搜查或扣押。

非法扣押的证据，包括违禁品、犯罪赃物与犯罪工具，在审判中可能不会被采纳用来证明被告人的罪行。主要针对警察的非法证据排除规则是19世纪末期以来由美国联邦最高法院在司法实践中逐步确立起来的。在1886年的"波尔德案"（Boyd v. United States）中，联邦最高法院判决了非法证据排除规则的第一个判例。判决认为，强迫披露相当于犯罪证据的文件无异于侵犯嫌疑人不受不合理搜查和扣押的宪法权利，所以这样的物品在法院的诉讼中不被采纳。

在1914年的"维克斯案"中，联邦警察出具的证据被判决为在所有的联邦刑事起诉中排除。联邦最高法院宣称：

> 虽然法院和它们的官员使有罪之人受到惩罚的努力值得称赞，但不应该以牺牲那些经历过多年努力和苦难才在国家基本法中有一席之地的重大原则来为其提供帮助……认可这样的执法行为如果不是对旨在保护公民免受不正当执法行为侵犯的宪法禁止性规定的公然挑战，将是通过司法判决来确认一种明白无误的疏漏。[①]

在1961年之前，非法证据排除规则是由各州自由裁量的，但1961年的"马普诉俄亥俄州案"（Mapp v. Ohio）改变了这一切。在该案中，三名克利夫兰的警察突然冲进一名名叫马普的妇女家中，在没有搜查证的情况下强行搜查了她的住处，结果发现了一些"淫秽"资料。根据俄亥俄州的法律，尽管这些东西是在未被批准的搜查行动中取得的，在审判中仍可以采用这些证物。[②]这一案件被上诉到联邦最高法院后，法院判决禁止使用通过不合法搜查和扣押搜集的证据。之后，非法证据排除规则在联邦和州都普遍适用了。

---

① ［美］罗纳尔多·V. 戴尔卡门：《美国刑事诉讼》，张鸿巍等译，武汉大学出版社2006年版，第110页。

② ［美］劳伦斯·弗里德曼：《二十世纪美国法律史》，周大伟等译，北京大学出版社2016年版，第255页。

但美国联邦最高法院也就非法证据排除规则的适用划分出了一些例外情况，在这些情况下，警察搜集的证据也可被法院采纳：（1）当错误是法官或治安法官而不是警察所犯的时候；（2）当错误是法院雇员所犯的时候；（3）当警察犯了错误，但他诚实合理地相信他获得令状给治安法官的信息是正确的时候；（4）当警察合理地相信授权他进入房产的人有权给予同意的时候；（5）当警察的行为是基于后来被宣布违宪的法律的时候。

二、逮捕

警察逮捕分为有证逮捕与无证逮捕。有证逮捕即持有法院签发的逮捕证对犯罪嫌疑人进行逮捕；而无证逮捕是指在某些特殊情况下进行的逮捕做法，如警察发现有人正在犯罪，便可以加以逮捕。无证逮捕的总的原则是，如果不立即逮捕，嫌疑犯可能逃走，或永远失去犯罪证据。

无证逮捕同有证逮捕一样，首先须有"相当理由"（probable cause），如果理由不充分，那么逮捕为非法，而由此所得的一切证据也将不得进入司法程序。联邦最高法院对相当理由作了如下界定："在警察了解范围内而且他们对之有合理可信信息的事实和情况本身足以使一个合理谨慎的人有理由相信犯罪已经发生或者正在实施"①之时，就表明存在相当理由。对于这一界定中什么是合理谨慎的人（man of reasonable caution），有些法院也称之为"理性的人"（reasonable man）或"普通审慎和谨慎的人"（ordinarily prudent and cautious man）。合理谨慎的人不是指治安法官或律师这类受过法律训练的人，而是指机械师、屠夫、面包师或教师等普通人。如果这些人处在那样一种场合认为某人很可能犯了罪，就可以逮捕这个人。

相当理由的认定一般可以采取三种主要方式："（1）警察自己对具体事实和情况的了解；（2）一个可靠的第三者（线人）的举报；和（3）举报加上确实的事实。"②由于相当理由的存在与否决定了逮捕本身的合法性，从而进一步决定了因逮捕而发现的证据能否进入司法程序，所以相当理由往往在许多案子中成为争辩的焦点。在对这些争辩的裁决过程中，美国法院确立了一些是否有相当理由的原则：

1. 仅仅在犯罪现场不构成相当理由。一般来说，一个人仅仅在犯罪现场，而没有直接发现有犯罪行为，对他的逮捕就没有相当理由。例如，一位反毒品

---

① ［美］罗纳尔多·V. 戴尔卡门：《美国刑事诉讼》，张鸿巍等译，武汉大学出版社 2006 年版，第 82 页。

② ［美］罗纳尔多·V. 戴尔卡门：《美国刑事诉讼》，张鸿巍等译，武汉大学出版社 2006 年版，第 87 页。

的侦探得到了一个举报电话，说一个叫巴迪特的人是个毒品贩子。一天，他尾随巴迪特的车来到一幢毒品贩子经常出没的废弃大楼前。经询问发现，巴迪特身上确实带有毒品，于是当即把他逮捕，在巴迪特的车上还坐着一个叫彼得的人，侦探认为他是个同谋，将他一起逮捕。对彼得的逮捕就没有相当理由，联邦最高法院认为，一个人仅仅在场，或者仅仅同某一罪犯有联系，并不构成相当理由。

2. 仅仅行踪可疑不构成相当理由。例如一个人在商店里东张西望，看来并不对购物感兴趣，而像是在伺机偷东西，相当理由也不存在。同样，仅仅因为某个人出现在他不该出现的地方，也不构成相当理由。如有一天一个警察得到消息，一个社区发生了夜盗，接着发现三个黑人青年在附近街道上闲逛。当时已是晚上 12 点以后，而那个社区又是白人居住区，警察当即就把三人逮捕，并在身上搜出毒品。后来证明三人并不是夜盗，但检察官以贩毒罪为由对三人提出公诉，被告律师以逮捕没有相当理由为由要求把发现毒品一事排除在证据之外。法院判决认为，对三人的逮捕确无相当理由，因而因逮捕而发现的毒品证据被排除在证据之外。可见，对涉嫌毒品罪的三名犯罪嫌疑人虽有确凿的证据，但因警察无意的错误而无法进入司法程序，从而使他们这些真正的罪犯逍遥法外。

3. 先有告密者的举报也不构成相当理由。在打击贩毒或其他团伙犯罪的活动中，警察常常安排一些刑满释放分子做耳目。警察不能单凭耳目的报告就逮捕某个人。他还必须有第一手资料。也就是根据举报再进行跟踪观察，如果观察结果证实了耳目的举报，才可以将嫌疑犯逮捕。

三、讯问

从警察的角度看，从嫌疑人口中最大限度地掏出归罪于嫌疑人的证词，是他们的首要任务。但这样做的结果也往往容易造成警察滥用职权而形成冤狱，为此，联邦最高法院确立了一整套限制警察审讯时滥用权力的法律，禁止刑讯逼供。

美国宪法第五条修正案虽然明确规定"不得在任何刑事案件中被迫自证其罪"，但美国联邦最高法院长期认为这一规定并不适用于各州。1934 年，美国联邦最高法院审理了一起来自密西西比州的上诉案件"布朗诉密西西比"（Brown v. Mississippi），该案涉及警察为了取得供述，殴打被告人的情况。联邦最高法院虽然确认了通过暴力取得证据的做法不当，但并没有讨论密西西比州是否应当遵循宪法第五条修正案的问题。[①] 直到 20 世纪 60 年代，美国联邦最高法院才通过 1966 年的"米兰达诉亚里桑纳州"一案，确立了限制警察非法讯问的"米兰达法则"。

"米兰达诉亚里桑纳州"一案案情如下：1963 年 3 月 3 日深夜，一位在亚里桑纳州凤凰城一家电影院工作的 18 岁女孩子下班回家。下了公共汽车后离家还有一段路。就在她步行往家走时，一辆汽车突然停在她的前面。一个男人从车里出来，走到她的跟前，抓住她的胳膊，并告诉她不要叫喊，他不会伤害她。同时用一只手捂住她的嘴，把她塞进汽车的后座，然后把她的手脚都捆住。这以后，这个男人开车走了大约 20 分钟后停下，并在车内将女孩强暴。之后又把车开到另一个地方把女孩放了。女孩跑回家后给警察打了电话。警察根据她的描述在 3 月 13 日将米兰达逮捕。逮捕后警察将被告进行了"排队"。受害人当场认出米兰达就是罪犯之后，被告供认自己就是强奸者。然后按警察的要求写了一份供认书，并在上面签了自己的姓名。这份供认书和米兰达招供的情况在审判中被用作证据。经审判，米兰达被判犯有劫持罪和强奸罪，分别被判有期徒刑 20 年和 30 年。米兰达不服，一直上诉到州最高法院。州最高法院维持原判。米兰达此时已不再有享受免费律师的权利。他就在狱中多次向美国联邦最高法院写信上诉。终于成功，于是就产生了著名的"米兰达诉亚里桑纳州"一案。

米兰达案的焦点是被告所做的招供和他签名的供认书是否应该作为证据进入司法程序。被告认为，在当时那样的场合下，他的招供是被迫的，因此警察违背了宪法修正案第五条不得强制犯人对自己作证的规定。联邦最高法院同意被告的观点，认为被告虽然并没有从肉体上受到强迫，甚至也没有人直接告诉他必须招供，但"心理上"的强迫是存在的。首席大法官休斯在法院意见中说："现代羁押讯问的实施侧重于心理攻势而不是肉体上的折磨。……被告人肉体上所受到的虐待并非违宪讯问的唯一标志。"[②]审讯是在室内进行的，同外界隔绝，现场除了被告以外全都是警察。讯问可能持续几天，被讯问人除了吃饭和睡觉的必要间隔时间外，始终处在一种被支配的气氛中。讯问人或者软硬兼施，一会儿由一位口气粗鲁的警察上阵，一口咬定就是他干的，一会儿由一位温文尔雅的警察上阵，耐心劝导。联邦最高法院认为，所有这一切都给被捕者造成了巨大的心理压力，而在这样的场合下所做的供认可信性很低，是不应

---

① ［美］菲尼，岳礼玲：《美国刑事诉讼法经典文选与判例》，中国法制出版社 2006 年版，第 178 页。

② ［美］菲尼，岳礼玲：《美国刑事诉讼法经典文选与判例》，中国法制出版社 2006 年版，第 192 页。

该作为合法证据的。

因此，联邦最高法院明确规定：在审讯之前，警察必须明确告诉被捕者：（1）他有权保持沉默；（2）他如果选择回答，那么他所说的一切都可能会被用作对他不利的证据；（3）他有权在审讯时由律师在场陪同；（4）如果他没有钱请律师，法庭有义务为他指定律师。这就是著名的"米兰达警告"。如果警察在审讯时没有预先作出以上四条警告，那么犯人的供词一律不得作为证据进入司法程序。

"米兰达警告"不但防止了警察对被审讯人的肉体逼供，而且防止了警察对被审讯人的心理逼供，对警察的侦查活动产生了巨大影响，使出示米兰达警告成为警察工作方式的必要组成部分。

警察一旦忽视或忘记出示米兰达警告，其讯问所获取的证据就面临被排除的危险，这在1977年的"布鲁尔诉威廉姆斯"案中就有典型体现。该案案情如下：1968年12月24日，一个叫帕米拉的10岁小女孩随父母去依阿华州的德茂恩市看摔跤比赛。比赛中的帕米拉一个人去厕所，之后再也没有回来。警察接到报告后立即进行调查，发现一个叫威廉姆斯的人可能是劫持者，威廉姆斯刚从一所精神病医院逃走不久，有人曾看见他在体育馆外将一捆东西装进一辆汽车。12月26日，德茂恩市警察接到邻近达芬堡市警察局的电话，说威廉姆斯已向他们自首，并让德茂恩市的警察前去把他押回。德茂恩市派了两名警察开车前去，在赶回德茂恩市的途中，一名警察对威廉姆斯这样说："我想让你在我们路上走的时候考虑一些事情……第一，我想让你观察一下天气状况，天在下雨、下雪花、在结冰，开车非常危险，视线不好，今晚将会黑得早。他们预报今晚有好几英寸雪，我想你是唯一知道小帕米拉埋在什么地方的人，如果雪一盖，连你自己也找不到孩子埋在什么地方了。我们何不去把她找到，她的父母也好用基督教的丧礼把她埋了，可怜的孩子，就这样在圣诞节前夕被人杀害了。"听了这番话，威廉姆斯果然带着警察来到他杀死并埋葬小帕米拉的地点，并在那儿挖出了孩子的尸体，在后来的审判中，警察出庭作证，将如何找到帕米拉的前后过程告诉了法庭，审判结果，威廉姆斯被判有罪。该案很快被上诉到联邦最高法院，威廉姆斯的律师根据"米兰达规则"，认为警察当时在车里对威廉姆斯所说的一番话，实际上是审讯，而审讯前警察并没有给威廉姆斯"米兰达警告"，所以警察对当事人的询问构成刑讯逼供。联邦最高法院审判结果，警察由讯问得来的证词被依法排除了。

第三节　英美侦查方法的价值评析

遵循"正当程序"模式是英美警察犯罪侦查的基本做法，从世界范围来看，在规范警察权力、限制警察权的滥用方面取得了比较成功的经验，具有重要的参考价值。

犯罪侦查是警察的一项重要职权，它包括搜查权、拘留权、逮捕权、羁押权、讯问权等一系列强制性权力。这些强制权与两方面的利益直接相关：一是国家利益亦即社会公共利益，二是犯罪嫌疑人的个人利益。前者要求授予警察以较大的自由裁量权，以确保犯罪得到有效控制和社会的整体安全；后者要求严格限制和控制侦查权的运用，以保障犯罪嫌疑人的合法权利不受警察滥用权力之害。因此，如何协调以上两种常常相互冲突的利益，既能保证警察侦查权的有效发挥，又能保护犯罪嫌疑人的合法权利，便成为侦查权制度设计中的一个最关键和最复杂的法律问题。因此，如何协调以上两种常常相互冲突的利益，既能保证警察侦查权的有效发挥，又能保护犯罪嫌疑人的合法权利，便成为侦查权制度设计中的一个最关键和最复杂的问题。从理论上说，最理想的侦查权运行方式应该是二者的有机平衡，但从实践上看，在不同国家或某一国家的不同时期往往侧重其中之一。

英美警察传统的侦查模式具有鲜明的"正当程序"特征，重视对犯罪嫌疑人的权利保护。但进入 20 世纪 90 年代以后，为了解决恐怖犯罪及高犯罪率问题，英美开始注意克服原来过分拘泥于程序的弊病，加强了警察侦查中的"犯罪控制"倾向。这种向"犯罪控制"的倾斜既不意味着英美放弃了"正当程序"模式，而是在新的条件下用适当的"犯罪控制"成分来完善传统的"正当程序"模式。

我国传统的公安侦查模式是"重打击，轻保护"，重"犯罪控制"轻"正当程序"，刑讯逼供屡禁不止，警察侦查过程不合法的现象还不时发生。为改变这种状况，我国目前也开始加强对犯罪嫌疑人的权利保护，重视对警察权力的规制，已出现了从"犯罪控制"模式向"正当程序"模式的明显倾斜，跟英美警察侦查模式已不断接近。今后，我们除了继续规范警察权力、限制警察权的滥用外，还应该根据社会治安形势的变化，适时调整"犯罪控制"与"正当程序"的关系，实现打击犯罪与保护犯罪嫌疑人两方面的最佳动态平衡，既要以证明犯罪嫌疑人有罪为首要价值目标，又突出强调侦查权行使的程序正当性，最大限度地降低警察滥用权力的潜在风险。

第九章

律师对证人双重询问的方法

英美对抗制庭审的主要部分是举证与质证。举证与质证的主要形式是询问证人。就询问证人过程中证人作证的顺序问题，大致有三种模式：一是以争议问题为中心的模式，二是以传唤方为中心的模式，三是双重询问的模式。在第一种模式下，争议双方就提出的某些争议问题分别传唤证人；在第二种模式下，由传唤方把所有的证人都不间断地传唤询问完毕后，再由另一方询问。第三种模式是对传唤方传唤的每一个证人，在经过传唤方不间断的直接询问后都要立刻接受另一方的交叉询问。

英美确立的是第三种模式，这一模式早在 18 世纪就已确立。在 1726 年吉尔伯特的《证据法》一书中曾这样写道，"传唤方的证人必须首先由传唤方询问，然后由另一方询问"。在 1846 年的一起审判案例中，哈德维克也指出"传唤方有权对证人首先进行询问，然后由另一方对他进行交叉询问"① 日后这一双重询问顺序经进一步完善就表现为如下顺序规则：（1）直接询问；（2）交叉询问；（3）再直接询问；（4）再交叉询问。

第一节　直接询问的方法

直接询问是律师对自己一方证人的询问。律师的直接询问通常围绕两个目的展开：一是让自己一方的证人尽量以简明扼要的方式讲出案件事实，以便让陪审团相信并记住这些事实，同意自己的观点；二是尽量不给对手留下任何可在交叉询问中进行辩驳和反攻的可乘之机，以最大限度地限制对方的辩护效果。

在刑事案件中，一般是检察官先发问。直接询问在开始阶段，检察官首先要确定被询问证人的可信性。如果他不能做到这一点，那么证人的证词再好也

① John Henry Wigmore, *A Treatise on the Anglo – American System of Evidence in Trials at Common Law*, Vol. Ⅳ, Little Brown and Company, 1923, pp. 34 – 35.

可能是没有用的。奠定可信性的方法，一般是从姓名、年龄、住址工作及家庭成员开始。如果证人有一份体面的工作，可以详细地问一下工作了几年，负什么责任，等等。这样的目的是让陪审员听了以后觉得这个证人是个非常可信的人，没有理由不信任他。问完了背景情况后，就可以转入案情的询问了。

一、直接询问的具体方法

直接询问最理想的情况就是：证人顺利地把整个故事讲出来，陪审员完全理解他所说的话，领会到了哪些内容是重要内容，哪些内容需要记下来，最后，喜欢并相信证人。但法庭上实际发生的情况经常是：证人有时会不知所措，言辞错乱；作证的节奏非常缓慢、拖沓；对方律师有时会起来反对，打断证人的作证；陪审员有时会失去兴趣，感到迷惑不解，跟不上证人的节奏，记不住证人的证词。所以，律师在直接询问中一定要考虑到证人的因素、陪审团因素、对方律师因素。

律师如果取消直接询问，自己把整个案情讲给陪审员听，一般都会比证人讲得更简明扼要、有趣和富有戏剧性，但问题在于在对抗制庭审过程中律师无权这样做。因为在法庭上作证的不是律师，而是对法律了解甚少的外行。律师取消直接询问会被视为侵犯了证人的权利。

在直接询问表述案件事实时，主要有两种方法可供选择。一是把整个案件的情况全部表述出来。这样做的好处就是能使陪审团了解所有的证据，他们可以利用这些证据来评价和判断对方律师的辩护，这样就会给对手更大的压力。另一种方法就是概要性地表述出案件事实，只出示必要的证据来完成你的举证责任，而不是把所有的证据都表述出来。这样做的好处就是预先给对方设置一个陷阱，当他进行交叉询问或向你提出反对意见时，他就有可能掉入事先设置的陷阱。但这种方法有一个缺陷，即律师不大可能说服陪审团相信你的观点是正确的。如果律师能成功地预测出对方律师在交叉询问中的进攻策略，特别是预测到对方可能以自己哪方面的弱点来攻击自己，那么在直接询问中就可以主动暴露自己的弱点，并对此加以说明，好让陪审团在对方律师进行交叉询问时有心理准备，不至于给陪审团造成冲击，对自己造成太大的损失。

直接询问中，如果律师只是简明扼要地表述案件证据，事先隐藏了另一些证据，那么，对方律师在交叉询问中的提问范围很可能就是你没有事先提供证据的那些内容，从而让对方律师进入事先设置的陷阱之中。

律师为了在直接询问中达到有利自己一方和不利对方的目的，在直接询问前就要做大量的准备工作。这包括帮助证人克服心理上的怯场，帮助他们消除自己心中的忧虑，要帮助证人控制自己的音量和节奏，有条理地叙述案件详情，使他的故事生动逼真，引人入胜，易于理解。在有些情况下，律师最好还要利用录相带进行事先演练。律师如准备工作做得充分，就为成功地直接询问打下了基础。律师在直接询问中既要做一个出色的导演，又要做一名优秀的演员。一方面，律师要出示经过精心准备的证据，另一方面，律师还必须做到使出示的证据看起来好像没有经过任何准备似的，十分自然。比如说，律师对证人叫什么名字，工作是什么，证人看到的案情是什么，可能早就一清二楚了，但在直接询问中，律师又必须营造出一种好奇的气氛，以使证人以一种新鲜有趣的方式作证，吸引陪审团的注意力，从而增强直接询问的说服力。

为了使直接询问逼真有效，律师可以根据具体情况灵活地运用以下三种方法：

1. 运用问答技巧

问答技巧是一种出示直接证词的方法，这个方法貌似简单却十分有效，可以有效地控制直接询问过程。特别是当证人不能合理地组织自己的陈述，不能连贯地讲述事实时，律师就可以使用这种方法，以确保直接询问的顺利进行。

下面是一个直接询问中典型的一问一答的例子：

问：1982 年 1 月 12 日中午，你正在第 12 街和梅伯尔街相交的十字路口吗？

答：是的。

问：你当时看到一辆红色汽车从南边开过来吗？

答：对。

问：你能描述一下那辆汽车吗？

答：那是一辆红色的汽车，车牌是弗吉尼亚州的。好像它的速度比那里的其他汽车的速度都要快些。

问：你说它的速度比那里的其他汽车的速度都要快些，你能不能讲得更具体一点？

答：好的，它的速度好像是其他汽车的两倍。实际上，它的速度相当快，我甚至特别跟我的妻子提到了这一点。①

在直接询问中合理地运用问答技巧，能增加律师对直接询问过程的可控性，同时也能有效地防止证人回答问题时偏离主题。

2. 运用叙述技巧

如果证人善于言辞，形象不错，对法庭作证颇为在行，那么在直接询问中

----

① ［美］李·贝利：《舌战手册》，苏德华、林正译，新华出版社 2001 年版，第 257 页。

运用"叙述技巧"就不失为一种行之有效的方法，它可以增强直接询问的说服力。

例如：

问：请问先生，在 1982 年 1 月 12 日下午大约 4 点钟的时候，你是否站在第 12 街和梅伯尔街相交的十字路口？

答：是的。

问：你能否根据你的记忆，向法庭和陪审团讲讲你当时看到的情况吗？

答：可以。当时，正如我刚才说的那样，大约 4 点钟的时候，我正站在那个十字路口的西南角，我听到右边有一阵噪声，于是我转过头去。我不知道那是汽车引擎的声音还是人的吵闹声。总之我转过头去，看到一辆红色的小汽车。我想是一辆福特车，看起来是一辆挂着弗吉尼亚州牌照的"雷鸟"，正从街上向我这个方向"歪歪扭扭地"地狂奔过来。

在运用这种叙述方法的过程中，如果证人漏掉了某个关键点，律师可以再辅之以问答技巧，通过提问的方式进行必要的补充。

问：先生，你在你的证词中提到，那辆汽车"歪歪扭扭地"狂奔过来。请问你能不能解释得更清楚一点，所谓的"歪歪扭扭"是什么意思？

答：好的。那辆汽车跨过了公路中线，扭到了公路另一侧，然后又扭向自己一侧，接着又撞到了公路旁的路缘。在我所观察到的发生事故之前的二三十妙内，它至少这样扭了好几次。[①]

3. 运用强迫提问技巧

在有些情况下，如果没有律师的及时提醒和大量帮助，证人无法提供叙述性陈述，"强迫提问"就是一种行之有效的方法。在直接询问的过程中，穿插这些强迫性的简短问题，就相当于给证人围了一圈篱笆，能有效地防止他偏离主题。强迫提问时所提的问题大多是关于谁、什么、何时、何地、为什么、怎么样之类的问题。在证人的陈述中，这些问题的答案是显而易见的，所以律师有可能遭到对方律师的反对。下面这段证词就是一个很好的例子：

答：我看见那辆小汽车偏离了方向，向左边开过去……

问：向左边偏了多远？

答：一直……一直到了路缘。[②]

---

① ［美］李·贝利：《舌战手册》，苏德华、林正译，新华出版社 2001 年版，第 258 ~ 259 页。

② ［美］李·贝利：《舌战手册》，苏德华、林正译，新华出版社 2001 年版，第 259 页。

对方律师可能对此提出反对意见，就是你打断了证人的证词。这时，你可以指出你提出的问题不具有诱导性，只是为了更好地澄清事实。这样可以有效地防止对方提出反对意见，即使对方提出反对意见也不能得到法官的同意。

二、直接询问的限制规则

律师或检察官在直接询问中受到许多法律规则的限制，如证据规则要求一般不能采用传闻与意见证据，除此之外，律师还要避免提出诱导性问题（leading questions）。所谓诱导性问题，就是问题本身就暗示答案。例如："你当时是不是在三街上开车"？就是诱导性问题，因为"在三街上"暗含着答案。同样的问题如用非诱导性方式提出，应是："你当时是在哪条街上开车？"再如："当你在停车场时是不是看到被告人对一名老年妇女实施了抢劫？"这也是诱导性问题，正确的问话应是："当你在停车场时你看到了什么？"避免诱导性提问的目的是防止提问的律师通过证人而自己作证。

如果发生诱导性对话，被告律师在问话刚一结束时必须立即提出"反对"。他可以在反对后面加上反对的理由，如"反对、诱导性对话"，也可以不说。法官如果不明白他为什么反对，就会问他以什么理由提出反对，这时被告律师就可说出理由。法官对于任何一方提出的"反对"都要决定同意还是不同意。如同意，证人将不得回答这个问题。检方需问另一个问题。反之，如果法官不同意，证人就可以接下来回答这个问题。

第二节　交叉询问的方法

所谓交叉询问，是指传唤证人的一方对证人的询问完毕后，由对方律师对证人的询问。

一、交叉询问的确立

17 世纪之前，英国律师不能为重罪与叛国罪案件当事人辩护，所以不存在对控方证人的交叉询问。

在 17 世纪英国内战期间，英国刑事案件中出现了大量的政治冤案，无辜的政治精英人士由于不能对捏造的指控进行有效抗辩而遭有罪判决。为了解决这种问题，英国在光荣革命后于 1696 年通过《叛国罪审判法》，允许律师为被告辩护，律师对控方证人的交叉询问由此开始出现在这一类案件的审理中。之后，英国刑事领域又大量涌现出伪证问题，很多捕贼人为获取赏金和犯人为保命而去诬告他人的做法导致很多无辜的被告被判有罪。为了解决伪证问题，加强对被告人的权利保护，重罪案件中也允许律师辩护，律师对控方证人的交叉询问又扩展到这一类案件的审理中。

1730～1780 年是律师交叉询问制度的初步形成时期。18 世纪 30 年代后，刑案庭审中伪证问题的继续存在，辩护律师为此更多地介入法庭活动，并扩大了询问证人的范围，且在法庭事实调查中的地位越来越重要，开始超过并取代法官。在这个过程中，律师询问证人方式出现了技艺化趋向，而且规范律师交叉询问的证据规则也开始体系化，律师交叉询问制度在这一阶段初步形成。

1780～1800 年是英国刑案庭审中律师交叉询问制的完全确立时期。18 世纪的最后 20 年，传统的法庭询问被案件双方的律师主导的有序询问替代，律师在事实调查中取得了完全支配地位，法官走向了消极的中立地位。在这个过程中，律师频繁运用交叉询问，律师刑事交叉询问技艺得到了充分的展露，[①]与此同时规范律师交叉询问的证据规则也愈加完善，律师交叉询问制度在这一阶段完全确立。

英国刑案庭审中律师交叉询问制的确立方式有自发生成的特点。它不是根据某种理论设计出来的，而是在刑事案件审理中解决司法领域中冤案问题、伪证问题过程中不知不觉确立起来的。

二、交叉询问的具体方法

在实际审判中，当检察官或被告律师对对方证人进行交叉询问时，他的着眼点不是为了挖掘事实，而是最大可能地破坏对方证言和对方证人的可信性，并争取从中套出对自己有利的证词，使整个案情对自己有利。

交叉询问"是一门最难以掌握和最精妙的艺术"。[②] 交叉询问需要清晰的常识判断、透视人心的直觉能力、很好的记忆力、逻辑思考的习惯、准确的表达能力、对时机的把握和运用能力。下面就从四个方面来具体阐述怎样交叉询问，才能达到破坏对方证言和对方证人的可信性目的。

1. 揭示证人的证词与事实不符

如果证人的证词与事实不符，交叉询问的一方律师可以以此来弹劾证人。通常的做法是，交叉询问的一方先抓住证人在直接询问中所作的虚假证词，问证人是否予以重新确认，这样做叫作"定"住证人。然后问他一些相关问题，

---

① Stephan Landsman, "The Rise of The Contentious Spirit Adversary Procedure In Eighteenth Century England", *Cornell Law Review*, vol. 75, 1990, p. 548.

② ［印］格雷姆沃德·米尔思爵士："如何赢得你的案子"，收录于《律师的艺术》，刘同苏，侯君丽译，中国政法大学出版社 1989 年版，第 16 页。

以引出更多的相关虚假证词。之后，把证人的所有这些证词再让证人确认一下，再把证人"定"住。最后，律师拿出一个与证词完全相悖的公认事实，证明证人的证词完全是虚假的。这种弹劾证人的方法是一种最有力的方法。

例如下面一段交叉询问：

问：史密斯先生，你刚才说你见到被告从公共汽车上下来的时间是晚上 12 点半，是不是？

答：是的。

问：你又说被告乘坐的是 207 路公共汽车，是不是？

答：是的。

问：207 路公共汽车在 11 点半时就停开了，是不是？

答：这不可能。

（通过一定的法律程序后）

问：我这儿有一份文件，请仔细看一下，再读一下最后的一行黑体字。

答："西雅图市 207、208、301 路公共汽车线路与时间表"。

问：请读一下有效日期。

答：有效期从 1995 年 10 月到 1996 年 10 月。

问：再往下找到 207 路车的是后一班车经过三街站的时间，请读一下。

答：23 点零 5 分。

问：也就是说是晚上 11 点零 5 分，是不是？

这样，被告律师就借助公共汽车时间表驳斥了证人在晚上 12 点半看到被告从公共汽车上下来的证词。

我们再看当年美国前总统亚伯拉翰·林肯为一起谋杀案辩护，该案的案情是盖瑞斯被指控在某一天晚上野营时射杀了拉克伍，目击证人说他认识双方当事人，亲眼看到盖瑞斯开枪。以下是林肯对目击证人进行的交叉询问：

林肯：在看到枪击之前，你与拉克伍在一起吗？

证人：是的。

林肯：你站得非常靠近他们吗？

证人：不，约有 20 英尺远。

林肯：不是 10 英尺吗？

证人：不，有 20 英尺或更远。

林肯：是在宽阔的草地上吗？

证人：不，在林子里。

林肯：是什么林子？

证人：榉木林。

林肯：在 8 月，树上的叶子相当密实吧？

证人：相当密实。

林肯：你认为这把手枪是当时所采用的那把吗？

证人：看起业很像。

林肯：你能看到被告开枪射击，能看到枪管吗？

证人：是的。

林肯：这距离布道会场地有多远？

证人：3/4 英里。

林肯：灯光在何处？

证人：在牧师讲台上。

林肯：有 3/4 英里远吗？

证人：是的，我已经回答第二遍了。

林肯：你是否看到了烛火，拉克伍或盖瑞斯携带了烛火吗？

证人：没有！我们要烛火干吗？

林肯：那么，你是如何看到枪击事件的呢？

证人：（傲慢地）借着月光！

林肯：你在晚间 10 点看到枪击事件发生；在榉木林里；离灯光 3/4 英里远；你看得到手枪枪管；看到那人开枪；你距他 20 英尺远；你看到这一切都是借着月光？离营地灯光几乎一英里远的地方，你能看到这些事情吗？

证人：是的，我前面已经告诉过你。①

这时，林肯从大衣旁边的口袋里抽出一本蓝色封面的天文历，慢慢地翻开给陪审团看——慎重地念着其中一页上的话，"那天晚上看不见月亮，月亮要到次日凌晨一点才升起。"林肯通过最后出示天文历驳斥了"借着月光看到一切"的证词，使他的当事人无罪开释。

下面一起案例涉及一起伪造遗嘱案。提出遗嘱认证者颇具威望，如果这份遗嘱经认证有效的话，他将间接获得一大笔钱。塞缪尔·沃伦负责进行交叉询问：

---

① ［美］弗朗西斯·韦尔曼：《辩护的艺术》，林正译，中国商业出版社 2009 年版，第 43～44 页。

沃伦（拇指压着封印，拿起遗嘱）：您说您看见遗嘱人签署过这份文件，是吗？

证人：是的。

沃伦：而您是否答应他的要求，答应作为文件上的证人呢？

证人：是的。

沃伦：它是用红蜡烛还是黑蜡烛加以封缄的呢？

证人：红蜡。

沃伦：您看到他拿红蜡封缄的吗？

证人：是的。

沃伦：遗嘱人是在哪里签名并封缄这份遗嘱的呢？

证人：在他的床上。

沃伦：那一截红蜡有多长？

证人：大约三英寸长。

沃伦：是谁拿这条封蜡给遗嘱人的？

证人：是我。

沃伦：您从哪里拿的？

证人：从他书桌的抽屉里。

沃伦：他怎么熔化那截封蜡呢？

证人：用蜡烛。

沃伦：蜡烛又从哪里拿的呢？

证人：我从房间的碗柜拿出来的。

沃伦：您估计那支蜡烛有多长呢？

证人：大概4、5英寸长吧！

沃伦：您记得是谁点燃蜡烛的呢？

证人：我点的。

沃伦：您拿什么点的蜡烛呢？

证人：用火柴。

沃伦：您从哪里拿到火柴？

证人：从房间的铁架上。

至此，沃伦停顿了一会儿，盯着证人，再次拿起遗嘱。拇指仍按着封印，沃伦以庄严、慎重的语调说道：

沃伦：现在，先生，依您郑重发过的誓。您看见遗嘱人签署过这份遗嘱；他在他的床上签署；应他要求，您也签名作为文件上的证人；您看见他将它封缄；他用来封缄的是红蜡；一截大约 3 英寸长的蜡条；他用一根您从碗柜里拿出来的蜡烛熔化成红蜡；您用您从铁架上拿下来的火柴点燃。是这样吗？

证人：是的。

沃伦：再一次，先生，依您发过的誓，是这样吗？

证人：是的。

沃伦：先生！您将会看到，这封遗嘱是用浆糊封缄的！①

2. 指出证人证词与以前的言词不符

如果证人在开庭前曾做过某种声明或言论，而这些声明或言论同他在法庭上所做的证词不一致，那么交叉询问的一方就可以以此来破坏该证人的可信度。通常的做法是，交叉询问的一方抓住证人在直接询问中所说的一句话，问证人这是不是他的证词，这样做叫作"定"住证人。然后问他是否以前曾说过不一致的话。如果他承认，就起到了破坏他的可信性的作用；如果证人不承认，那么交叉询问的一方之后就拿出证据，证明他确实说过不一致的话。从而让陪审团相信，这个证人的证词是不可信的。

例如下面一段交叉询问对话：

问：史密斯先生，你刚才作证时说发案时你正在家里看电视，是不是？

答：是的。

问：你真的在家看电视吗？

答：是的。

问：实际上你是刚刚下班回家，是不是？

答：不是。

问：那你为什么在 911 （美国通用的报警电话）电话中告诉警察说你刚下班回家？

如果证人承认他记错了，他的证词的可信度就受到了破坏。如果证人否认，交叉询问的一方需要在日后的适当时间传自己的证人或当庭播放当时的 911 电话录音来证明证人确实说过不一致的话。

3. 揭示证人有偏见和私利

美国法学界一般认为，只要一个人对某个人或某种事物怀有偏见，或者与

① ［美］弗朗西斯·韦尔曼：《辩护的艺术》，林正译，中国商业出版社 2009 年版，第 132～133 页。

某件案子的结果有利害关系，那他的作证通常被认为是不公允的。例如，某件杀人案的被告是黑人，为检方作证的是调查案情的侦探，而这位侦探又是一位仇视黑人的白人。那被告律师在对这位侦探进行交叉询问时，就可以通过询问揭示出侦探的偏见，从而有效地破坏他的证言的可信性。如被告律师能够做到这一点，侦探的证词就会在陪审团的心目中大打折扣。例如，被告律师可以这样发问：

> 问：史密斯先生，你就是调查本案的主要侦探，是不是？
> 答：是的。
> 问：你是自己要求参加本案调查的，是不是？
> 答：是的。
> 问：你这样做是因为你想把被告判罪，是不是？
> 答：是的。
> 问：你恨被告，是不是？
> 答：我不恨他，我只恨他所犯的罪行。
> 问：你恨黑人，是不是？
> 答：不恨。
> 问：你不恨黑人为什么称黑人为黑鬼？
> 答：我从未称黑人为黑鬼。
> 问：你敢肯定你没有称黑人为黑鬼吗？

如果侦探确实是个种族主义者，而他心里很清楚被告律师已经抓到了证据，他可能当场承认自己曾经称黑人为黑鬼，这样一来，他的可信性就完全受到破坏，他前面在直接询问中的作证就会在陪审团心目中一文不值。

但如果这位侦探就是不承认曾经称黑人为黑鬼，那么被告律师就必须拿出证人和证据来证明他就是这样称呼过的。（注意的一点是，按照对抗制的程序，他不能在交叉询问完这位侦探后立即就传讯这样的证人，必须要等到检方把所有的检方证人都传讯完了才能这样做。再例如下面的一段交叉询问对话：

> 问：请问尊姓大名，证人先生？
> 答：我叫威尔斯（Wiles）。
> 问：我知道您姓什么，但是您的全名是什么？
> 答：是 S. 戈尔曼·威尔斯（S. Goleman. Wiles）。
> 问：是的，不过 S 是哪个名字的缩写呢，威尔斯先生？
> 答：我从来不用这个名字。我通常叫做戈尔曼·威尔斯。
> 问：但是，你的名字里明明有个 S 的缩写，那究竟是什么意思呢？

答：我说过，我从来不用它的。

律师：法官大人，可否请你让证人回答我的问题？

法官：当然。威尔斯先生，你必须回答这个问题。

证人（很不情愿地说）：S 指的是"所罗门"（犹太名字）。

律师（很惊讶地）：为什么，威尔斯先生，你为你的名字感到羞耻吗？①

如此一来，陪审席上的所有犹太人便不再相信这个证人以及他的证词了。

再例如，格林被指控杀了人，他的邻居作为检方的证人出庭作证，说他在案发的当晚曾看见格林同被害人一起回家。如果这位邻居曾同被告有过斗殴，被告律师就可以就此发问来破坏证人的可信性。

问：史密斯先生，你同格林作为邻居相处得并不怎么样，是不是？

答：一般关系。

问：是一般关系还是非常恨他？

答：并不十分恨他。

问：一个月前他曾当众打了你一个耳光，是不是？

答：是的，但我并没记在心上。

问：你当时告诉旁观的人你一定要还回来，是不是？

如果这位邻居发现被告律师问的是事实，那他可以选择承认，这样一来，他的证词的可信性就被破坏了。如果他选择不承认，那被告律师过后将传唤他的证人。无论哪种情况，证人的可信性已大大降低了。

4. 揭示证人以前的有罪判决记录

如果某一证人以前曾被法庭判过有罪，那么这一事实就可以在交叉询问时被用来破坏他的可信性。这一做法的理论根据是，犯罪分子与其他证人相比，其证词更缺乏可信性。不过值得注意的是，第一，证人如果是没判有罪，仅仅被起诉，而后判无罪，或者中途因某种原因被无罪释放，不能用来破坏他的可信性。第二，证人的被判有罪必须是在 10 年之内发生的，如果被判有罪已经超过 10 年，须经法庭同意方可用来破坏证人的可信性。下面就是一起针对证人有罪判决进行交叉询问的例子：

问：Minkler 小姐，你是不是曾经因为加重殴打他人而被定罪？

答：是的。

问：你是在 1992 年 10 月 12 日被判有罪的，对吗？

---

① ［美］弗朗西斯·韦尔曼：《辩护的艺术》，林正译，中国商业出版社 2009 年版，第 49 页。

答：对。

问：那个是重罪，对吗？

答：对。

问：而且你被判了两年缓刑，对吗？

答：对。

问：你也是在这个法院被判有罪的，对吗？

答：对，是这个法院。①

如果证人否认曾经被定过罪，则交叉询问者必须能够通过引进经过辨识的有罪判决或者命令的复印件，来完成这一弹劾过程。

三、交叉询问的范围与效果

直接询问只要不涉及诱导性询问，可就任何相关问题进行提问。但交叉询问是否限于直接询问涉及的问题还是可以扩展到任何问题，这就涉及交叉询问的范围问题。

1. 开放性的交叉询问规则

英国在 19 世纪初就确立了开放性的交叉询问规则，后来也被美国个别州沿用。英国确立的这一规则后来被称作"正统规则"。根据开放性的交叉询问规则，交叉询问不限于直接询问涉及的问题，可以自由询问整个案件中的任何实体问题。英国司法意见中对这一规则的明确记载可见于 1829 年"富尔顿银行诉温德"案中，当时苏撒兰德这样写道"传唤方的对立一方不仅可以对证人被传唤证明的问题进行交叉询问，而且可以对围绕着争议的任何问题提问"。②

实行开放性的交叉询问规则的主要依据是出于弹劾证人的目的。交叉询问的主要功能是提供一个引出回答的机会，以弹劾证人所述的真实性、证言的前后一致性以及证人本身有无偏见，而为实现这一功能，就不能将交叉询问的范围限定在直接询问所涉及的主题上。为实现弹劾证人的目的，交叉询问需要对证人进行引导性提问，而这些诱导证人的提问通常远离直接询问所涉及的内容。

2. 限制性的交叉询问规则

美国大多数地区采取的是限制性交叉询问规则，把交叉询问的内容限制在

---

① ［美］史蒂文·鲁贝特：《现代诉辨策略与技巧》，王进喜等译，中国人民公安大学出版社2005 年版，第 112 页。

② John Henry Wigmore, *A Treatise on the Anglo - American System of Evidence in Trials at Common Law*, Vol. Ⅳ, Little Brown and Company, 1923, p. 38.

直接询问的范围内。大多数州认为交叉询问必须被限制在直接询问涉及的事实范围之内。《联邦证据规则》采纳了这种限制性的交叉询问规则。但在采用这种规则的不同辖区，在执行贯彻的严格程度上却有很大差别，有的偏严格一些，完全限制在直接询问所提出的"同一问题""欲证明的事实"或者"涉及的问题"，有些则宽泛一些，将范围扩展到与直接询问中提出的事实"相关的事实和情况"。

限制性规则的主要优点在于"迫使当事人双方按照逻辑顺序提出各自主张的事实。首先是原告因举证责任提出其应当提供的事实，然后是被告提出其应证明的事实，如此循环进行下去"。[①] 限制性规则可以降低一种风险，即一方当事人在交叉询问中插入具有破坏性的事实，使另一方按照计划提出己方事实受到干扰。

3. 半开放性的交叉询问规则

美国个别州则采取了一条折衷路线，即介于开放性交叉询问规则与限制性交叉询问规则之间的一条中间路线。但这种规则经常摆动，有时发展成为开放性的交叉询问规则，有时则滑向限制性的交叉询问规则。

但就整体而言，英美交叉询问的范围是相对开放的，即便有所限制，很少严格限制在直接询问所涉及的问题。这点跟我国的质证存在明显区别。我国的质证由于完全限定在对方举证内容上，且一般不能进行与争议事实相关性不大的问题进行引导性提问，因而质证在弹劾对方证据方面的力度相对偏弱。

"交叉询问"是揭示案情真相最有效的途径，通过交叉询问，证人的有意编造和无意的误述都可以得到有效的暴露，从而使事实真相大白。交叉询问总是具有戏剧性，激动人心，扣人心弦，直接左右着庭审结果的走向。交叉询问运用得当，就是"人类发明的武器中最具有杀伤力的武器，甚至比核武器还厉害"，[②] 反之运用不当，则会给当事人带来灾难性的后果。因此，交叉询问是各方关注的焦点。著名律师布莱克称陪审团"只有在交叉询问的时候，他们才会坐直身子，仔细聆听，等待那一触即发的冲突。"[③] 正是由于交叉询问集中反映了英美对抗制庭审的对抗抗性，所以，鲁贝特称交叉询问是"英美法系对抗制司法的标志"。[④]

---

① ［美］麦考密克：《麦考密克论证据》，汤维建等译，中国政法大学出版社2003年版，第54页。

② ［美］李·贝利：《舌战手册》，苏德华、林正译，新华出版社2001年版，第298页。

③ ［美］罗伊·布莱克：《善辩者生存》，林正译，世界知识出版社2003年版，第34页。

④ ［美］史蒂文·鲁贝特：《现代诉辩策略与技巧》，王进喜等译，中国人民公安大学出版社2005年版，第55页。

四、交叉询问的遵循原则

跟直接询问相比，交叉询问中对很多问题可以采用诱导性方式提出，不受禁止诱导性提问规则的过多限制，但律师在交叉询问过程中也需注意和遵循以下原则：

其一，在对证人提出异议前，要做好关门工作。在交叉询问中如果发现证人证词是虚假的或前后矛盾的，不要过于急躁，急于对证人的证词提出异议，而应当在提出异议前，切断证人的所有可能的退路，在对他进行攻击时让他无路可逃。

比方说，如果证人在法庭上作证说，被告就是星期六抢劫他的人。即便被告律师有证据表明，星期六那晚，被告一直跟妻子在家看电视，他也不宜马上对此提出异议。因为当被告律师对此提出异议时，下面这种公说公有理，婆说婆有理的情况是时常是发生的。如被告律师急于这样询问："难道你不知道，先生，在你被抢劫时，被告和你相距好几英里，正在家里和妻子一起看电视吗？"这种提问看起来来是很合乎逻辑的，但这样急于提问很可能得到这样一个答案："我不管被告说他当时在哪里，我只管我知道他在哪里。他当时在用枪指着我。我一辈子也忘不了那张脸！"出现这种公说公有理，婆说婆有理的情况后，交叉询问的效果就大打折扣了。

前面讲过的林肯的辩护就是一个很好的关门例子。我们再举一个关门例子：在一起凶杀案中，被告鲍尔斯被指控杀死了莫斯勒。有一位证人作证说，莫斯勒在被杀害前，鲍尔斯曾找过他并叫他杀死莫斯勒。证人说他永远忘不了那一天，因为那天是他父亲的祭日。被告辩护律师在进行交叉询问时，不止一次地要求证人确认那次谈话的日期是否可能有误，证人坚持说他不可能记错他父亲的祭日，直到法官最后说"够了"为止。在把门关好后，被告律师递给证人一张纸，并跟他说："难道你不知道吗？在你父亲的祭日那天及在那前一天和后一天，鲍尔斯正在一家医院接受手术治疗？这些文件上说得清清楚楚，明明白白？"证人这时就已无路可逃，被驳得一败涂地。

其二，如没有必要，就要放弃交叉询问。

多数年轻的律师都有一种对证人进行交叉询问的冲动，因而要说出"法官先生，我没有问题了。"是非常困难的一件事。

但伟大的马克斯·斯图尔说："如果证人是一个说出了实质真实或者说话没有伤害你的正派的、无偏见的公民，就别去管他，只朝他微笑而不对他反询问"。[①]

---

① ［美］爱德华·T. 赖特：《法庭胜诉之策》，卫跃宁等译，中国人民公安大学出版社2004年版，第196页。

无数交叉询问的实例表明，千万不要对证人进行交叉询问，除非已经经过深思熟虑，并认为你能从中得到好处。否则，交叉询问就是有害无益。

下面举一个故事，这个故事虽然是一个传闻，但不乏教育意义。比如在一起刑事案件中，被告被控在与受害者争执中咬下了他的一只耳朵。受害者由于是一个精神病人，所以无力为自己作证。因此，检察官很仓促地把现场惟一的目击证人召到法庭作证。证人说他看见双方在打架，双方都倒在了地上。下面是检察官对证人的直接询问：

问：先生，请问你看见被告把受害者的左耳怎么样了？

证人：不，我没有看到他把被告的左耳怎么样。

检察官由于事先没有经过充分地准备，对这一答案感到十分震惊，只好说了声"没有什么问题了"，就坐了下来。在这种情况下，法官会因缺乏足够的证据而撤销该案。

但这时被告年轻的辩护律师没有鸣金收兵，他想在当事人面前表现一番，觉得只有在法庭上施展拳脚才值得被告支付诉讼费。于是站起来要求对证人进行交叉询问。

问："请问先生，既然你没有看见我的当事人把受害者的耳朵咬下来，那你为什么没事找事，跑到法庭上来作证呢？

证人："因为，虽然我没有看见你的当事人把他的耳朵咬下来，但我却看见他把耳朵从嘴里吐出来。"[①]

其三，除非清楚问题的答案，否则不要对证人进行交叉询问

大卫·格雷汉姆是一位细心而成功的交叉询问者，他曾说过（也许玩笑的成分居多）："律师不要在法庭上交叉询问时问证人问题，除非他知道证人的回答是什么，或者是他根本不在乎答案是什么。"

下面举一个小事例。在一起遗嘱诉讼案中，其中的一位女证人，她作证说立遗嘱人在签署时神智完全清醒。对方律师看她外表极为年轻，且在律师事务所担任过速记员，猜测她可能从未见过神智不正常的人，便对她进行交叉询问。

律师：你一生中见过任何宣布为神智不正常的人吗？

证人：证人停了一下，开始咯咯地笑，并回答说："我想我有——我过去两年曾在精神病患者收容所担任看护"。

---

① ［美］李·贝利：《舌战手册》，苏德华、林正译，新华出版社2001年版，第302～303页。

当律师问到连自己也不知道的答案时，就会发生这种情况。

再举一个小例子。一位年轻的律师在交叉询问中对一位证人问了这么一个问题："去年10月29日，你在哪里？"

他对这个问题的答案一无所知，他只是随机问问，看看是否能发现对他有利的东西。

这时对方律师："我反对这种无关紧要的问题"

法官："除非我听到答案，否则我如何确定呢？"

这时证人很迅速地说："我不记得我在哪儿。"

这样，律师不但一无所获，而且还给自己带来了困窘。

第三节　双重询问的价值评析

一、事实调查功能

英美律师对每一个证人都要进行双重询问的方法，既可以保证传唤方对证人的充分询问，获取有利于传唤方的全部证言，又可以让每一位证人在随后的交叉询问中提供有利于另一方的证言，从而把每一位证人可能提供的有利于传唤方或有利于另一方的证言全部揭示出来，"穷尽了每一位证人的全部认知"，获得了每一位证人最完整最全面的证言。[1]

尤其是对每一位证人都要进行的交叉询问，自18世纪以来一直被视为是确保证人证言准确、完整的一项重要措施，是英美证据法的一个重要特征，[2]被英美法系国家视为是发现事实真相的最有效方式。著名辩护律师李·贝利称交叉询问是"真相的导火线"。[3] 著名证据法学家威格摩尔则称交叉询问"无容置疑是为发现真相而设计的最伟大的法律装置"。[4] 通过交叉询问，证人的有意编造和无意的误述都可以得到有效地暴露，从而使事实真相大白。

当然，律师对每一个证人都要进行双重询问的方法也耗费时间，尤其是需要传唤多名证人的案件中（如1995年美国辛普森案的审理过程中传唤了126

---

① John Henry Wigmore, *A Treatise on the Anglo - American System of Evidence in Trials at Common Law*, Vol. Ⅳ, Little Brown and Company, 1923, p. 35.

② John Henry Wigmore, *A Treatise on the Anglo - American System of Evidence in Trials at Common Law*, Vol. Ⅲ, Little Brown and Company, 1923, p. 26.

③ ［美］李·贝利著：《舌战手册》，苏德华、林正译，新华出版社2001年版，第298页。

④ John Henry Wigmore, *A Treatise on the Anglo - American System of Evidence in Trials at Common Law*, Vol. Ⅲ, Little Brown and Company, 1923, p. 27.

名证人），也会造成审判持续一到几年，严重缺乏效率。

二、对法官法庭调查的影响

双重询问使律师成了法庭事实调查的中心位置，在法庭上传唤哪些证人、以何种次序传唤证人等，均决定于当事人律师。律师在法庭调查中的中心化的过程深深影响到了法官事实调查功能，使法官不再参与法庭调查，不参与主动提问，只能正襟危坐于高高的审判台上，俯瞰台下两虎相斗，至多对诉讼双方提出的动议或异议给予有效或无效的裁定，变成了一个专注的倾听者和消极的仲裁人。

参考文献

中文文献

1. ［法］勒内·达维：《英国法与法国法：一种实质性比较》，潘华仿，贺卫方，高鸿钧译，清华大学出版社 2002 年版。

2. ［德］伯恩哈德·格罗斯菲尔德：《比较法的力量与弱点》，孙世彦等译，清华大学出版社 2002 年版。

3. ［德］K. 茨威格特，H. 克茨：《比较法总论》，潘汉典等译，法律出版社 2003 年版。

4. ［德］萨维尼等：《萨维尼法学方法论讲义与格林笔记》，杨代雄译，法律出版社 2014 年版。

5. ［德］齐佩利乌斯：《法学方法论》，金振豹译，法律出版社 2010 年版。

6. ［美］艾德华·H. 列维：《法律推理引论》，庄重译，中国政法大学出版社 2001 年版。

7. ［美］爱德华·T. 赖特：《法庭胜诉之策》，卫跃宁等译，中国人民公安大学出版社 2004 年版。

8. ［美］爱伦·豪切斯泰勒·斯戴丽，南希·弗兰克：《美国刑事法院诉讼程序》，陈卫东，徐美君译，中国人民大学出版社 2002 年版。

9. ［美］伯纳姆：《英美法导论》：林利芝译，中国政法大学出版社 2003 年版。

10. ［美］博登海默：《法理学：法律哲学与法律方法》，邓正来译，中国政法大学出版社 1999 年版。

11. ［美］博西格诺等：《法律之门：法律过程导论》，邓子滨译，华夏出版社 2002 年版。

12. ［美］弗朗西斯·韦尔曼：《辩护的艺术》，林正译，中国商业出版社 2009 年版。

13. ［美］菲利普·K. 霍华德：《无法生活：将美国人民从法律从林中解

放出来》，林彦等译，法律出版社 2010 年版。

14. ［美］菲尼，岳礼玲：《美国刑事诉讼法经典文选与判例》，中国法制出版社 2006 年版。

15. ［美］弗里德里克·肖尔：《像法律人那样思考：法律推理新论》，雷磊译，中国法制出版社 2016 年版。

16. ［美］盖瑞·史宾塞：《最佳辩护》，魏丰等译，世界知识出版社 2003 年版。

17. ［美］格兰顿，戈登，奥萨魁：《比较法律传统》，英文影印本，法律出版社 2004 年版。

18. ［美］凯斯·R. 孙斯坦：《法律推理与政治冲突》，金朝武等译，法律出版社 2003 年版。

19. ［美］考夫曼：《卡多佐》，张守东译，法律出版社 2001 年版。

20. ［美］克罗曼：《迷失的律师：法律职业理想的衰落》，周战超，石新中译，法律出版社 2002 年版。

21. ［美］卡多佐：《司法过程的性质》，苏力译，商务印书馆 1998 年版。

22. ［美］李·贝利：《舌战手册》，苏德华、林正译，新华出版社 2001 年版。

23. ［美］罗伊·布莱克：《善辨者生存》，林正译，世界知识出版社 2003 年版。

24. ［美］鲁格罗·亚狄瑟：《法律的逻辑》，唐欣伟译，法律出版社 2007 年版。

25. ［美］罗斯科·庞德：《法理学》第一卷，邓正来译，中国政法大学出版社 2004 年版。

26. ［美］罗斯科·庞德：《普通法的精神》，唐前宏等译，法律出版社 2001 年版。

27. ［美］罗斯科·庞德：《法律史解释》，邓正来译，中国法制出版社 2002 年版。

28. ［美］罗纳尔多·V. 戴尔卡门：《美国刑事诉讼》，张鸿巍等译，武汉大学出版社 2006 年版。

29. ［美］麦考密克：《麦考密克论证据》，汤维建等译，中国政法大学出版社 2004 年版。

30. ［美］米尔建·R. 达玛斯卡：《漂移的证据法》，李学军等译，中国政法大学出版社 2003 年版。

31. ［美］米尔建·R. 达玛斯卡：《比较法视野中的证据制度》，吴宏耀，魏晓娜等译，中国人民公安大学出版社 2006 年版。

32. ［美］乔治·弗莱彻，史蒂夫·谢泼德：《美国法律基础解读》，李燕译，法律出版社 2008 年版。

33. ［美］乔恩·R. 华尔兹：《刑事证据大全》，中国人民公安大学出版社 1993 年

34. ［美］桑福德·尚恩：《语言与法律》，沙丽金等译，知识产权出版社 2016 年版。

35. ［美］史蒂文·苏本，玛格瑞特·伍：《美国民事诉讼的真谛：从历史、文化、实务的视角》，蔡彦敏，徐卉译，法律出版社 2002 版。

36. ［美］史蒂文·鲁贝特：《现代诉辩策略与技巧》，王进喜等译，中国人民公安大学出版社 2005 年版。

37. ［美］史蒂文森·J. 伯顿：《法律和法律推理导论》，张志铭，解兴权译，中国政法大学出版社 1998 年版。

38. ［美］托马斯·帕克：《开庭：影响人类进程的 115 件世纪大案》，刘璐等译，海潮出版社 2000 年版。

39. ［美］约翰·亨利·梅利曼：《大陆法系》，顾培东，禄正平译，法律出版社 2004 年版。

40. ［美］约翰·兰博约：《对抗式刑事审判的起源》，王志强译，复旦大学出版社 2010 年版。

41. ［美］约克亚·德雷斯勒，艾伦·C. 迈克尔斯：《美国刑事法院诉讼程序》第二卷，魏晓娜译，北京大学出版社 2009 年版。

42. ［美］詹姆士·Q. 惠特曼：《合理怀疑的起源——刑事审判的神学根基》，佀化强，李伟译，中国政法大学出版社 2012 年版。

43. ［英］P. S. 阿蒂亚：《英国法中的实用主义与理论》，刘承韪，刘毅译，清华大学出版社 2008 年版。

44. ［英］沃克：《英国法律制度》，夏勇等译，西南政法学院 1984 年印行。

45. ［英］边沁：《政府片论》，沈叔平等译，商务印书馆 1995 年版。

46. ［英］布莱克斯通：《英国法释义》，游云庭，缪苗译，上海人民出版社 2006 年版。

47. ［英］丹宁勋爵：《法律的正当程序》，李克强等译，法律出版社 1999 年版。

48. ［英］丹宁勋爵：《法律的未来》，刘庸安，张文镇译，法律出版社 1999 年版。

49. ［英］丹宁勋爵：《法律的训诫》，刘庸安等译，法律出版社 1999 年版。

50. ［英］A. V. 戴雪：《公共舆论的力量：19 世纪英国的法律与公共舆论》，戴鹏飞译，上海人民出版社 2013 年版。

51. ［英］罗伯特·巴特莱特：《中世纪神判》，徐昕等译，浙江人民出版社 2007 年版。

52. ［英］洛克：《人类理解论》，关文运译，商务印书馆 1983 年版。

53. ［英］理查德·梅：《刑事证据》，王丽等译，法律出版社 2007 年版。

54. ［英］鲁伯特·克罗斯，J. W. 哈里斯：《英国法中的先例》，苗文龙译，北京大学出版社 2011 年版。

55. ［英］密尔松：《普通法的历史基础》，李显冬等译，中国大百科全书出版社 1999 年版。

56. ［英］梅特兰：《普通法的诉讼形式》，王云霞等译，商务印书馆 2009 年版。

57. ［英］麦高伟，杰弗里·威尔逊：《英国刑事司法程序》，姚永吉等译，法律出版社 2003 年版。

58. ［英］麦克埃文：《现代证据法与对抗式程序》，蔡巍译，法律出版社 2006 年版。

59. ［英］梅因：《古代法》，沈景一译，商务印书馆 1959 版。

60. ［英］塞西尔·黑德勒姆：《律师会馆》，张芝梅译，上海三联书店 2006 年版。

61. ［英］泰格，利维：《法律与资本主义的兴起》，纪琨译，学林出版社 1996 年版。

62. ［日］望月礼二朗：《英美法》，郭建，王仲涛译，商务印书馆 2005 年版。

63. ［日］藤仓皓一郎，木下毅：《英美判例百选》，段匡，杨永庄译，北京大学出版社 2005 年版。

64. ［日］大木雅夫：《比较法》，范愉译，法律出版社 1999 年版。

65. ［日］高柳贤三：《英美法源理论》，杨磊等译，西南政法学院印行 1983 年印行。

66. 蔡杰，汪键：《英国相似事实证据规则简介》，载《中国刑事法杂志》2005 年第 1 期。

67. 程汉大，李培锋：《英国司法制度史》，清华大学出版社 2007 年版。

68. 何家弘，张卫平：《外国证据法选译》（下卷），人民法院出版社 2000

年版。

69. 方鲲鹏：《美国打官司实录》，学林出版社 2010 年版。

70. 李红海：《普通法的历史解读——从梅特兰开始》，清华大学出版社 2003 年版。

71. 李培锋，潘驰：《英国证据法史》，法律出版社 2014 年版。

72. 卢鹏：《拟制问题研究》，上海人民出版社 2009 年版。

73. 马跃：《美国刑事司法制度》，中国政法大学出版社 2004 年版。

74. 彭伶：《不得强迫自证其罪原则研究》，中国检察出版社 2009 年版。

75. 孙长永：《沉默权制度研究》，法律出版社 2001 年版。

76. 汤维建：《英美陪审团制度的价值论争——简议我国人民陪审员制度的改造》，载《人大法律评论》2002 年第 2 期。

77. 咸鸿昌：《英国土地法律史——以保有权为视角的考察》，北京大学出版社 2009 年版。

78. 易延友：《沉默的自由》，中国政法大学出版社 2001 年版。

79. 张继成：《论命题与经验证据和科学证据符合》，载《法学研究》2005 年第 6 期。

英文文献

1. Aldisert, Clowney and Peterson, "Logic for Law Students: How to Think Like a Lawyer", *University of Pittsburgh Law Review*, vol. 69, 2007.

2. Atiyah, P. S., *Form and Substance in Anglo-American law: a comparative study of legal reasoning, legal theory, and legal institutions*, Clarendon Press, 1987.

3. Barrett, *A History of Alternative Dispute Resolution*, Jossey-BAS, 2004.

4. Baker, J. H., *The Legal Profession and the Common Law: Historical Essays*, The Hambledon Press, 1986.

5. Bentham, Jeremy, *The Works of Jeremy Bentham*, vol. 1, John Bowring ed., William Tait, 1843.

6. Bentham, Jeremy, *The Works of Jeremy Bentham*, vol. 5, John Bowring ed., William Tait, 1843.

7. Blackstone, W., *Commentaries on the Laws of England*, *Vol III*, The University of Chicago Press, 1979.

8. Blackstone, W., *Commentaries on the Laws of England*, *Vol IV*, The University of Chicago Press, 1979.

9. Clanchy, M. T., *England and its Rulers*, 1066 – 1272, Blackwell Publishers,

1982.

10. Cornish, W. R. , *The Jury*, Penguin Press, 1968.

11. Critchley, T. A. , *A history of police in England and Wales*, Constable, 1967.

12. Cross, F. R. , *Precedent in English Law*, Clarendon Pres, 1979.

13. Curzon, L. B. , *English legal History*, Macdonald & Evans Ltd, 1979.

14. Egerton, Robert, *Legal Aid*, Kegan Paul, Trench, Trubner & Co. Ltd. , 1946.

15. Forsyth, William, *History of Trial by Jury*, Frederick D. Linn, 1875.

16. Gallanis, T. P. , "The Rise of Modern Evidence Law", *Iowa Law Review*, vol. 84, 1998.

17. Golan, Tal, " Revisiting the History of Scientific Expert Testimony", *Brooklyn Law Review*, vol. 73, 2007.

18. Hazard, Geoffrey C, "An Historical Perspective on the Attorney-Client Privilege", *California Law Review*, Vol. 66, 1978.

19. Harmon, Louise, "Falling off the vine: legal fictions and the doctrine of substituted judgment", *Yale Law Journal*, Vol. 100, 1992.

20. Helmholz, R. H. , *The Privilege Against Self-Incrimination*, The University of Chicago Press, 1997. z

21. Holdsworth, W. S. , *Historical Introduction to the Land Law*, The Clarendon Press, 1927.

22. Holdsworth, W. S. , *A History of English Law*, *vol. I*, Methuen & Co. Ltd. , 1922.

23. Holdsworth, W. S. , *A History of English Law*, *vol. II*, Methuen & Co. Ltd. , 1923.

24. Holdsworth, W. S. , *A History of English Law*, *Vol IV*, Methuen & Co. Ltd. , 1924.

25. Holdsworth, W. S. , *A History of English Law*, *Vol V*, Methuen & Co. Ltd. , 1924.

26. Holdsworth, W. S. , *A History of English Law*, Vol. VIII, Methuen & Co. Ltd. , 1937.

27. Holdsworth, W. S. , *A History of English Law*, *Vol IX*, Methuen & Co. Ltd. , 1926.

28. Hughes, Graham, "Rules, Policy, and Decision Making", *Yale Law*

Journal, vol. 77, 1968.

29. James, P. S. , *Introduction to English Law*, Butterworths, 1979.

30. Jenks, E. , *The Book of English Law*, Houghton Mifflin Company, 1929.

31. Knight, A. H. , *The Life of the Law: The People and Cases That Have Shaped Our Society, from King Alfred to Rodney King*, Oxford University Press, 1996.

32. Landsman, Stephan, "The Rise Of The Contentious Spirit: Adversary Procedure In Eighteenth Century England", *Cornell Law Review*, vol. 75, 1990.

33. Langbein, J. , *The Origins of Adversary Criminal Trial*, Oxford University Press, 2003.

34. Leonard, David P, "In Defense of the character Evidence Prohibition: Foundation of the Rule against Trial by Character", *Indiana Law Journal*, vol. 73, 1998.

35. Levy, L. W. , *The Palladium of Justice—Origins of Trial by Jury*, Ivan R. Dee, 1999.

36. Maitland, F. W. , *The Constitutional History of England*, Cambridge University Press, 1926.

37. Maitland, F. W. , *Equity-Also the Forms of Action at Common Law-Two Courses of Lectures*, Cambridge University Press, 1929.

38. Maitland, F. W. , *Collected Papers of Frederic William Maitland*, vol. Ⅲ, Cambridge University Press, 1911.

39. Merryman, J. H. , "Public Law-Private Law Distinction in European and American Law", *Journal of Public Law*, vol. 17, 1968.

40. Morano, Anthony A. , "A Reexamination of the Development of the Reasonable Doubt Rule", *Boston University Law Review*, vol. 55.

41. Palmer, A. , "The scope of the similar fact rule", *Adelade Law Review*, vol. 16, 1994.

42. Palmer, R. C. , *The County Courts of Medieval England*, Princeton University Press, 1982.

43. Plucknett, T. F. T. , *A Concise History of Common Law*, Butterworth & Co. Ltd. , 1940.

44. Pollock, F. and Maitland, F. W. , *The History of English Law Before the Time of Edward* Ⅰ, Vol Ⅰ, Cambridge University Press, 1968.

45. Pollock, F. and Maitland, F. W. , *History of English Law Before the Time of*

Edward Ⅰ , Vol Ⅱ , Cambridge University Press, 1968.

46. Potter, H. , *An Introduction to the History of English Law*, London: Sweet & Maxwell Ltd. , 1926.

47. Pound, Roscoe, "Spurious Interpretation", *Columbia Law Review*, vol. 7 , 1907.

48. Pound, Roscoe, "Hierarchy of Sources and Forms in Different Systems of Law", *Tulane Law Review*, vol. 7 , 1933.

49. Pound, Roscoe, "Survey of Conference Problems", *The University* of Cincinnati *Law Review*, vol. 14 , 1940.

50. Radcliffe and Cross, *The English Legal System*, London: Butterworths, 1977.

51. Richardson, James R. , "Judicial Law Making: Intent of Legislature vs. Literal Interpretation", *Kentucky Law Journal*, vol. 39 , 1950.

52. Scheflin, Alan W. , "Jury nullification: The Right to Say No", *Southern California Law Review*, Vol. 45 , 1972.

53. Scott, Phillip B. , "Jury Nullification: An Historical Perspective on a Modern Debate", *West Virginia Law Review*, vol. 91 , 1989.

54. Shapiro, Barbara J. , *"Beyond Reasonable Doubt" and "Probable Cause"*: *Historical Perspectives on the Anglo-American Law of Evidence*, University of California Press, 1991.

55. Shapiro, Barbara J. , "Changing Language, Unchanging Standard", *Cardozo Journal of International and Comparative Law*, vol. 17 , 2009.

56. Simon, "Jury Nullification in the American System: A Skeptical View", *Texas Law Review*, vol. 54 , 1976.

57. Stephen, J. F. , *A Digest of the Law of Evidence*, The Macmillan Company, 1906.

58. Stephen, J. F. , *A History of the Criminial Law of England*, Macmillan and Co. , 1883.

59. Stone, Julius, "The Rule of Exclusion of Similar Fact Evidence: England", *Harvard Law Review*, vol. 46 , 1932.

60. Thayer, James Bradley, *A Preliminary Treatise on Evidence at the Common Law*, Little, Brown and Company, 1898.

61. The Committee of the Association of American Law Schools, *Select Essays In Anglo-American Legal History*, Vol Ⅰ , Little, Brown, and Company, 1907.

62. The Committee of the Association of American Law Schools, *Select Essays In Anglo-American Legal History*, Vol Ⅱ, Little, Brown, and Company, 1908.

63. Vaihinger, H. , *The Philosophy of ' As if '*, Translated by C. K. Ogden, Routledge & Kegan Paul Ltd, 1933.

64. Walsh, William F. , *Outlines of the History of English and American Law*, the New York University Press, 1926.

65. Wigmore, J. H. , *A treatise on the system of evidence in trials at common law*, Little Brown and Company, Vol. Ⅱ, 1923.

66. Wigmore, J. H. , *A treatise on the system of evidence in trials at common law*, Little Brown and Company, Vol. Ⅳ, 1923.

后　记

笔者在从事《英国司法制度史》与《英国证据法史》的写作过程中发现，英美司法方法偏重经验，有浓厚的经验色彩，是一个值得从历史角度去进行研究的课题。为此，笔者加强了法学方法论的学习，希望能从比较的视角与历史的视角把英美司法方法的特色写出来。2012 年"英美法系的司法方法研究"课题获教育部立项后，笔者对各种特色方法都进行了初步的研究，相关进展比较顺利，原本有希望在 2014 年年底完成书稿。但由于 2013 年以后因本人出国访学及身体健康原因，项目一度陷入了半停顿状态，无法按原计划开展课题研究，所以拖至现在才正式完稿。

本书作为国内第一部研究英美法系司法方法的著作，初步构建了一套经验性的司法方法分类体系，对英美司法方法的内部构成和相互关联有了一个整体上的系统论述。但具体到每一种司法方法，目前的研究还是比较粗浅的，尚未能进行非常深入的理论研究。而且由于笔者水平所限，书中很可能存在一些错误与不当之处，在此恳请读者批评指正。

在项目开展过程中，先后有如下几位研究生以撰写硕士论文的形式参与了课题相关研究，他们分别是：赵磊：《历史上的法律拟制研究——以古罗马和英国为例》；潘驰：《陪审团裁判传统与排除合理怀疑标准的确立》；魏婷：《英美陪审团废止法律的历史研究》；苏郡男：《美国的 ADR 运动研究》；李新辉：《英美偏爱类比推理的历史探索》。在指导上述同学撰写硕士论文过程中，课题相关研究都得到不同程度的推进。上述同学的参与，保证了课题能按规定时间予以结项。在本书完稿之际，谨向这些已经工作在司法实务领域的学生表示衷心地感谢。

在进行英美法系的司法方法课题研究过程中，笔者也经常得到张继成老师在法学方法论方面的直接或间接指点，受益很多。在本书完稿之际，也借此向他表示由衷地感谢和敬意。

李培锋

2017 年 9 月 30 日